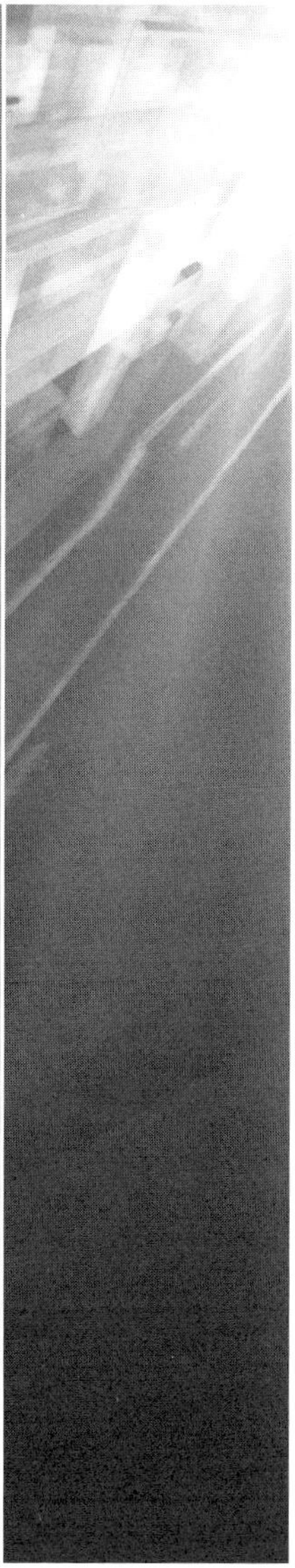

田中義久 編

触発する社会学

現代日本の社会関係

法政大学出版局

はじめに

本書は、社会学を専門とする執筆者がそれぞれの研究分野の成果に立脚しながら、現代の日本社会の〈社会的〉社会関係や〈文化的〉社会関係の特徴を明らかにすることを試みた九本の論考から構成されている。

いま、「現代の日本社会」と指摘したが、「現代」という時代あるいは時代区分をどの時期から選定するのかという問いに答えること自体が社会関係の特徴を記述する視点に深くかかわるものであるだけに慎重な検討を要することは言うまでもない。本書では一九八〇年代以降の時期を「現代」と位置づけている。グローバリゼーションが本格化し、メディア・テクノロジーの革新が劇的なスピードで進み、高度消費社会に日本社会が突入した時期である。こうした変化に合わせて「情報資本主義」ないし「金融資本主義」などの概念が提示されたことが端的に示すように、資本主義そのものの質的変化が進行した時代と言えるだろう。

人間社会が人々の日常的な〈行為〉によって編まれた〈経済的〉社会関係、〈政治的〉社会関係、〈社会的〉社会関係、そして〈文化的〉社会関係の重層によって成立しているとすれば、本書の考察範囲はきわめて限定されたものである。冒頭で述べたように、本書に収録された九本の論考は、〈社会的〉社会関係や〈文化的〉社会関係の領域に特化しており、〈経済的〉社会関係や〈政治的〉社会関係を正面から論じたものではないからである。労使関係や企業行動などの経済的関係、選挙や政党政治あるいは市民運動や労働・社会運動などを対象にした論考は収録されていないことからも、そのことは明らかである。しかしながら、この四つの社会関係は独立して存在しているわけではない。それぞれが相互に結びついていることに特徴があり、その点にこそ注目する必要がある。たとえば、医師や看護師と患者そして家族との関係を中核とした「医療」の領域、あるいは高齢者と介護者・福祉関係者そして高齢者を見守る家族の重層的な関係からなる「福祉」の領域などの〈社会的〉社会関係においても、医師と患者のミクロな権力関係や、医療「政策」や福祉「予算」といったマクロな「政治」や「経済」の権力作用と深く結びつきながら、この関係が日々再生産されている。あるいは、コンピュータ・ソフトやアニメやゲームなどの映像制作、さらに各種のデザイン制作など「文化」の生産が経済的活動に占める比重が格段に重くなっていることや、現代の「政治」がテレビニュースやテレビに出演する政治家のイメージの生産という「文化」を媒介にしていることも想起してほしい。つまり、〈社会的〉〈文化的〉社会関係の結び目の至る所に、さまざまな〈政治的〉〈経済的〉要素が結び合わされ、〈政治的〉〈経済的〉関係が織り合わされているのである。このことを考えるなら、個々の論考のそれぞれに、四つの社会関係の現代的特徴を読み解いていくことができると考えることも可能だろう。そして実際に、それぞれの論考は、社会関係の内部に〈政治的なるもの〉〈経済的なるもの〉〈文化的なるもの〉そして〈社会的なるもの〉が節合される、その節合（articulation）のされ方を解き明かすことに努めている。

さらに言えば、前述のように政治や経済がなによりも〈文化〉と〈情報〉を資源にしながら再生産されることに現代社会の特徴を見出すとすれば、〈社会的〉社会関係や〈文化的〉社会関係の領域に特化した本書の特徴にも十分意味があると考えることもできよう。

さて、いま指摘した二つのことがらが本書の共通したベースをなしている。つまり、第一に、考察の主要な焦点を八〇年代以降の変容に置いて考察をおこなうこと、そして第二に医療、福祉、都市、メディア、コミュニティといった領域の社会関係の編成の内部に、〈政治的〉〈経済的〉〈文化的〉そして〈社会的〉諸要素の今日的な節合の様態を析出するという課題である。以上の認識を共有しながら、本書は四つのセクションから構成されている。

第一は、〈身体〉に照準した考察である。M・フーコーは近代の統治のテクノロジーが身体を通じて作動することを指摘し、「生権力」という概念を提起したが、臓器移植や高齢者福祉の問題を検討する第1章と第2章では、一人ひとりの身体がテクノロジーや政治的権力や経済的利害に包囲される現在の「生権力」の姿を解き明かそうとしている。第3章では、近代以降「愛の共同体」として「家族」が神話化されたが故に、その内部に孕まれた暴力が隠され隠蔽されてきたことを論証しつつ、今日、ドメスティック・バイオレンスという言葉が与えられることではじめて可視化されるようになった家族や恋人同士の身体的かつ精神的暴力が私たちにいかなる問題を提起しているかを論じている。

第二は、〈越境〉という現代的テーマが焦点となる。グローバル化は、商品・情報・資本の移動とともに、難民・移民・旅行者・労働者といったかたちで大量の人々の移動や交通を生み出している。貧しさが故の、そして新しい雇用先を求めた故の移民であれ、高度な専門的知識を請われての移民であれ、日本社会は今や二〇〇万人を超える外国人が居住する国となった。こうした問題に加えて、〈越境〉は、多くの人々が国内外の観光地に向かう観光現象としても立ち現れている。第4章は、日常から非日常への〈越境〉である観光を通じて変容する人々のアイデンティティの問題、また観光地と称されるローカルな地域が観光をめぐる記号編成を通じて自らの地域的アイデンティティを変化させる姿に光を当てる。それにつづく第5章は、性の〈越境〉を論じている。そこでは、性転換の焦点が「カミングイン」にあるのに対して、「女装・男装」の場合は「カミングアウト」にあるとの対照性が指摘され、「セクシャリティのゆらぎ」のなかに見える種差性を浮かび上がらせる。

第三は、〈メディア〉が論究される。第6章は、八〇年代以降にあっても、一貫して存続してきた天皇制を支える「メディア」の言説と制度を論じたものである。さまざまな変容の中においても変わらずに続いてきた日本のメディアの文化とその権力性が問われている。それに対して、第7章は、〈越境〉と「メディア」をテーマ化する。在日外国人が生活する神戸の長田区にある小さなFMラジオ局に焦点を当てながら、多文化社会に移行する日本社会のなかで二一世紀が求めるメディアの公共性とはなにか、多文化「共生」とは何か、その展望が論じられる。

第四は、〈コミュニティ〉の変容に照準した。第8章は、スポーツとコミュニティとの現代的つながりをサッカーJリーグに焦点化しながら論じる。サッカーチームの「ファン」からチームの「サポーター」への変化は、単に言葉の変化に留まるものではない。「観客」から「支援者」へ、「試合を観戦する消費者」から「チームをサポートする行為者」への変化は、チームが所属する「地元」への「愛着」を作り出す契機となりうるのか、その可能性が考察される。第9章は、都市、都市空間を主題化する。一九八〇年代以降、政策選択の有力な柱となったネオリベラリズム（新自由主義的政策）の導入による都市空間や景観の変容が具体的な数値を引用しながら論じられる。M・ウェーバーは、特定の宗教に支えられた民族や部族から排除された人々、あるいはそこから離脱した人々によってはじめて「普遍的」宗教としてのキリスト教が受容されたこと、さらに異質な文化的・民族的背景を持つ彼らが生活を営む場を「都市」と見なした。「都市」が本来こうした「開放性」をもつとするならば、「資産活用」の名の下で資本によって大規模に再開発される現代都市をどう捉えることができるのか。「住む」こと、「生活する」ことの意味を空間編成の位相から捉える必要性がこの章では指摘される。

以上、本書は四つのセクションから構成されている。読者は、関心を持ったどのセクションからでも、どの章からでも、読み進めることができる。また通読することで、現代の日本社会の多面的な諸相を知ることもできるだろう。

本書が、読者に現代社会に対する問題関心を喚起し、社会学的考察や社会学的発想を触発する契機となることを願っている。

目次

序章　グローバリゼーションの中の日本社会

伊藤　守

1　転換期としての一九八〇〜九〇年代

二〇代の若者が生まれ育った、一九八〇年代から二〇一〇年までの約三〇年の期間を、どのような時代として把握できるだろうか。二〇世紀から二一世紀に転換した約三〇年の期間である。

たとえば、一九六〇年代から七〇年代初頭にかけての時期は、よく知られるように、「高度経済成長期」と言われる大きな社会変動の時期であった。巨大な石油化学コンビナートが建設され、新幹線や高速道路も整備され、都市には巨大なビルが建てられ、地方都市や農村部にも都市化の波が押し寄せた。テレビの普及に伴ってファッションや風俗や娯楽や音楽などさまざまな都市の文化が地方にも伝えられ、人々の社会意識やライフスタイルも大きく変容した。「高度経済成長期」とは、目の前の風景や景観が確実に変化し、社会の変化を目に見えるかたちで実感できた変化の時期であったと言える。

この時期と比較すると、二〇世紀から二一世紀へ転換した約二〇〜三〇年の期間は、「外見的」に見れば、「高度経済成長期」に匹敵するほどの変化があったとは感じられない時代に見える。確かに、都心ではビルが一層高層化し、テレビ以外のインターネットなど新しいメディアも登場した。交通網もさらに整備され移動の利便性は格段に向上した。しかし、それらは、交通網であれ、工業地帯であれ、都市機能であれ、それ以前にすでに整備された物理的なインフラの「拡張」あるいは「延長」にすぎないとも言える。だからこそ、六〇年代から七〇年代に経験した社会変動ほどの根本的な変化の時代ではなかったように感覚されてしまうのだろう。変化はもちろん存在した。だが、その変化は、すでに経験されたものの「拡張」あるいはその「延長」でしかないように感じられてしまう。近代の「延長」とでも言うべき時代感覚である。

だが、本当に、この二〇年の期間を、近代の「延長」として把握するだけでよいのだろうか。むしろ、この二〇年の歳月は、近代の「延長」や「拡張」として把握できるような位相では推し量ることができない、社会変動の時代だったのではないだろうか。多くの社会学者が、「ポスト近代社会」[1]「ポスト・フォーディズム」[2]といった概念を通じて、この変容を分析しようと試みたことからも示唆されるように、「高度経済成長」といわれる社会変動を上回るほどの、しかも、六〇年代や七〇年代とは質的に異なる変化の時代として把握する必要があるのではないか。本書はこうした前提に立って書かれている。

では、実際のところ、この二〇年はどのような時代として把握できるのだろうか。そして、「いま」という時代がいかなる特徴や病理を抱え、どこに向かって進もうとしているのか。この章では、時代を遡りつつ、それを考えるための見取り図を描くことにしよう。そのために、まず直近の問題から考察しておこう。

サブプライムローン破綻

二〇〇八年の秋、アメリカのサブプライムローン破綻に端を発する金融危機は、一〇〇年に一度の規模あるいは一九二九年の世界恐慌を上回るとも言われている。原因はデリバティブ（金融派生商品）への投資の破綻である。資本、金融商品がデジタル通信システムを通じて世界中で取引される現在のグローバル化のなかで、世界中の国々が一瞬のうちに危機に巻き込まれた。もちろん日本社会もその例外ではない。保険金融機関の経営破綻が予測される一方で、トヨタや日産そしてソニーといった世界にその名を知られた日本のトップ企業が軒並み二〇〇八年度末の決算で赤字となり、業績回復までに数年かかるだろうとの見通しも公表されている(3)。

この事態を前にして、読者の中には、この未曾有の危機的な状況をアメリカという「外部」からもたらされた「災害」のように捉える人がいるかもしれない。強欲なアメリカの金融資本が原因で、ようやく回復の兆しが見えた日本経済もふたたび不況に見舞われてしまった。日本は今回の金融危機の発生にはまったく関係がないのに、その被害を被った、というわけだ。この理解は正しいだろうか。

「失われた一〇年」という言葉がある。八〇年代後半、預金取扱機関が土地関連融資を増大させたことに起因するバブル経済は、その後の地価下落によって膨大な貸出債権が不良化し、九一年にはバブル崩壊となる。地価の上昇が続くことを期待して土地関連融資を増大させた金融機関の思惑は裏切られ、証券会社や銀行など多くの企業が破綻に追い込まれた。この金融不安は長期にわたり、政府が金融「正常化」宣言を発表したのは〇五年の五月である。実にバブル崩壊から一五年にわたって金融不安が続き、実体経済に影響を与えてきたのである。いま大学に通う一九九〇年前後に生まれた若者が育ったのは、この時期である。

この期間に、政府が金融の「正常化」と不況からの脱出をおこなうためにすすめたのが「超低金利」政策である。不良債権問題に苦しむ金融機関には七〇兆円規模の公的資金枠が準備され、また他方で企業の資金運用を円滑におこなうために金利をゼロに近い水準にまで引き下げる政策がとられた。それは「資金調達コストを引き下げて設備投資を後押しして、円安を維持して輸出拡大を促進することが狙いだったとも言われている」（斉藤二〇〇九：一一七）。しかも、二〇〇一年以降、景気回復がみられるなかでも「未だデフレ脱却せず」という判断がおこなわれ、この超低金利政策が継続される。アメリカも二〇〇二年から二〇〇四年にかけてITバブル崩壊から金融市場を立ち直らせるために低金利政策を展開した。低金利は円安を誘導して、輸出を主力とする一部の企業の業績回復には有効な政策であった。だが、競争力強化の名目で賃金が抑制された中でのこうした政策は、一般のサラリーマン層や年金生活者にとっては大きなダメージとなる。大手の企業の景気が回復したとはいえ、消費の拡大には至らず、一般の人々が景気回復を実感するには程遠かったのは当然のことだろう。

ところで、銀行にお金を預けても利子を生まないとすれば、その資金はどこに流れるだろう。もちろん、別の魅力的な投資先である。その一つがアメリカのサブプライムローンを組み込んだデリバティブであった。さらに欧州の金融機関もユーロ高を梃子に通貨安・低金利のドル資金や円資金を積極的に調達してサブプライムローン関連商品に投資した。今回の破綻で、アメリカの金融機関以上に欧州の金融機関が大きなダメージを受けたとの指摘があるが、その背景にはこうした資本の移動が存在した（斉藤二〇〇九：一一八）。

つまり、アメリカに直接投資された、あるいはヨーロッパの金融機関を経由した日本の資金が今回の金融危機に直接あるいは間接にかかわっている。日本は今回の世界金融危機のたんなる被害者ではなく、危機の当事国の一つなのである。言い換えれば、日本社会が、そしてわたしたち一人ひとりが、グローバル経済の中にしっかり組み込まれているのである。

雇用問題は世界金融危機に起因するのか？

深刻な雇用問題についても考えてみよう。二〇〇八年の暮れに、日比谷公園で「派遣村」が開設された。派遣切りにあって、職を失い、住む場所を失った人々、約五〇〇人が入村し、それをサポートする活動がメディアで大きく報道されたので、記憶している人も多いと思う。資料によれば、〇八年の九月から一一月の三カ月という短期間に削減された派遣労働者の数は二万三〇〇〇人に上り、厚生労働省の発表では、二〇〇八年一〇月から〇九年の三月までに職を失う非正規労働者は一五万八〇〇〇人を上回るという。雇用不安や雇用問題がようやく人々に認識されはじめ、大学生の中には卒業時の就職に不安を感じている人もいるだろう。

この雇用問題も、サブプライムローン破綻に起因する「アメリカ発世界金融危機」がもたらした「災害」と考えてよいのだろうか。

一つの報告書がある。一九九五年五月に出された日経連の「新時代の『日本的経営』」と題された報告書である。その後の市場原理主義的な規制緩和をはっきり主張した有名な報告書である。そこでは、今後の企業の経営を効率化し、柔軟に対応する組織とすべく、長期蓄積能力活用型、高度専門能力活用型、雇用柔軟型という三つの雇用類型が提示された。第一の「長期蓄積能力活用型」とは、企業の経営を担うエリートサラリーマン層のことであり、正規雇用労働者と考えてよい。第二の「高度専門能力活用型」は、三〜五年といった期間で成果を達成することを目的としたプロジェクトを遂行するために必要とされる専門職のことである。彼らは、したがって、第一のグループのように、長期間の雇用を前提とした労働者ではなく、企業に直接雇用されるか、あるいは派遣会社から派遣されるか、どちらにしても非正規労働者として働くことを期待されている層と言える。第三の「雇用柔軟型」は、パートタイマー、短期の派遣社員、アルバイト等、その時々の仕事量に応じて柔軟に雇用できる人材を指している。このような三つに類型化された雇用形態を導入する目的はなにか。激しいグローバルな競争にさらされている企業は、投資収益率を確保するために、労働コストを極力切り詰めることを当然のことながら考えている。報告書に書かれた三つの雇用類型は、このような企業側の利害にそって、労働者の雇用関係にかかわる長期的な見通しを示したのである。

企業側のこうした発言を背景に、一九九九年に労働者派遣法が改正され、これまで基本的には事務職・ホワイトカラー職である一三業務に限定されていた対象が、製造業と建設業、港湾運輸、警備保障、医療を除くあらゆる分野で可能となる。[4] さらに、二〇〇四年四月から、製造業という巨大な産業分野での派遣が解禁になった。この原則自由化、とりわけ製造業や物流産業を中心にしたブルーカラー職への派遣解禁は、間接雇用の歴史の中でも重要な変化であった。[5]

こうした対象業務の原則自由化のなかで、派遣労働者は急増し、現在、その数は約三二一万人に上るとも言われている。労働分野の規制緩和策が講じられるなかで、多くの正規雇用を置き換える形で、派遣や請負、契約などのフルタイム型の非正規雇用が爆発的に拡大し、大量の不安定労働者層が形成されたのである。それぞれの条件に応じた多様な就業形態を提供するというスローガンのもとに構造化されたのは、不安的雇用で、しかも正規労働者と同じ業務を行っても低賃金を強いられる賃金差別、雇用保険にも加入できない（させない）、劣悪な労働環境である。

このように見てくると、たしかにアメリカ発の金融危機が雇用問題をクローズアップさせるきっかけとなったとは言えるとしても、現在の極度の雇用不安は金融危機によってもたらされた一過性のものではなく、この二〇年ほどの間にすすめられた労働雇用政策と深くかかわる問題であることが理解できる。雇用問題も、アメリカの金融危機という「外部」から発した「災害」などではない。それは、この二〇年ほどの期間に日本社会が経験した大きな変化に深くかかわることがらなのである。

日本社会の変化を考えるための視点

金融危機、そして雇用問題という直近の身近な二つの事例から話を始めた。それは、日本社会の変化を考える際に欠かすことのできない二つの中心的な動向をまず理解してほしいと考えたからだ。

第一は、グローバル化という問題である。現代の日本社会の社会関係の変化を考察する場合に、日本という一国に対象を限定してはその変化の核心を捉えることができないということだ。資本、情報、ヒトが国境を越えて移動するグローバル化の中で、これまで権力を独占してきた国家あるいは政府という組織とは異なる機関、たとえば多国籍企業がきわめて大きな力を発揮し、日常の社会関係の隅々にまで多大な影響を及ぼしている。先ほどの例で言えば、日本の一般投資家あるいは保険会社や銀行などの金融機関が保有する資金がアメリカの金融派生商品に投資され、それが不良債権化すれば、そのリスクがただちに跳ね返り、世界の経済不況や雇用不安につながる。あるいは日本の企業が国際競争に打ち勝つために生産拠点を労働力の安い中国やタイあるいはベトナムに移動する一方で、逆に零細な中小企業が安価な労働力を確保するために低賃金で外国人労働者を雇用する現実がある。特別永住者（四二万人）や、近年ブラジルやペルーそして中国や韓国から日本にやってきたニューカマーと呼ばれる在日外国人を含めて、すでに二〇〇万人を超える外国人労働者が日本の企業活動に欠かせない存在になっていることは、日本社会がグローバル化という複雑な関係のなかに組み込まれ、日本社会がグローバル化を押し進める役割の一端を担っていることをよく示している。グローバルに展開する資本主義システムが世界中の人々の生活の営み全体にきわめて大きな影響を及ぼしているのである。後述するように、アントニオ・ネグリとマイケル・ハートが『帝国』という本の中で明らかにしようとしたのは、このグローバル化という未曾有の社会変化がどのようなメカニズムの下に、どのような背景の下に生まれているのかという問題であった。

第二は、グローバルな権力が世界の様々な地域の社会関係に影響を与えているとはいえ、ナショナルな水準での政策や制度が社会関係のあり方に及ぼす力を無視することはもちろんできないということだ。グローバル化に対する対応は画一的なものではなく、それぞれの国家や地域が置かれたコンテクストに応じて多様な姿を示している。ヨーロッパにおけるEUの成立と発展、北欧諸国における高福祉社会の維持、中国における社会主義政権下の市場開放政策等々、グローバル化に対する各国・各地域の対応はその内部に矛盾やコンフリクトを抱えながら、多様なかたちをとって進められている。こうした文脈で見るならば、日本社会の変化を特徴づける諸要因のなかで無視できないもっとも大きな要因はネオリベラリズム＝新自由主義の政策である。市場原理にまかせ、公的機関や法による規制を緩和することで、効率的で、時代に即応した、より発展可能な社会を構想できると主張する新自由主義的な政策が、労働と雇用分野の問題に限らず、教育や福祉・医療といった人間の生や生活に直接かかわる分野、そしてわたしたちの社会意識や価値観、他者との関係を築く意欲や志向にかかわる文化の分野にまで多大な影響を与えてきたからである。フランスの社会学者ブルデュは、新自由主義的政策が、権利と生活の不安定、永続性と将来の安定の不確実性、さらに自己と近隣と共同体の危険性を増大させる「不安定化政策」であるとして、手厳しい批判を一貫して加えたが（Bourdieu 1997: 95-101）、それが社会になにをもたらしたのか、はっきりと認識しておくべきだろう。

グローバル化、しかも新自由主義的政策と密接に結びついたグローバル化が進展したこの二〇～三〇年の変化を、より長期の歴史的変動、すなわち近代化といわれる歴史変動のなかに位置づけてみた場合、それが、家族や友人関係などの親密な関係、地域社会のネットワーク、そしてローカルな文化やメディア文化といった、文化的社会関係や社会的社会関係に対していかなる変化を及ぼしていくのか。本書でこの大きな問題を十分に論じつくすことなどできないとはいえ、二一世紀初頭という「いま」が、いかなる歴史的変化の途上にあるのか、どのような社会関係の成立を促しているのかを各章の論述を通して示唆したいと考えている。

この章では、この約二〇年間の期間の変化を見る上で欠かすことのできない、グローバル化の進展、ネオリベラリズム＝新自由主義的政策の浸透という二つの事態についてより詳細に説明を加えよう。

2　グローバル化とはなにか、どんな力がグローバル化を押し進めているのか

グローバル化を平板化して理解してはならない

『グローバリゼーション――文化帝国主義を超えて』と題された本を書いたトムリンソンによれば、グローバリゼーションとは「近代社会の社会生活を特徴づける相互結合と相互依存のネットワークの急速な発展」(Tomlinson, 1999=2002: 16=15) を意味しており、マグルーの指摘にならい「商品、資本、人材、知識、イメージ、犯罪、汚染物質、麻薬、ファッション、信仰といったものがみな、容易に地域の境界を越えて流れる」ような、世界的規模での「複合的結合性」を指している。その基盤には、高速な航空運輸の国際システムやデジタル通信システムといった技術革新がある。私たちの食卓は輸入された大量の食料品で溢れ、レンタルビデオ店にはアメリカやヨーロッパだけでなく韓国や中国の映画が置かれ、衛星テレビでも各国のニュースやドラマが流れている。インターネットで、台湾のドラマをほぼ同時刻に視聴することも可能な時代だ。またこうしたグローバル化の現象は、デヴィッド・ハーヴェイが「時間と空間の圧縮」と呼んだ現代に特有の経験を生み出してもいる。つまり、航空機による物理的な空間の移動であれ、あるいはデジタルメディアによる情報や映像の伝達であれ、離れた地点間の空間的移動にかかる時間の劇的な短縮による距離の圧縮である (Harvey, 1990=1999: 450)。

このように記述すると、グローバル化という概念、あるいはグローバル化という現象はきわめて分かりやすい現象のように考えられるかもしれない。国境を越えたモノや資本や人材や情報の移動のことだ、

と。しかし、国境を越えた資本やモノの移動、デジタル通信を媒介にした情報の伝達がなぜこれほどまでに拡大したのか、それはそれ以前の地球規模の移動や交通といかなる点で異なるのか、さらにこのグローバル化はいかなる力や論理によって進められてきたのか、といった問いかけに答えようとすると、たちどころに難しくなる。

たとえば、一九九九年一一月にシアトルで開かれたWTO（世界貿易機関）の第三回閣僚会議にたいして、世界中から市民・労働者NGOの約一〇万人がシアトルに結集して、大規模な反グローバル化の抗議運動が起こり、その結果、閣僚会議は決裂し、二〇〇〇年一月に予定されていた「新多角的貿易交渉」が二年後に先送りされる、という歴史的出来事があった。WTOは、国際的なレベルでの自由貿易・民営化・規制緩和の拡大を目的に一九九五年に発足した機関であるが、交渉の過程で先進国と途上国との利害対立が先鋭化し、「WTOは多国籍企業の代理人」との批判もあった。WTO内部の対立や矛盾にくわえて、多国籍企業の影響力の拡大に批判的なNPOによる反グローバリズムの運動が、シアトルの会議を決裂に追い込んだのである[6]。

つまり、この歴史的な事態から読み取るべきは、グローバル化を後戻りのできない「時代の趨勢」といった言葉で単純化して理解してはならないということだ。現実に進展しているグローバル化をそれが正当なことがらであると主張する特定の主体や組織が存在する一方で、それに抵抗し、それとは異なるオルタナティブなグローバル化のあり方を主張する団体や組織が存在する。グローバル化とは、多くの係争点と敵対性を孕みながら、この両者が抗争する複雑な現象として考えねばならない。繰り返し強調するならば、資本主義システムの地球的規模での単線的な拡大として、グローバル化を平板化して考えてはならないのである。

そうだとするならば、あらためてグローバル化とはなにか、グローバル化によってどのような対立が生まれ、反グローバル化の運動はなにを求めているのか、を問う必要がある。グローバル化に関するこれまでの議論を整理しておこう。

「帝国主義」から「帝国」へ

すでに上で引用したトムリンソンが重視するのは、彼の著作のタイトルが明瞭に示唆するように、グローバル化とは「文化帝国主義」とはおよそ異なる現象であるという点だ。「帝国主義」とは、歴史を振り返れば、イギリスやドイツやフランスなどヨーロッパの先進国そして日本がアジアやアフリカを植民地化して、自国の文化や政治システムを植民地地域に移植し、経済的に従属した地位におくことを意味する。「文化帝国主義」とはこうした従来の「帝国主義」の考え方を踏襲しつつ、文化のグローバル化の特質を、「世界の多くの場所で、正統的、伝統的な地域文化が、おもにアメリカ合衆国による軽薄な商品やマス・メディアの産物の大量販売によって破壊され消滅しつつある」(Tomlinson, 1999=2002: 26) と見なす主張を指している。しかし、最大の政治力と経済力を持ったアメリカが文化的・政治的・経済的に覇権を握るといったプロセスと、現在進行中のグローバル化とは異なるとトムリンソンは強調する。たとえば、日本や韓国といった地域における状況をみても、アメリカの影響力が強いとはいえ、アメリカからの一方的な物や人や資本の移動が存在するわけではなく、日本や韓国からアメリカへの資本や文化の移動が無視できない規模になっている。あるいは、アメリカの直接的な関与を伴わない東アジア圏の相互関係が緊密化していることからも、トムリンソンが述べるように、従来の帝国主義的なかたちで国境を越えた相互依存関係が形成されているわけではない。ネグリとハートの言葉を引用するならば、「自己の権力をつねに閉じた空間の内部で単線的に拡大し、支配下にある国々を侵略し破壊し、それらをその主権の内部に包摂するような、帝国主義的プロジェクト」(Negri & Hardt, 2000=2003: 235) とは明らかに異なるロジックとパワーの下でグローバル化が進展しているのである。

では、そのロジックとはなにか。二人によれば、「開かれた空間を再節合し、限界のない領野を横断するネットワークのなかで多様にして特異な諸関係を絶え間なく再発明していくようなプロセスをモデル」(Negri & Hardt, 2000=2003: 235) にして、それは構築されているのだという。二つの事例からこの新しい事態を見ておこう。

二〇世紀後半に起きた多くの地域紛争がある。その解決はいかに行われたのか。その多くは、国連といった超国家的機関による軍事的介入である。ところで、重要なのは、ネグリとハートによれば、介入の権利は従来のような「個々の主権国家または超国家的な(国連の)権力が、自発的に結ばれた国際協定の適用をもっぱら保証したり、共用したりするために介入するような事態」(Negri & Hardt, 2000=2003: 34) から次第に質的に変化し、これまでとは異なる論理とエージェントによって解決が行われるようになったことである。この事態の変化を、二人は、「本質的な正義の諸価値に訴えかけることによって正当化された」超国家的な諸主体が、「あらゆるタイプの緊急事態と上位の倫理的諸原理の名の下に、介入する事態」へと移行することだと指摘する (Negri & Hardt, 2000=2003: 34)。

これまで積み上げられてきた国際法の規定に沿って、国際法違反の国家に対して、法権利を行使するといったかたちで軍事介入がおこなわれるのではない。そうではなく、なにが正義なのか、という問題は棚上げにしたまま、正義という光に照らしてあらゆる国境を越えた「開かれた空間」を再節合して、超国家的な諸主体が活動＝介入できる限界のない領野をつくりあげているというのである。抽象的で難しいと考えられるかもしれないが、ハーヴェイの次の指摘は、そのもっともわかりやすい事例を示唆しているように思う。アメリカのアフガニスタン侵攻とイラク戦争を開始するに際して表明されたブッシュの発言を引用した箇所である。

大統領ブッシュは繰り返しのたまう、アメリカ合衆国がイラクの人々に「自由」という貴重な贈り物をあたえたのだと。「自由とは」と、ブッシュは言う、「この世界のあらゆる男と女への神の贈り物」で、「地上でもっとも強大なわれらアメリカ人はこの自由を広める義務がある」。イラクに対する先制攻撃が見事に成しとげたのは、この国に『自由』をもたらしたことだというこの公式のご神託は、いまだにアメリカ合衆国のメディアにおおむね共有されており、そのため喧伝された理由が中身のないものであることがわかっても、多くの人々がこの戦争を支持し続けるための説得力ある議論となっているようだ（Harvey, 2005=2007: 8）。

この引用から読み取るべき重要な論点は、イラクに対する先制攻撃が、「帝国主義の利害関心」にもとづいておこなわれたのではなく、「自由を広める」という「普遍的な」価値に訴えかけることによって、すなわち「それ自身の国家的動機に応じてではなく、グローバルな法権利の名において、国際的正義を管理運用することのできる唯一の権力」として行使されたということだろう。これまでも多くの帝国主義国家によって普遍的な利害にもとづいて行動するという偽りの主張がおこなわれてきた。それと同様に、「国際的正義を管理運用する」というアメリカの主張もまた偽りではある（イラクへの軍事介入が示すように）。しかし、それは、グローバルな秩序・正義・法権利を強いるような新しい枠組みが構築されるなかに生成している新しいタイプの利害関心なのであり、これまでの帝国主義の利害関心とはその位相を異にしていることをはっきり認識する必要がある。ネグリとハートは、いま指摘した「グローバルな秩序・正義・法権利を強いるような新しい枠組み」とその内部で生成変化する利害、これを〈帝国〉の利害関心と呼ぶのである。

この〈帝国〉的権威の新しいグローバルな政体構成において、「アメリカ合衆国が特権的な位置を占めている」ことは間違いないとはいえ、それは「アメリカ帝国主義」とは異なるものなのだ。

グローバル化とはなにかを考えるためにもうひとつの事例を挙げておこう。

先ほど引用した文章の後に、ハーヴェイは、ブッシュの言う「自由」が実際にいかなる自由であるかを示す一つの例証として二〇〇三年三月にイラク連合軍暫定機構の長であるポール・ブレイマーが発した指令を記述している。

すなわち、そこには、「公共事業の完全な民営化、外国企業によるイラク産業の所有権の徹底、外国が持つ利権の完全な回復……イラク銀行を外国支配に解放すること……外国系企業を国営のものと同等に扱うこと……ほとんどすべての貿易障壁の除去が含まれていたのだ。（Harvey,

2005=2007: 8)

ブレイマーの指令は、ハーヴェイが指摘するように、ジュネーブ条約とハーグ条約にあきらかに反する。占領軍は非占領国の資産を守る義務があり、それらを売る権利など持っていないからである。だが、国際条約に違反していようと、イラクでは実際にその政策が遂行され実施される。その政策を正当化するのが、WTOに代表される国際機関がこの間一貫して主張してきたスローガン、つまり国境を越えた資本・商品・労働力の「自由」な移動を保証し拡大するという理念、「自由」という価値観である。しかし、労働組合を自由に作る権利やスト権をきびしく制限する一方で、声高に進められる「自由市場改革」とは、誰にとっての「自由」であるのか、何のための「自由」なのか。

こうした「自由市場原理主義」の押し付けは、イラク占領というなかで生まれた例外的な事態と考えるべきだろうか。この疑問に答えるためには、すでに言及したシアトルのWTOの閣僚会議にたいする反対運動の主張に耳を傾けてみるべきだろう。

3　グローバル化と新自由主義の結びつき

グローバルな格差の拡大

スーザン・ジョージの『なぜ世界の半分が飢えるのか』は、企業の生産活動の世界的展開、具体的には多国籍企業の拡張によって、途上国に住む人々の生存の根幹にかかわる食料までも巨大アグリビジネスによって輸出商品として生産されるなかで、途上国の貧困が生み出されていること、途上国における無尽蔵の安い労働力が世界市場向けの製造業生産の下請けに動員され、巨大な多国籍企業の世界的な統合化のなかに組み込まれた現状など、三〇年以上も前の一九七六年に書かれたものだが、現在まで続く多国籍企業の抱える問題を鋭く指摘した本である。ここで目を向けるべきは、発展途上国をも包摂した世界的な規模の資本蓄積の条件が、各国の法制度や法的な条件をグローバルな基準に適合するように国家政策による改編を通じて整えられてきたということだ。たとえば、それは、途上国における輸出加工区の整備や多国籍企業を誘致するための優遇税制そして労働規制の緩和である。あるいは先進国でも見られた国際会計基準の採用などに象徴される国際的な基準に合致する機構や制度の創設等、従来の諸制度がグローバル化に適応した体制へと組み換えられてきたのである。とりわけフレキシブルな資本蓄積を可能にするために、途上国、先進国を問わず、各国の労働分野の様々な規制が緩和されたことの意味は大きい。

こうした背景の下で多国籍企業を中心とした直接投資の傾向は八〇年代以降も強まったと言える。だが、資本蓄積の焦点は次第に直接投資から他の戦略へと移行していく。国際債券・金融市場の自由化である。投資銀行は海外の発展途上国の政府にも直接貸付をおこなう。そしてもし債務不履行になった場合には、途上国に対して、借金返済計画の変更の見返りに、福祉予算の削減、労働法制の緩和、民営化をおこなわせる「構造調整」政策を受け入れさせる戦略をとった。その最初の事例が一九八二年のメキシコの経済危機である。金融のグローバル化を推進し、こうした「構造調整」政策を強いた主体がWTOやIMFであり、その政策の正当性を保証したのが、自由市場の線にそって公的資源を民営化し、自然資源を私企業の開発に委ね、外国からの直接投資と自由貿易を容易にすることこそが経済発展の道であると考えたフリードマンに代表される一群の経済学者の理論である。シアトルにおける反グローバリゼーションの運動は、こうした雇用や社会福祉への影響を度外視して、「最適なビジネス環境」を構築し、投資の自由、資本の移動の自由、障壁なしで商品やサービスを売買できる「自由」の確保を最優先するネオリベラルな政策とその理念に立脚したグローバル化に対する反対運動だったのである。ジョージによれば、こうした新自由主義的グローバル化に対して異議を唱える抗議運動は、「反対」運動とみなされるべきではなく、「もう一つの」グローバル化を求める「グローバル・ジャスティス運動」と位置づけられるべきだと言う（George, 2003=2004）。巨大企業に適正に課税し、所得の再分配をおこない、社会保障と福祉の公共的性格を強化するモデルをグローバルに提起するものだからである。

イラクで起きた「自由市場原理」の強制は、一過性のものでもなく、例外的なものでもない。この二〇年以上にわたって繰り返されてきたＷＴＯやＩＭＦそして多国籍企業を中心にした新自由主義的グローバル化の政策が生み出した象徴的な出来事のひとつなのだ。

再度、強調しておこう。グローバル化とは、たんなる商品や情報や人間の地球規模の移動を意味するのではない。ＷＴＯやＩＭＦそして多国籍企業が中核をなす組織が新自由主義的な政策を旗印に進めてきた、〈帝国〉的な世界市場の再編過程としてグローバル化を把握する必要がある。

日本のグローバル化と新自由主義

「最適なビジネス環境」を構築し、資本蓄積の条件を最適化することを最優先するネオリベラルな政策の導入は、よく知られるように、先進国で見れば、一九七九年のサッチャー政権の成立、一九八一年のレーガン大統領の誕生の時期にはじまるといってよい。サッチャー政権は、競争を促す流動性を高めるためにというスローガンの下で、航空会社から電話や金融そして情報・メディア産業などあらゆる分野で様々な規制を緩和し、福祉国家の関与を削減し、公共事業の民営化を進め、海外からの投資を促進する政策をとった。レーガン政権も同様に産業、職場、医療、金融など連邦の規制の範囲と内容を削減して、企業が「自由」に活動できる領域を次々に開拓し、それと同時進行で富裕層のための減税をおこなったのである。「企業の政治戦略の中心テーマが、消費者保護とか労働法改正といった法案を葬ったり、自分たちに有利な税制や規制緩和、反トラスト法を施行することに共通の利害を見出すことになったのである」とハーヴェイは当時の様子を述べている。さらに国外では、国境を越えた資本の移動に対する障壁を取りのぞき、グローバルな資本蓄積のためにグローバルな水準で市場を開くことが目指された。それは、福祉国家的な施策の下で自らの利益が損なわれてきたとみなす企業や上流階級の階級的利害にもとづく階級的敵対性のはっきりとした表明であったとみなすことができる。

社会福祉事業、その中核をなしてきた医療、公教育、公益事業、社会福祉など公共的サービス分野から国家の役割を縮小すること、それに代わって、資本蓄積のための新たな市場開拓としての民営化を推し進め、従来国家や地方政府によって運営された部門の規制を緩和して、そうした分野へ資本が自由に移動できる環境を整備すること、これらネオリベラリズム的国家の政策は、長期的に見れば、貧困をなくし、大部分の人々の生活を向上させることができるとされ、この二〇年近い期間にわたりグローバルな政治を支配するようになってきたのである。

日本社会もその例外ではない。ネオリベラリズム的国家の政策を実践し、ネオリベラリズムの価値観にもとづいたグローバル化を押し進めてきたといえる。その転換を画したのが中曽根政権である。「行政改革」の名の下で公共部門のスリム化を求める「臨時行政調査会」が発足し、「民間活力」の導入が声高に主張されるなかで一九八二年に発足したこの内閣は、八三年の電電公社の民営化、八七年の国鉄分割民営化、そして「民間事業者の能力を活用」して「民活による内需拡大」を目的としたリゾート法を矢継ぎ早に成立させ、その後の政策の基調をつくりだしていくことになる。さらに八五年には、プラザ合意による円高政策がとられ、日本では急速な円高が進行し、円高不況を回避するために低金利政策が採用される。よく知られるように、この円高政策がハワイの不動産やアメリカ本国のビルの買収などアメリカの資産の購買の拡大や、空前の海外旅行ブーム、そして東南アジア諸国への直接投資の急増や円高による輸出商品の価格上昇を避けるためにとられた海外への工場移転を加速させる一方で、低金利政策は不動産や株式への投機を促してバブル景気を生み出したのである。

中曽根政権の「第二次臨調」以降、公共部門のスリム化というスローガンの下で、社会保障や社会福祉の分野の予算削減がおこなわれるが、なかでも医療の抑制政策は新自由主義的政策の特徴をよく示している。しかも、この抑制政策は橋本内閣時代の「社会保障構造改革」に、さらに小泉・安倍政権の六年間にわたる全面的な市場原理主義にもとづいた制度改革に引き継がれて現在の様々な問題を生み出している。

医療分野の問題を具体的に見ておこう。日野（二〇〇八）によれば、高齢化社会を迎えて医療費の拡大が見込まれる一方で、財政赤字の拡大を食い止めることを目的に策定された「医療費抑制政策」は二つの側面を持つと言う。ひとつは、需要抑制であり、患者の自己負担を高めることで受診抑制をおこなうとともに、国家の負担を軽減することである。従来、健保本人一〇割給付であった制度は、一九九七年に本人の自己負担が一割から二割に引き上げられ、二〇〇三年には二割から三割に引き上げられる。一九八〇年時点と二〇〇三年の健保本人七割給付を比較すると、企業と政府が負担を減らし、地方自治体と家計が負担を大幅に増加させている。

医療費は、所得に関係なく、病気にかかった誰もが支払うべきものであるがゆえに、低所得者にとって、医療費自己負担の増加はとりわけ厳しい。医療費が高くて病院にも行けないという高齢者の声はこうした制度「改革」のなかで生まれてきたものなのだ。このような、公的サービスの削減政策をとりながら、他方で政府は富裕層減税を実施してきたのである。

もうひとつの側面である供給抑制政策は、施設の抑制と医療従事者とりわけ医師数の抑制として展開された。昨年、緊急の患者や妊婦が救急車で搬送中に、病院に受け入れを拒否され、死亡する事件が相次ぎ、医師不足がクローズアップされたが、これもこの二〇年近い期間の間に、政策的に、「医療費抑制」という目標の下で、意図的におこなわれてきたのである。一九八〇年代前半までは、日本政府は、OECD平均一〇万人当たり一五〇人に近づける医師拡大路線を推進してきたが、一九八二年の「医師養成数抑制」の閣議決定以降、この政策がとり続けられてきた。人口一〇万人当たりの日本の医師数は二〇〇人で、OECD加盟国の平均三一〇人との間には大きな格差が存在し、その乖離は年々拡大している。国際的に見て明らかに医師不足が顕在化しているのであり、「一部で言われるような『全体としては充足しているが診療科や地域的な偏在』が問題である、といった問題ではない」（日野、二〇〇八：

八六）。「絶対数の不足という基盤の上に、各種の偏在が重なって、重篤な症状を示しているのが、医療費抑制政策の一環としての医師数問題」（日野、二〇〇八：八六）なのである。ちなみに、イギリスのサッチャー政権下でも、医療費抑制を旗印に掲げて、医師や看護師など医療従事者に対する官僚的管理を強化し、病院経営の徹底的な効率化を求めて、さまざまな市場原理主義的な「改革」がおこなわれた。なかでも有名なのは患者一人当たりの死に至るまでの医療費を最小限にすることによって国民医療費を抑制する政策だった。ブレアの労働党政権が誕生した時期には、医師不足が深刻化し、入院待機患者が一三〇万人に達するという異常な事態にまで達したのである。

このような公的サービス・公共的政策の後退は、いま指摘した「医療費抑制政策」にとどまらず、福祉や教育のあらゆる分野で進行したと言える。ネオリベラリズムの思想とその政策はわたしたちの社会生活と社会関係にさまざまな格差を作り出し、決定的な影響を与えたのである。

しかも、それは、アメリカやイギリスを中心としつつも、いま見たように日本にも、そしてこれまではアメリカ・イギリスの新自由主義的な政策とは一線を画すると考えられてきたEU諸国にも波及して、「先進国内部の経済格差」を押し広げている。また、それは、前述したように、低開発国や途上国を「自由市場原理」の中に組み込むかたちでのグローバル化を進展させることによって、先進国と途上国との間の経済格差、いわゆる「南北の経済格差」を拡大しているのだ。

4　流動化したモダニティのなかの不確実性

不安の肥大化と「嘔吐的な空間」

グローバル化そして新自由主義の政策や価値観の導入、という二つの限定された視角からこの二〇年近い期間の社会変化の特徴を見てきた。社会変動という大きなテーマを検討するに際して、この二つの切り口が様々な変化を考察する際の制約条件になることを覚悟の上でこうした設定をおこなったのは、グローバル化と新自由主義についての批判的な検討が現代社会の変化を考える場合に不可欠だと考えたからである。

では、グローバリゼーションによる競争の激化や市場原理主義の導入など、二〇世紀後半に見られた変動が結果として現代社会になにをもたらしたのか。現代社会を「リキッド・モダニティ（液状化する近代）」と捉えたバウマンの議論を参照しておこう。彼によれば、規制緩和と民営化の名の下に社会におけるセキュリティを支えるセイフティネットの諸制度がつぎつぎと掘り崩されるなかで、様々なリスクが増大し、未来の、生活の、確実性が消え去っていったと言う。また、この流動化した社会に放り出された個人は自らの生存の安心を失い、生存の権利はただ「自己責任」で確保すべきだという個人の安心をより一層縮減してしまう言説によって放置されてしまっている。

こうした安全の客観的な側面の低下と反比例するかのように、個人的な安心を求める欲望は肥大化の方向に向かっている。ゲイティッド・コミュニティ（gated community）の建設、監視カメラを住民自身が求める風潮等々、犯罪防止と治安の問題への関心の上昇が見られるのは、セキュリティと確実性の低下を背景として、安全への欲求が個人の安全へと向けられていることを示している。そしてそれは、政府や行政による規制と管理への期待を呼び起こしながら、異質と思われる人間を排除しようとする欲望を掻き立てているようでもある。バウマンの指摘に倣えば、異質な他者との出会いの場であった「公共空間」を、異質な他者を半ば強制的に同化・統合しようとする「食人的な空間」や、彼らをコミュニティの境界の外へ吐き出そうとする「嘔吐的な空間」へ変貌させていくような状況の拡大である。

さらにいえば、「機動性」と「軽さ」を価値あるものと考え、「固定」に対して「流動性」を基調とした社会のなかで、社会関係を構築すること、社会関係を維持すること、そのこと自体に対するわたしたちの感覚や意志が変化し始めている、と彼は指摘する。バウマンはこの事態を皮肉たっぷりに次のように述べている。

「死がふたりを分かつまで」という言葉が象徴する親密な関係は「不満がでるまで」という定義上も、実際上も、一時的である契約にとってかわられた。

この文章は、現代の結婚と離婚にまつわる問題を、シニカルな視線で指摘したものだが、バウマンのまなざしが向けられている先にあるのは、社会的関係性を編み上げていくこと、そのことに対するわたしたちの欲望のありかたの変容である。非正規労働、雇用不安、転職、単身赴任、グローバルな規模の移民、離婚の増大等々、社会の流動化を象徴する空間的移動の増大と将来への不安定を強いる政策、つまり時空間の枠組みの不安定化の拡大とそれに規定された私たちの生活姿勢は、「はかりしれない犠牲を払って協力関係を続けるより、関係解消のほうがよりよい機会やより優れた価値をもたらすとどちらか一方が察したとき一方的に破棄される」ような人間関係を強いていくだろう。そしてもし実際に事態がそのように進行しているとするなら、辛いときも、苦しいときも、努力し、犠牲を払ってでも、継続することではじめて維持できる、親密な関係、近隣の関係、共同体の関係、そしてグローバルな地域間の関係は、どのようになるのだろうか。「流動化」した現代社会の内部に差し込まれたもっとも深い亀裂と、「文化」と「社会」の危機をバウマンはこの点に見ているのだ。

亀裂と危機を乗り越えて

長期の継続的な就労が不安定化するとき、あるいは就労すら不透明になるとき、たとえ就労できたとしても短期間で離職し次の就労先を探さねばならないとき、生活の基盤はたえず変化し、信頼を寄せる人間関係もたえず変化を迫られるだろう。将来へ向けた継続した安心や信頼の感情も失われていく。この空間と時間の断片化のなかでは、バウマンが焦点化したように、コミットメント＝関係の構築と継続的な維持という人間の能力とハビトゥスには計り知れない多大な負荷がかかるだろう。しかし、だからこそ、逆に、いまこそ、よりよい社会にむけた〈連帯〉と継続的なコミットメントという人間の能力が試されているのだとも言える。「社会的なるもの」の実質、〈社会的〉社会関係の実質をどう生成変化させていくのか、が問われている。

過去からの強風にあおられ、未来へと背を向けながら運び去られていくわたしたちにとって、眼下には崩壊しつつある瓦礫の山しか見えないかもしれない。しかし、希望へと開かれた小さな門はけっして閉じられているわけではない。そう教えてくれたのは二〇世紀の全体主義の時代に生きたヴァルター・ベンヤミンである。わたしたちが「もうひとつの世界は可能だ」と信じるならば、と。

【注】

（1）一九八〇年代に日本社会では「ポストモダン」「ポストモダニティ」に関する議論が展開され、これまでの「近代化」とは異なる歴史的転換の時期に入っていることが強調された。そのひとつはリオタール等の哲学者からの発言を受けたもので、「歴史の進歩」を標榜した「近代」の価値観、言い換えると「大きな物語」（その例として、精神の弁証法、意味の論理学、理性的人間あるいは労働者としての主体の解放、を挙げている）に支えられた「近代」の価値観が崩壊して、価値の相対化と多元化が進んだとされた。こうした文化や言説のレベルの変化は、情報産業の成長など産業構造の変化や資本主義のリストラクチャリングといわれる生産様式の変化、モノの記号消費を機軸とした消費社会の進展など、社会の変容を背景としていた。

（2）カステルは一九七〇年代に資本蓄積の新たな段階に入ったと指摘する。それは、文化的にも政治的にも異なる社会を「世界市場」に編入して空間的諸関係を再編しながら、資本蓄積の回転をかぎりなく短縮することをめざした「時間―空間システム」の編成である。それに見合う形で、生産様式もフォーディズムと言われる大量生産に替って多品種少量生産を可能にする機動的で柔軟なポストフォーディズム段階に移行したとの議論がなされた。

（3）二〇〇八年秋に起きた金融危機については、本山美彦『金融権力』岩波新書、二〇〇八、浜矩子『グローバル恐慌』岩波新書、二〇〇九　などを参照されたい。

（4）労働者派遣法が施行されたのは一九八六年で、基本的には事務職・ホワイトカラー職が対象であった。すでにベストセラーになっているので読んでいる人もいると思うが、湯浅誠『反貧困』岩波新書、二〇〇八は必読文献だろう。あわせて、木下武男『なぜ富と貧困は広がるのか』旬報社、二〇〇八も参照してほしい。

（5）雇用環境の転換は、特に若者層に打撃を与えている。二〇〇七年時点で、一五〜三四歳の年齢層でフリーター一八一万人、無業者六二万人、失業者一一六万人、非正規労働者五七九万人を数えると言われている（芳賀健一、二〇〇九：一七二）。

（6）シアトルで起きたグローバリズムに対する対抗運動、その文化的政治的意義については毛利嘉孝『文化／政治』月曜社、二〇〇三を読んでほしい。

【文献】

伊藤誠、二〇〇九、「サブプライム金融危機の構造と意義」『現代思想』vol. 37-1

伊藤守、二〇〇五、『記憶・暴力・システム』法政大学出版局

木下武男、二〇〇八、「派遣労働の変容と若者の過酷」『POSSE』創刊号

斉藤誠、二〇〇九、「金融危機が浮かび上がらせた日本経済の危機と機会」『世界』No. 787

芳賀健一、二〇〇九、「日本の金融危機とネオリベラリズム」『現代思想』vol. 37-1

竹信三恵子、二〇〇九、『ルポ雇用劣化不況』岩波新書

浜矩子、二〇〇九、『グローバル恐慌』岩波新書

日野秀逸、二〇〇八、「医療費抑制政策からの転換を」『世界』No. 775

毛利嘉孝、二〇〇三、『文化／政治――グローバリゼーション時代の空間の叛乱』月曜社

本山美彦、二〇〇九、「米国がデリバティブ規制に踏み込む可能性について」『現代思想』vol. 37-1

本山美彦、二〇〇八、『金融権力』岩波新書

Bauman, Z., 2000, *Liquid Modernity*, Polity Press.（＝二〇〇一、森田典正訳『リキッド・モダニティ――液状化する社会』大月書店）

Castells, M., 1996, *The Rise of the Network Society*, Blackwell.

George, Susan, 2003, *Another world is possible ! if. ...*（＝二〇〇四、杉村昌昭・真田満訳『オルター・グローバリゼーション宣言』作品社）

George, Susan, 1976, *How the other halt dies: the real reasons for world hunger*, Penguin Books.（＝一九八四、小南祐一郎・谷口真里子訳『なぜ世界の半分が飢えるのか――食糧危機の構造』朝日選書、朝日新聞社）

Hardt, M., & Negri, A., 2000, *Empire*, Harvard University Press.（＝二〇〇三、水島一憲・酒井隆史・浜邦彦・吉田俊実訳『帝国――グローバル化の世界秩序とマルチチュードの可能性』以文社）

Harvey, D., 2005, *Spaces of Neoliberalization: Towards a theory of uneven geographical development*, Franz Steiner Verlag.（＝二〇〇七、本橋哲也訳『ネオリベラリズムとは何か』青土社）

Harvey, D., 1990, *The Condition of Postmodernity: An Enquiry into the Origins of Cultural Change*, Blackwell.（＝一九九九、吉原直樹監訳『ポストモダニティの条件』青木書店）

Tomlinson, J., 1991, *Cultural Imperialism: A critical introduction*, Printer Publishers.（＝一九九三、片岡信訳『文化帝国主義』青土社）

Tomlinson, J., 1999, *Globalization and Culture*, Polity Press.（＝二〇〇〇、片岡信訳『グローバリゼーション――文化帝国主義を超えて』青土社）

第1章　現代社会と身体の囲い込み

健康の造成と死への見放し

清水瑞久

1　健康社会の出現と湧出する不安

身体は個人のものでありながら、個々が生きる社会の状況に強く規定されている。だから、たとえば健康への意志も、時代にとらわれない普遍性の相をもつかにみえて、他方では、その時々の時代による衛生などの環境整備や保健・医療システム、また、法律や条令などといった、様々な力のせめぎあいの中で、一定のかたちをとって立ち現れてくる。

とりわけ近代以降、国家は国民の身体を監視し管理の対象とし、その生活の内側から健康状態を作り上げ、それを維持・増進することに関心をもってきた。日本では第二次大戦以降、急速に公衆衛生の整備をおこない、医療テクノロジーを高度化させ、食の安定供給を通して国民の栄養状態を良好に保ってきた。また、教育によって衛生観念を徹底させた。こうして日本の疾病構造は大きく変化していった。戦後直後まで、日本人の大きな死亡原因は、結核や肺炎や気管支炎など、感染性の急性疾患であった。

しかし、一九五〇年以降、それらの疾患に代わって、ガンや脳卒中や心臓病など、慢性的な疾患（主に生活習慣病）が疾病構造の中心となっていく。日本人の平均寿命は伸長を続け、二〇〇八年には男性の平均寿命が七九・二九年、女性は八六・〇五年となった。それはまた高齢化の進行を意味し、二〇〇〇に入って最初の一〇年の間に六五歳以上の高齢者人口は総人口の二一％を超え、すでに「超高齢社会」に突入している。[1] 私たちの社会は、新型インフルエンザなどによるパンデミック（大流行）の恐怖を払拭したわけではないが、相当に「健康」水準を向上させている。そしてこの健康社会では、それに特有の磁場が形成され、私たちの身体を貫き、動かしていくのである。

二〇〇八年一一月、麻生太郎首相は「たらたら飲んで食べて何もしない人の分の金を何で私が払うんだ」と経済財政諮問会議で発言した。挑発的できわどく歪んだ表現ではある。しかし、これは皮肉にも現代日本の医療をめぐる環境を見事に描出している。彼のいわんとするのは、第一に国民医療費は抑制されるべきであり、第二にそのために国民は健康の維持増進に努めるべきであって、第三に健康への努力をしないで病気になったとしても、それは自業自得である（無駄な医療費をそこに配分しない）ということである。ここでは医療費の抑制が大前提となっている。そして、経済問題から、国民の健康水準の向上と、病者の切り捨てが算出されているのであり、それは経済界の動向の忠実な再現である。

日本経済団体連合会（経団連）は、従来から国民医療費の抑制を主張してきた。彼らにとって、言うまでもなく、健康問題は経済問題である。生活習慣病の有病者とその予備軍が年々増加する現在の形勢は、間違いなく医療費全体の圧迫となっている。このような好ましからざる医療費の圧迫を抑制するために、何よりも国民が自らの生活習慣病の予防に努め、健康寿命を延ばすようにすべきであるし、政府はこれに積極的に関与すべきである。加えて、健康関連産業が発達することが望ましい――。これが経団連の基本的な考え方である。このように国民の健康は、経済的な利害関心の枠組みに完全に包摂されている。そして何よりも、彼らが生活習慣病の予防というとき、それは「自己責任」の論理によって裏打ちされているのである。「自己責任」とは、この場合、自業自得というに等しい。健康であることが国民の責任であれば、病気になるのは健康のための努力を怠ったことの結果だということになる。[2] このようにして問題が狭く括りこまれていく。麻生発言はその集約なのだ。

実際、国民医療費はこれまで一貫して増加傾向にある。厚生労働省のデータによれば、一九七〇年代の前半には、国民医療費は一五兆円程度であった。それが七〇年代も後半になると二〇兆円を超えて増え続け、特に九〇年代に入ってからは一気に跳ね上がって、二〇〇〇年代の初めには三〇兆円を超えていく。そして、二〇〇六年度は三三兆一二七六億円で、国民所得に対する割合も約九％になった。[3] こうした膨張するデータが医療財政の危機的なイメージを形成し、医療費の抑制をめぐる主張が一定の説得力をもって構成されるようなったのである。

国民医療費とは、診療費や調剤費などのことである。これが増加する主な要因として、人口の増減、高齢化、医療技術の高度化＝高額化などがあげられている。こうした「自然増」とされる費用の抑制はなかなか難しく、そうであるから、「アンバランスだ」と見なされた診療報酬制度の配分、たとえば療養病床数や入院日数などがターゲットとなり、それら「過剰」な医療行為が削減・短縮されることになったのである。

しかし、何をもって「過剰」と見なすかは困難な問題を含んでいる。長年にわたる医療費の抑制政策は、高齢者などが必要な医療を受けられなくなる状態を作り出すことにもなる。病床数の削減や入院日数が短縮されれば、病気の高齢者の受け皿が失われ、多くの「難民」が生み出され、生活の安心感が破壊されていくことになる。そもそも医療財政が危機的であるというが、国民医療費のうちの国庫負担はおおよそ二五％で横ばい状態が続いているにすぎない。一方、二〇〇六年度でみると、患者の本人負担は約一四％（四兆七五五五億円）、そして、本人保険料は約二九％（九兆五三二二億円）となっていて、国民医療費全体の四三％は国民が負担していることになるのである。さらに確認しておけば、高齢者の自己負担額は、それまで無料であったのが、二〇〇〇年には窓口負担が一割となって、そして、二〇〇八年度以降の後期高齢者医療制度のもとでは、一割あるいは三割の負担（収入の多寡による）が強いられることになった。かたくなに医療費削減へとベクトルは向かうが、しかし、現状に即応させて、（国際的にも低い水準に抑えられている）ＧＤＰに占める国民医療費の割合をもっと増やす政策をとることが正しい道だとも言えよう（二〇一〇年度になってようやく診療報酬は増額改定となる）。

にもかかわらず、医療費抑制という言説は、医療の財源が極度に圧迫されているという危機感を増幅させながら、「自己責任」というかたちをとって、多くの負担を国民へと押し付ける。(4) 国民が自己負担する医療費は増加しながら、しかし、病気になれば自業自得として切り捨てられることにもなりかねない。ここに現代の「健康」社会における多くの不安が湧出する。いつか病気になることへの不安、診察料や保険料を支払えるのかという不安、ケアを欠いた孤独への不安、病院や社会から放り出される不安など、多くの不安に私たちの心は苛まれながら、「健康」の問題が日常生活の表面へとせり上がってくる。「自己責任」は足元に広がるリアルな不安によって現実化するのである。こうして一九七〇年代以降、その地歩を固めてきたヘルシズム（健康至上主義）はいっそう堅牢なかたちで日本社会に根を下ろしていく。不安こそが人々を「主体的に」健康へと向かわせるのである。

そして皮肉にも、「健康」の価値の強化は、かえって病院への人々の依存を強めていく。些細な病変も、取り返しのつかない不安として膨張的に感受される。たとえば消防庁のデータによれば、救急車の出動回数は、この一〇年の間、ひたすらに増加してきた。一九九八年には全国での救急車の出動は三七〇万件であった。それが二〇〇七年には五二九万件を超えていく。内訳でみると、構成比六〇％あまりが「急病」（約三二二万件）であり、ついで一三％が「一般負傷」（約七〇万件）となっている。これらの数値が物語るのは、私たちが自分の身体との時間をかけた対話を失い、身体的な病気や不具合の判断や調整を自分でおこなうことができず、診断は常に医療の専門家に委ねられている、ということである。身体は、病院や救急などの医療システムへとすでに深く組み込まれている。「健康」へと強く方向づけられて、病気になることを恐れ、病気とともに生きる術を失っていく。そのとき自分の身体は、自分のものでありながら、老いや病気といった逸脱を具有する異物と化すのである。

自分の身体は誰のものなのか。自分の身体の調整が、自分の手をすり抜けて、より大きな権力関係の磁場の中で強く再調整されていく。そのとき、身体はより深いレベルで物象化されるのである。医療のシステムは、「健康」を掲げて人々の日常生活に分け入り、その主体性へと食い込んでくる。身体は、自分にとって、どこかよそよそしい「モノ」となっていく。こうして、現代社会における私たちの身体的なあり様は、いっそう切実に問い返されることとなるのである。

2 「生活習慣病」の形成と健康への意志

健康の価値上昇にあわせ、都市の景観もまた少し変化した。かつて、一九六〇年代の半ば頃までは東京都内を走る路線バスの車中でも煙草を燻《くゆら》す大人がいた。公共空間における煙草も、それを迷惑に思い咳き込む子どもたちがいたには違いないが、ある程度は寛容に受け止められていた。いまではその褐色の光景は、都市の記憶の深部で忘れられて久しい。

二〇〇九年四月から首都圏のＪＲ駅構内では全面的に禁煙となった。それまでホームの端に追いやられた灰皿を前に、かろうじて肩を寄せ合っていた人々の姿も一掃された。公共空間に空いた不健康なスポットは、健康を求める光の波間に消えた。ほぼ同時期の〇九年三月、神奈川県議会は「公共的施設における受動喫煙防止条例」を賛成多数で可決し成立させた。この罰則付きの条例により、学校や病院、官公庁施設、公共交通機関などでの喫煙は全面的に禁止され、ホテルや旅館、大規模飲食店などでは、禁煙か分煙かの選択を迫られることになった。こうして公共空間における煙草の煙に対する寛容も確実に消滅していった。生理的な感覚と結びついた嫌煙へのベクトルが寛容へと振れ戻ることはない。

それよりも少し前、〇九年二月に、製薬会社ファイザーが飲食店での喫煙について調査した結果が、報じられていた。報道によれば、飲食店での煙草の煙で「不快」な経験をした人は、調査対象者八〇〇人のうちの約七割にのぼり、うち六割は「同じ店には二度と行かない」と答えたという。なお、禁煙対策がとられていないと「不快」に感じる飲食店として、高級レストラン、ファミリー・レストラン、カフェ・喫茶店が挙げられている。この調査結果が示すのは、煙草は「不快」という生理的な感覚に基づいて排除されるべき異物である、ということである。「不快」は不健康の指標でもある。「健康」の価値が高まるに連れて、不健康なものの輪郭がより強く浮き立ってくる。そして、「健康を守る」という言説は、「健康」価値の上昇した社会では、当然の正当性を容易《たやす》く得ることになる。受動喫煙による健康被害の科学性よりも、「健康」イメージの侵害に人は敏感に反応するのである。

さらに、喫煙という生活習慣は、肺ガンなどの病気のリスクを高める要因でありながら、それ自体が「病気」そのものと見なされるようになった。二〇〇六年四月から、禁煙外来は一部の病院で保険適用となった。喫煙習慣が「ニコチン依存症」という病名を付与されるに相応しいと認められればこそ、それは心理的なケアや禁煙指導によってサポートされ、ニコチン置換療法が適用されることが望ましい治療対象となったのだ。健康社会の中で、煙草は非常に目に見えやすい一つの標的である。喫煙習慣は、「不快」であるという異物感の表明と、「病気」への治療という矯正・訓育の両面から囲い込まれていくのである。

日本社会における「健康」の価値は、一九七〇年代から高まっていたが、いっそう顕著になるのは「生活習慣病」という名称が広く流通するようになってからだろう。その名称自体は、一九七〇年代にすでに提唱されていた。それが疾病構造の変化や高齢化率の上昇を社会的な背景として、一九九六年に旧厚生省の公衆衛生審議会にて、既存の「成人病」に代えて「生活習慣病」という名称が使われ、その後、日常言語として広まり、定着していったのであった。

生活習慣病の登場

「成人病」から「生活習慣病」への名称変更には、人々の病気への構えを大きく変える重要な意図が含まれている。「成人病」とは、加齢していく人間の内なる自然によって発症する病気ということであり、誰もこれから逃れることができないものとしてイメージされる。一方、「生活習慣病」とは、個人個人の生活習慣のあり方、食事や運動や休息・睡眠、またアルコールや煙草、ストレスなどを危険因子（リスクファクター）として発症する病気という意味である。そしてリスクが生活の中にあるならば、これを改善することで病気を予防すべきだということになる。こうして、病気に罹った後での早期発見・早期治療（二次予防）から、病気にならないための一次予防へと医療戦略の重点が移動した。

ここでのポイントは、生活習慣が焦点化されることで、逆に、それ以外の病気発症の要因として想定される、「内なる自然」としての身体の遺伝的要因や、放射能やダイオキシン、アスベスト、空気汚染などといった外部環境要因への（つまり健康被害に対する社会の責任への）視野が暗くなるということである。そのため、いっそう病気は個人の生活習慣という領域に狭く囲い込まれる。病気は「個別化」され、自分の生活習慣の規律化とモニターリングが要請されることになるのである。こうして、誰に強制されずとも、「健康」への意志が造形されていく。もしも病気になったならば、それはその人個人の生活習慣に問題があったからだ。健康でありたければ、生活のすべてを点検し、リスクの度合いを計算しなければならない――。こうして、きわめて主体的に生活の管理・モニターリングがおこなわれる。しかし、生活習慣病は、その性質上、急性疾患とは違って、多数の要因の確率論的な組み合わせの慢性化によって「病気」化する。主観的にはまったくの健康でも、身体の内側では静かにリスクが高まっている可能性がある。健康診断等によってリスクの高まりを指摘されてから、事後的に、各人それぞれの生活習慣への反省がなされる。反省はいつでも遅れてやってくるのに、健康への不安はあらかじめ日々の生活感覚の奥深くへと浸潤していくのである。

「生活習慣病」は、各人の生活習慣への自己反省的な視線を促し、「健康」への主体的な意志を呼び覚ましながら、その後景で、自分が病気になるかもしれないという不安感に訴えかけ続けるのである。そして病気になったなら、それは自己責任として観念される。だから、人々はもっと「健康」であることへと、追い立てられていくのである。

「生活習慣病」への名称変更は、より政策的な言説の体系と結び付いて、「健康」価値を高めるよう機能する。厚生労働省は二〇〇〇年に「21世紀における国民健康づくり運動（健康日本21）」を策定した。それは、国民の健康水準のいっそうの向上を目的とし、個人の継続的な生活習慣を改善することで発病を予防する、一次予防に重点をおくことを特徴としている。その実現に向けて、栄養・食生活、身体活動・運動、休養・こころの健康づくり、たばこ、アルコール、歯の健康、糖尿病、循環器病、がん、という九つの項目が設定されて、それぞれに生活改善のための具体的な目標数値が掲げられている。たとえば「栄養・食生活」では、肥満者をＢＭＩが二五以上とした上で、二〇〜六〇歳男性のうち一九九七年には二四・三％存在した肥満者を二〇一〇年には一五％以下に減らすという目標数値が立てられている。

この「健康日本21」の「概要」をみると、健康づくり運動は個人の「主体的」で「自由な意思決定」による取り組みであることが強調されている。ここで意図されている健康づくりが生活習慣病への一次予防である以上、それはまさしく個人の生活レベルで実践されていく。しかし、同じ「概要」には、「主体的」な取り組みであるはずの健康づくり運動が、「国民一体」となって推進されるように促すとも記されている。ここに「健康日本21」の狙いをみてとることができる。目標設定されているのは、一体といった国民全体の健康水準の向上であり、それに資するものとして国民各人の「主体性」が包摂されているのである。このとき「主体性」とは、実際には、すでにして「自由」の顔をした服従の謂でしかない。誰に強制されることもなく、しかし、「健康」へと各人の意志が方向づけられていくのである。権力は、個別へと働きかけながら、国民全体の調整をおこなうのだ。

国民の健康水準を向上させる、その背面のモチベーションを支えているのは、「社会的負担」の削減である。現代の日本社会は、高齢化が進んでいるが、それは病気になり、介護を必要とする高齢者人口の増加を意味する。こうした介護や病気治療こそが、「健康日本21」の「総論」に記された「社会的負担」の姿である。病気とはすなわち負担であり、その負担の削減のために「健康」であることが要請されるのである。病気＝負担への嫌悪から、倒錯的により強固に健康価値が導き出される。そして、こうした病気／健康観が法律というかたちをとって凝結したのが、二〇〇三年の「健康増進法」である。その第一章総則の第二条は「国民の責務」となっていて、「国民は、健康な生活習慣の重要性に対する関心と理解を深め、生涯にわたって、自らの健康状態を自覚するとともに、健康の増進に努めなければならない」とある。こうして「健康の増進」が「国民の責務」になった。

「生活習慣病」という名称の考案・普及から「健康増進法」の制定に至るまで、病気／健康をめぐる価値観が大きく転換する過程で、国民の生活領域へと権力は分け入り、また各人の「主体性」を緩やかに生起させ、方向づけながら、国民全体の調整がおこなわれてきた。「生活習慣病」と名指すことで、外部環境要因でも遺伝的特性でもなく、また加齢にともなう必然でもなく、生活習慣という領域が病気発症の舞台として設定された。他の誰かの生活習慣とは違うものとして、各人の生活習慣が個別化されたのである。その個別化された舞台では、生活習慣の複雑な絡まりが管理・モニターリングされ、それでも身体を蝕んでいく不可視の病気の発症に怯え、いっそう「主体的」に健康の増進に努めることになる。それは権力のエコノミーの問題でもある。権力は国民一人ひとりの意識や「自覚」に訴えることで、より効率的に国民全体の調整をおこない得る。法律がこの後支えとなることで、健康づくり運動は後退不能の既成事実となる。こうして「社会的負担」としての医療費削減のエコノミーから、健康の増進が社会的課題としてせり出してきたのである。

そしていうまでもなく、喫煙に対する数々の規制や条例は、健康増進法によって推進力を得ている。いまや喫煙は病気のリスクを高める要因であると同時、それ自体がニコチン依存症という病気である。健康価値がいや増す趨勢にあって、煙草は目に見えやすい異物であり、排除すべき病の表象なのである。こうした煙草への嫌悪と並んで、いま一つの不健康の指標として標的にされたのが、メタボリックシンドロームである。

「メタボ」というスティグマ

メタボリックシンドロームは、心血管疾患の予防を第一の目標として構成された疾病概念である。WHOは一九九八年にメタボリックシンドロームの診断基準を発表していたが、二〇〇五年、日本ではその基準とは別に、日本動脈硬化学会、日本肥満学会、日本内科学会ら八学会の合同で、国内向けの診断基準を策定する。そして翌〇六年、厚生労働省はメタボリックシンドロームの国民状況を中心とした健康や栄養に関する調査結果を発表した。それによれば、診断基準は、男性なら腹囲八五㎝以上、女性なら九〇㎝以上で、血中脂質、血圧、血糖のいずれかのリスクを二つ以上有することである。この基準に照らした場合、四〇~七四歳では、男性の二人に一人、女性の五人に一人がメタボリックシンドロームを強く疑われ、あるいはその予備軍であるという。こうした発表がメディアで報道されて以降、メタボリックシンドロームは「メタボ」「内臓脂肪」といった、キャッチーでポピュラリティーのある言葉となって、その科学的な検証はともかく、社会的に広く浸透していくことになった。

メタボリックシンドロームは、「生活習慣病」と強く関連し、いわばこれを代理的に表象する疾病概念である。「生活習慣病」は、食事や運動や休息・睡眠など、多くのリスク要因が複雑に絡まる確率論的な疾病概念であった。そこでは生活全般のあらゆるものがリスクとなりうるのであって、そうであるから概念構成上、「単一の病因」を想定することはできない。これを代理的に表象する「メタボ」は、こうした病因の複雑さを簡略化する。それは「内臓脂肪」という一つの要因にリスクを集約し、そこから連続的・段階的に、リスク（高脂血症・糖尿病・高血圧）を説明できるように概念構成されているのである。これによって、端的に内臓脂肪＝腹囲を標的とすることができるし、（男性なら）八五㎝以上の肥満体型として、簡単にヴィジュアル化することも可能となる。病気になったのは「メタボ」だからだ、ということだ。ここに、「メタボ」という代理的な表象は、目に見えなかったものを見えるようにし、一次予防の格好の標的として照準を合わせられることとなったのである。そして、二〇〇八年四月からは、「メタボ」対策を打ち出した「特定検診・特定保健指導」、いわゆる「メタボ検診」がスタートした。

このようにして、高脂血症や糖尿病や高血圧などのリスクを引き起こす原因である「内臓脂肪」は、それ自体が「肥満症」という「病気」となって、健康診断などの場面で排除すべき異物として狙い撃ちされるようになった。しかし、厚生労働省の調査では、四〇〜七四歳の国民の多くがメタボを疑われ、あるいは「予備軍」なのであった。自分では病気の自覚が未だないとしても、いつしかメタボになっている可能性はある。メタボが生活習慣病の表象代理となって、病気の機構の理解の仕方を変えたとしても、しかし、一人ひとりの身体や生活のあり方にリスクを囲い込む発想が構造的に変わるわけではない。狙い撃つべき異物が、自身の生活に潜在する。その不安は解消されることなく、そうであれば「健康」への意志は増長し続けることになる。そして二〇〇九年一月、厚生労働省の研究班は先の腹囲の基準値よりも厳しい数値「男性八四cm以上、女性八〇cm以上」を公表した。これにより「健康」の枠組みがさらに狭まったことになる。それは自己責任の重さが増したということでもあって、不安とともに人々は「健康」の狭き門を目指すことになる。

もっとも、厚生労働省の「健康」言説とは対抗的に構える言説も多くある。「高齢男性では少し太めのほうが長生きする」。これは二〇〇八年一〇月に報道された、茨城県と筑波大学・獨協医科大学などのグループの調査結果である。茨城県の約九万人を対象にした調査で男性六〇〜七〇代はBMIが二五・三の人の死亡率が一番低かったという（BMI二五以上は肥満）。それでも厚生労働省は、内臓脂肪＝腹囲という可視化されたイメージを標的とし、健康水準をせり上げていく。リスクは可能性の問題にすぎない。だが喫煙のリスクがニコチン依存症や喫煙病へと認定されたように、心血管疾患へのハイリスクであった肥満が「肥満症」へと認定され、可能性の問題が「現実性」へと倒置されていく。不安を背景とした「健康」言説はいっそう強固になり、反転して、メタボの身体には不健康の指標がラベリングされる。

「健康」の価値が上昇した社会では、喫煙やメタボなど、目に見えやすい「病気」の表象が叩かれる。何にせよ病気のリスクとなる要因は、排除すべき異物なのである。それは、医療費抑制のエコノミーにより、早期発見・早期治療から一次予防へと医療戦略の重点を移動させたことと対応している。ここで目指されるのは、病後の治療というより、病気に罹患するリスクそのものをなくすことであった。このとき「健康」とは病気もリスクも何もないことであると思念される。身体の永遠の溌剌と精神の無限のストレスフリーが理想となる。だが、それは決して現実化することのない夢想である。理想は、すでに潜在的に進行しているかもしれない病によって常に脅かされ続ける。その焦燥感がいっそうの「健康」追求へと向かわせる。だが、そこで失われるのは、病気を生きるプロセス、病気の苦しみを契機とした自己の身体との対話である。そうした体験の喪失が、結局は自分の身体をモノ化させ、その調整能力を失わせ、そして身体的な不具合が見つかれば、すぐに医療専門家の検査や治療を求めていく。それが救急車の出動回数の激増となってあらわれたのであった。

個別化された身体は、「主体的」に生活習慣を規律化しモニターリングし、いっそう「健康」への意志を確かなものとしていく。それは、国民全体の「健康」水準の調整をより効率的に遂行する権力によって包摂されていく。これが私たちの生きる社会の成り立ちである。二〇〇二年からは住民基本台帳ネットワークがスタートした。これは住民票に記載されている個人情報をネットによって管理・流通させるシステムであって、市町村による多目的の利用が今後の課題となっているが、その一つに国民保健との連携が画策されている。これが実現すれば、健康に関する情報も簡単に一元管理できるようになる。それにより国民保険料の未納や資格停止の情報、あるいは、がん検診の記録や健康づくり情報なども統合されるだろう。健康社会の圏域では、健康への意志が何重にも保護されていくのである。

3　放擲《てき》される身体と望まれた死

救急搬送の受け入れ拒否

人間の生と死の境界線は、「自然」のプロセスの結果として訪れる。しかし、その「自然」は、医療や法律や政治や経済など社会的な要因や、親族などの人間的な諸関係の交差において設定される。「自然」というのは、文化・社会が生み出した「躓きの石」である。「自然に」という言説には、文化・社会の意味や思惑が注入されていながら、あたかもそんな関与がないかのように振舞うことが折り込み済みとなっている。終末期の医療において、たとえどれほどの医療テクノロジーに支えられていようと、最後の一呼吸が安らかであったと認められるなら、それは「自然」なうちに生と死の境界線が設定されたことになる。「自然」であるとは、残された者たちにとっての納得の仕組みである。このとき、「自然な死」はひとり死に逝く個人の生物学的な判定を指すのではない。看取る者たちとの共同主観性の中に「自然」性は立ち現れるのである。そのとき悲しみながらも、安らかに故人を悼むことができる。だが、医療のテクノロジーやシステムが高度化し、その専門性の領域が広がるとき、相互的な納得の仕組みとしての「自然」性の共有に齟齬が生まれることになる。医療が過度に介入することで患者が無駄に苦しみを長引かされているのではないか、あるいは、医療の不介入によって生きるべき命が絶たれたのではないか。見通しのきかない視界の不確かさと死の絶対的な重さが合い混じり、「死の不自然さ」の思いが広がりゆくなかで、かつて「自然」を支えていると思われたシステムのひずみを知るのである。

そうしたシステムのひずみは、重篤なる身体を見捨てる。この「健康」社会は、一方で、個別の身体に働きかけることで「健康」の圏域を広げながら、他方で、この圏域の周縁で救えたかも知れぬ身体を死に追いやるのである。その端的なあらわれの一つは、救急搬送の受け入れ拒否である。重篤な患者が複数の病院から受け入れを拒否され、その結果として死亡する。こうした問題が社会的にクローズアップされるきっかけとなったのが、二〇〇六年の八月に発生した奈良県大淀町の町立大淀病院でのケースであろう。分娩中に突然意識を失った三二歳の妊婦に対して、奈良・大阪の一九の病院が転院を拒否した。子どもは無事出産されたが、妊婦は八日後に亡くなった。さらに一年後の二〇〇七年八月、同じ奈良県内から救急搬送された三八歳の妊婦が同県・大阪の九つの病院（途中で救急車が接触事故を起こしたため計一一病院）から受け入れを拒否されて、救急車内で流産した。搬送に三時間かかっている。東京でも同じである。二〇〇八年九月、調布市の飯野病院に入院中の三〇代の妊婦が脳出血を起こしたが、六病院から転院を拒否された。搬送先が見つかるまで四時間がかかり、無事に出産はしたが妊婦は重態に陥った。一〇月には、出産間近で脳内出血の症状がみられた三六歳の妊婦が七病院から拒否された。妊婦は出産の三日後に脳内出血で死亡した。このケースでは、東京都から総合周産期母子医療センターに指定されている都立墨東病院さえもが受け入れを拒否していた。それだけ事態は深刻である。

これらのケースでは妊婦や子どもが死亡あるいは重態になったためメディアで大きく取り上げられた。しかし、これら救急場面での身体の放擲《てき》のケースは、実に全体の一部でしかない。総務省・消防庁のデータによれば、平成二〇年中、妊婦の搬送で病院への照会回数が四回以上のものが七四九件、うち一一回以上のものは四七件（うち四件は重症以上の患者）、最大照会回数は二六回であった。また現場滞在時間でみると、三〇分以上が一〇二九件、うち六〇分以上が一一三件に上る。受け入れ拒否の理由としては、「処置困難」「手術中・患者対応中」「専門外」「ベッド満床」「医師不在」があげられている(5)。確かに出産はいまなお大きなリスクをともない、高度な治療や手術を必要とすることがある。しかし、妊婦の受け入れ拒否は、社会構造的な疲弊を背景としているのである。妊婦や胎児の生命へのリスクが少ない場合に、周産期医療を担うのは主に「前線」である地域の中核病院や診療所であった。しかし、産科医や助産師の絶対的な不足のために地域から周産期の医療が撤退し、ローリスクの患者も「最後の砦」である総合周産期母子医療センターや大病院に集中することになっていった。そのため慢性的な医師不足と病床数の欠乏という事態を招き、ハイリスクの患者が放置されることにもなったのである。その他にも、医師や病院間での連絡不足、病院内での産科と他の診療科との連携の不足といった問題が重なることによって、たとえば脳内出血が認められるハイリスクな妊婦の病態が、その切迫性が伝達されることなく、複数の病院からの受け入れ拒否が連続するのである。

現在では、日本人のほとんどすべてが病院施設で誕生する。この当たり前の光景は、しかし、戦後になって急速に構築されていったのだった。一九五〇年では、病院や診療所での分娩は稀なケースであって、むしろ全出生数の九五・四％は「自宅その他」での分娩であった。一九六〇年になっても「自宅その他」での出産は四九・九％を占めている。ところが一九七〇年になると三・九％にまで一気に減少し、逆に、病院や診療所での分娩は八五・四％に上昇する（助産所での分娩が残り一〇％あまりある）。こうして日本人の誕生は病院というシステムにほぼ完全に委ねられていくことになる。それが意味するのは、もともと地域の出産の中核的な担い手であった産婆という役割や機能が後戻り不能なまでに決定的に喪失された、ということである。子どもをこの世に取り上げる存在としての産婆は、生と死をめぐる呪術的な意味を帯びながら、地域の親方子方のネットワークを形成してもいたのであった。産婆の喪失は、そうした共同体のネットワークの途絶でもある。産婆的なるものは近代的な病院のシステムに回収され、分娩は産科医という専門家が担うことになった。これにより新生児の死亡率は圧倒的に減少することになった。しかしながら、かつて地域の中で担われていた出産の機能が医療システムによって全域的に取り上げられながら、その医療システム自体が医師の不足と病床数の削減を主な原因として、患者の放擲という新たな死のかたちを生み出したのである。産婆のもつ呪術性は消滅すべくして消滅し、妊婦や子どもの死に対する神的な納得の仕組みも破壊されて、いま新しい死はただただ不条理に宙吊りにされる。

放擲されるのは妊婦や胎児の身体だけではない。産科の救急と同じく、病気や事故による一般の救急でも受け入れ拒否は連続する。二〇〇九年二月、兵庫県伊丹市で交通事故により重傷を負った六九歳の男性が、一四病院に受け入れを拒否され、三時間後に出血性ショックで死亡した。同年三月、奈良県生駒市で突然意識を失って倒れた六二歳男性が、六病院に拒否され、約一時間後に搬送された病院で死亡が確認された。これらもまた特殊ケースというわけではない。消防庁の調査結果によれば、重症以上傷病者で、二〇〇八年中、照会回数四回以上のものが一万四七三二件、一一回以上でも九〇三件あった。最大照会回数は実に四九回。また、現場滞在時間でみると、三〇分以上が一万六九八〇件、六〇分以上でも一六六三件となっている。重症以上の者やその家族たちにとって救急車の到着は一縷の希望である。その同じ救急車が、多くの受け入れ拒否に曝され、絶望の孤島へと転変する。病院へと搬送される前の段階ですでに、生と死の間に線引きがなされてしまいかねないのである。

「尊厳死」という問題

救急患者の搬送拒否により、治療が開始されることもなしに、医療システムの外縁へと患者が放り出される。そのシステム上の理不尽さが、一連の報道で露になった。しかし、医療システムの内部において、その理不尽さが理不尽であるとは思いにくいかたちをとりながら、死へと追いやられてしまうケースがありうることも考えておかなければならない。それは、患者が終末期にあるときに積極的な延命治療を不開始あるいは中止する、いわゆる「尊厳死」という臨終のあり方である。ここで問題となるのは、回復が見込めないと医学的に判断された患者の「生命の質（ＱＯＬ）」に価値の高低を導入し、価値が低いとされた生命が、前倒し的に、あまりにも早急に死の側へと送り出されてしまうのではないかということである。それは単に医療の問題ではなく、患者やその家族の側にあってもまた、質の低い生命に対する早すぎる諦めが、自らの意志として欲望されていくという問題でもある。

もちろん、「尊厳死」が求められるには、それなりの理由がある。そして、医療不信は深刻な一つの理由であるだろう。終末期の患者の生命を長引かせるのは、本来的な生命の自然性に反する過剰なる医療であって、それは患者本人にとって無意味であるだけでなく酷である。とりわけ、スパゲッティ状態とも称されるような、いくつもの医療機器に接続されたまま主体的な意志の表示が奪われた身体に対するイメージの虚しさが、過剰なる医療を無意味と見なす心性を促がすことにもなるだろう。だから、実際には高度な医療システムの内側に属しながら、過剰なる医療を排した「自然」な死のかたちが求められ、その死にゆく自然な姿に安らかなエンディングのイメージが重ね合わされることになる。

苦しみのない安らかな最期を夢見るのは、有限の命を生きる人間の必然でもある。だが、それは早すぎる死を受け容れることと同じではない。そもそも「尊厳」ある死とは何か。「尊厳死」という名称は、きわめてポリティカルに作動する。それは、過剰な医療のもつ暴力に対する抵抗の姿勢を貫きながら、主体的で自然な死の選択を通して、貶められた価値の低い生命を救出する、という意味を担うのである。「尊厳」という言葉によって、尊厳なき状態からの救済と、「自然」の死が理想化される。だが、尊厳がもたらされるとしたら、それは「死」によってではなく、「生」の側においてである。低く価値を見積もられた生命を贖《あがな》うのは、その価値を高めるケアにおいて他にはない。最期の生を生き抜こうとする者に声をかけ、手足をさすり、共に存在することの肯定が、この場合のケアの内実であるだろう。共有された記憶、あるいは共有され得たかもしれない時間の夢想を紡ぎ合わせながら、今ここに共に存在していること、それ自体が祝福されるならば、「生命の質」における価値の高低を問うといった局面は別のレベルへと突き抜けていく。立ち現れるのは、価値の如何にかかわらず、また、死に逝こうとする者に「人格」が認められるか否かにかかわらず、生命そのものが有する神聖性を肯定する立場である。「生命の神聖性（ＳＯＬ）」の立場に沿えば、いかなる病態であれ、共にある他者の存在そのものが尊いものとなる。それは「生命の質」を重視する立場とは相容れがたい。そして、生命が神聖なるものであればこそ、いたずらに死を早めるのではなく、最適で最善の医療がどこまでもなされる必要がある。

しかし、近年の日本社会では、「終末期」における「延命」治療が「過剰な医療」として位置づけられ、「自然」な死を求めて延命措置をおこなわず、「尊厳死」を広く容認する方向へと動き始めている。二〇〇七年五月には厚生労働省が、同年一一月には日本救急医学会が、そして二〇〇八年二月には日本医師会（第Ｘ次生命倫理懇談会）が、それぞれ終末期医療に関するガイドラインを策定・発表している。このような医療界の動きを促進した一つの大きな要因として考えられるのが、富山県の射水市民病院での事件である。それは、二〇〇〇年から〇五年の間に、当時の外科部長らが末期がん患者七人から人工呼吸器を外して死亡させた事件だ。事件発覚後に、富山県警察は殺人事件として捜査に入った（〇九年十二月、嫌疑不十分で不起訴）。また、この射水のケース以外にも、「尊厳死」をめぐる問題が続いた。〇六年一〇月に岐阜県多治見市の県立多治見病院で延命治療が中止され、また、〇七年の一月には和歌山県立医科大学付属病院紀北分院で人工呼吸器を外して患者を死亡させたとして、医師が殺人容疑で書類送検されている。これらはマスメディアを通じて公表されたことで社会的な関心を集めた。

このような医療現場の動きに押し上げられるように、急いで策定された厚生労働省などによるガイドラインは、「尊厳死」に対する社会的な合意を広く取り付けることで、延命治療を中止することが殺人罪として「事件」化することをあらかじめ防ぐ働きを担うものである。そして、二〇〇九年二月の新聞報道によれば、日本救急医学会によるガイドラインの策定以降、救急医療の現場で延命中止されたケースは「数十例」に上るという。ガイドラインの策定前と以後とでは、やはり「尊厳死」に対する容認度が変わったのである。

ガイドラインはあくまでガイドラインであって、もとより法的厳密性を欠いている。今後さらなる精緻化がなされることではあろうが、すでにいくつもの問題点が指摘されている。第一に挙げられるのは、患者本人の意思決定の重要性が不確かなかたちで位置づけられている、ということである。厚生労働省の策定した「終末期医療の決定プロセスに関するガイドライン」では、「患者本人の決定を基本」としながらも、しかし、「終末期医療における医療行為の開始・不開始、医療内容の変更、医療行為の中止等は、多専門職種の医療従事者から構成される医療・ケアチームによって……慎重に判断すべきである」と書かれている。ここにいう「基本」とは何であるのか。患者への曖昧な配慮を示しながらも、医療の主体性が、患者ではなく、医療者へと重点移動しているのである。また、患者の意思が確認できない場合には、家族との話し合いのもと、医療・ケアチームが「患者にとって最善の治療方針をとることを基本」とすると書かれている。ここに「患者にとっての最善」が医療・ケアチームによって代理的に決定されることが「基本」とあるが、この「最善」には延命治療への不開始、「尊厳死」の選択も含みこまれている、ということである。ガイドラインは、ゆるやかに死への傾斜を肯定し、ガイドするものなのである。

日本救急医学会と日本医師会のガイドラインは、ともに厚生労働省のそれを土台としているが、ガイドライン策定のための意図についてはより饒舌である。たとえば、日本救急医学会は「救急医療の終末期に関する背景認識と本ガイドライン作成の意義」で次のように記している。「当初、『救命の可能性があるかもしれない』と考えて装着した生命維持装置や『救命するためには行った方がよい』と考えた医療は、もはや『治療のため』ではなく『単なる延命措置』となる」。この一文に示された「治療のため」から「単なる延命措置」への言葉の言い換えにおいて、患者の生命に対する本質的な意味の転倒がおこなわれている。「措置」である以上、それはもはや「医療」ではない。救命不能と判断された患者は、その生命の質が最低だと見定められ、そのような生命ともいえぬ生命の持続自体は価値なきものと扱われていくのである。そのとき、いかなる状態であれ生きたいと願う患者の権利（生命の神聖性）は、あらかじめ無駄なものと否定されてしまう。「延命」という言葉には、そもそも生命の「自然」性を逸脱した不必要な過剰という意味が張り付いている。日本医師会のガイドラインも基本は同じである。やはり回復の見込みのない「延命」に対して、「このような過剰な治療は無意味であるだけでなく、時には患者の尊厳を侵すものであるため、中止すべきであるとする考えが強まっている」と記載されている（ただし、この文章では「考え」の主体がごまかされ、曖昧なままとなっている）。いずれにしても、「過剰」「無意味」「延命」といったレトリックで、「尊厳死」への道が緩やかに開かれていくのである。

「尊厳死」がたとえ患者本人の意思であるとしても、その自己決定にはある種のきわどさが付きまとう。本人意思は、今なお死から離れた時期・状態にあって死を仮想しながら決定されるものであるのフィクショナルな決定は、現実に死を見据える過程で変更される可能性がある。また、自己決定であると思われるものが、実際には家族を気遣い、その幸福を慮って決定されることもあろうし、経済的な理由などから「尊厳死」を選ばなくてはならなくなることもあるだろう。自己決定は、つねに外部からの圧力や要因によって構成される可能性がある。そもそも「尊厳死」という名称自体が理想的に美化された死のイメージを喚起するものである。苦しまずに、できる限り自然なかたちで死にたいという想念は、有限なる生命を生きるものの必然である。だが、「自然」とは文化的に構築された概念であり、何をもって「自然」とするかは恣意的な判断によってどうとでも変わる。医療制度による人工的な死の管理に対する反発が、「過剰な延命」を排した「自然」な死を理想的に追求させるのであるとしても、しかし実際には、医療によって生命の質を低く見積もられ、「最善」を掲げるパターナリズム（父権主義）によって死がもたらされる可能性を否定できない。ならばその死は、医療制度や権力の外で自己実現を果たすことであるどころか、よりいっそう深くに、医療制度の内側へと個人の生と死が囲繞《いじょう》されることでしかない。生命の質がたえず問われ、評価され、質の低い生命に対する「治療」が「延命」であると意味をすりかえられて、たとえば栄養補給が停止され、人工呼吸器が外されていく。その先にある死のかたちがどれだけ「自然」のイメージに包まれていようとも、それは餓死であり、窒息死であるだろう。そこに悶絶の苦しみがないとは誰も断定できない。果たして人工呼吸器による呼吸の補助は「治療」なのか、無駄な「延命」なのか、事態はどこまでもグレーであるにもかかわらず、医療の中で生命の質の判定が、生死の線引きがなされていくのだ。

生きるに値する生命とそうではない生命とをその質に応じて切り分ける医療は、終末期であることの範囲を超えて、たとえば遷延性意識障害（いわゆる植物状態）や筋萎縮性側索硬化症（ＡＬＳ）の患者へと拡張されていく危険性をもっている。二〇〇八年一〇月、千葉県の亀田総合病院の倫理問題検討委員会は、人工呼吸器を外してほしいというＡＬＳの患者の要望に応えることは「倫理的には問題ない」とする見解をまとめた。ＡＬＳの患者のように気管を切開して装着した人工呼吸器を外すということは、遠からぬ時間のうちにその患者が窒息して死ぬということに等しい。その紛れもない死への送り出しが、（法的には問題があっても）倫理的には許されるというのである。それはどれだけ「患者の要望」に応えるという態度をとりながらも、生命に質の高低の基準をもちこみ、判定し、死を与えるということである。人間の「尊厳」を掲げながら、死の垣根が下げられていくようである。

人間がたとえどのような状態であっても「尊厳をもって生きる」というとき、その尊厳をいかに支え守るかが重要になるはずであるが、「尊厳死」の場合には、支えられた生の営みは吹き飛ばされて、「尊厳」が死へと直結されていく。そして、以上に確認してきたような「尊厳死」を容認する発想は、医療制度に対する経済界の要請と十分に同調しあっているのであった。たとえば、日本経団連の会長であった奥田碩（トヨタ自動車社長）は、「日本経団連の課題」として二〇〇二年に記者クラブで講演をおこなっているが、そこで「尊厳死あるいは安楽死」に言及しながら、「楢山節考」を持ち出して説明を試みている。そして、「楢山の神に召されることを望む老婆の死生観も、私は一概に否定することができない」と語るのであった。ここに、「尊厳死」（安楽死）は家族への負担、介護の負担という問題からのみ把握されており、こうしたコストの削減のために「老婆」の意思的な「尊厳死」への道行きが肯定されるのである。そして、これは単発で、その場限りの発言というわけではない。二〇〇三年に経団連が発表した『活力と魅力溢れる日本をめざして』は、経団連による長期的な奥田ヴィジョンの提示であるが、そこに示された「尊厳死」の理解は、まさしく「楢山節考」の姥捨ての世界の投影である。終末期における医療コストは、社会にとっての不要なコストと見なされる。こうして「尊厳死」に対する個人の思いがどれほど切実であったとしても、それは制度の奥深くに搦《から》め捕られていくのである。

「尊厳死」は、それが「自然」な死のすがたに思えようとも、医療－経済－法的なシステムのただなかで取り決められる、生と死の境界線の引き直しである。生きるに値する生命であるのか、値しないのか、それが患者本人の主体的な意思決定の彼方にて、検討され、死が与えられる可能性がある。そしてまた、この境界線の引き直しから、あらためて「自然」のすがたが構築されていくことにもなるだろう。そしていかなる状態をもって人間の「死」とするのか、その判定も人為的に、制度の中で決定されていくのである。それはまた、脳死・臓器移植という問題において顕著なかたちで問い直されることでもある。

脳死・臓器移植と身体観の組み換え

脳死・臓器移植という新しい医療テクノロジーは、人間の身体観や生命観に大きな亀裂をもたらすものであるだろう。もはや身体は、単純に全体論的 holistic に存在するのではない。臓器はいまや身体全体から切り離し可能な部品となった。機能不全にある臓器＝部品は交換されることが望まれるが、新しい部品は常に他者の身体から到来する。他者の身体からいまだ臓器＝部品が摘出されていないとしても、それは潜在的には資源である。脳死であると判定されたとき、臓器＝部品はまさしく資源としてリサイクルに回されていく。臓器は交換可能な部品であるが、交換が実現するためにこそ、部品化された臓器はリサイクル可能な資源であらねばならないのである。これが現代の身体観である。

そして、リサイクル可能な資源をめぐって、レシピエントとドナーの関係は決定的に引き裂かれることになる。希少な資源である心臓の移植では、両者の生命は天秤にかけられ、生きるに値するレシピエントの生命の存続のために、「脳死」と判定されたドナーの生命は断ち切られていく。それは医療制度のただなかでの身体の放擲である。人工呼吸器を装着することで、肺が酸素を取り入れ、心臓が鼓動を打とうとも、「脳死」という病態にある患者は、「死体」として処理されていく。生と死の境界線が前倒しにされ、死の訪れが時間的に早められたのである。「脳死」とは臓器移植のために、後から創作された死の概念である。かつてなら心臓の鼓動の停止を待って「死」が告げられた。しかし、臓器移植において、それは不要な時間である。移植後の生着率を上げるためには、リサイクル資源は速やかに摘出されねばならない。こうしてドナーの死は早々にリサイクルへと回され、一方、レシピエントの身体では、贈られた臓器の〝非自己性〟を免疫抑制によって抹消し宥《なだ》めながら、あらためて自己の身体的な全体性のもとへと装備し直すのである。生着した臓器を稼働させ、生命活動を維持するために、奇妙にも、臓器＝部品は全体論へと回帰するのである。

「脳死」という早められた死の概念の創出に、法的システムが正当性を与える。二〇〇九年七月、「改正臓器移植法」が成立した。日本国内における臓器移植の手術件数を増加させるために、「脳死」が「人の死」という確たるステイタスを獲得し、「自己決定権」という移植の障壁も破砕されて、家族の承認だけでも脳死・臓器移植が可能となり、また、一五歳未満の子どもの身体も摘出可能な臓器資源へと変質を遂げることになった。この改正法以降の世界では、ドナーカードの所持如何にかかわらず、明確な移植拒否の意思表明をしないかぎり、すべての身体は等しく潜在的なリサイクル資源である。こうして、これまではなお「例外」的であった医療が、ごく普通の顔をもった医療へとすがたを変えていく。

リサイクル臓器の増量を目指す「改正臓器移植法」は、生きるに値するレシピエントの側を向いている。国内で心臓移植を施術する機会が増えれば、それだけかけがえのない生命が救われる可能性が高まるだろう。だが、そのかたわらでは、やはり貴重な生命に早められた死が与えられ、看取りの時間も早々に移植のための措置が進められていく。しかし、「脳死」とされる病態の身体は、心臓の鼓動を続け、温もりをもち、さまざまに動きもするし、また、胎児を宿していれば出産もする。そして無呼吸テストのために人工呼吸器を外したならば、祈り、苦しむような姿態をとる（ラザロ徴候）。さらに、「脳死」状態でありながら、心臓死までに何カ月も、何年もかかるケースもある（長期脳死）。「脳死」Brain Deathという言葉には、すでにして「死」が充当されているが、その静謐のうちに不動の冷たさをイメージさせる言葉とは、まったく折り合いのつかぬ現実の姿がそこにはある。脊髄が反射し、延髄が機能する「動く」身体が、「人の死」として定義されることになったのだが、しかし、この定義はその妥当性を何度でも繰り返し問われ続ける必要がある。

そして、「人の死」の定義変更にも増して、本来、医療者が取り組むべきは、人を「脳死」の状態へと至らしめることなく、最善の治療法を開発・提供する体制を整えることであるはずだ。たとえば、低体温療法（脳低温療法）といわれる治療法がある。病気や事故で頭部に重大なダメージを受けた場合、脳に浮腫ができ、脳温が上昇することで、進行的に破壊が起こり、「脳死」状態に陥る。そこで低体温療法は、ダメージ発生後六時間以内に患者の身体を冷水式のブランケットなどで三二〜三四度に冷却し、その低温での身体の徹底的な管理をおこないながら治療にあたる。低温の影響により、身体は感染症など大きな危険性にさらされることになるが、それよりも脳の破壊を抑止することを優先するのである。この治療法により、放置すれば「脳死」に至ったかもしれぬ患者が救われ、社会復帰を遂げる、少なくともその可能性が高まるのである。「脳死」という早すぎる死を肯定し、「脳死」者の量産をはかる前に、何が最善の医療であるのか、あらためて検証すべきなのである。

最善の医療とは何かという問題は、レシピエントの側にあっても、常に問われ続ける必要がある。そして、臓器移植が唯一患者に残された希望であり、移植によってこそ生命が保証されるかのように誘導する言説に対して、慎重であることが求められるだろう。身体の免疫システムは、移植された臓器を「非自己」と判断し攻撃するが、これを回避するためには免疫抑制剤を摂取し続けなくてはならない。しかし、免疫が抑制されれば身体の外部にあるウイルスなどに感染しやすくなり、また、身体がその内側に有していたウイルス、たとえばサイトメガロウイルスなどが新しい脅威となる。免疫的な「自己」と「非自己」との境界を危うくする免疫抑制は、臓器移植の難題である。このような大きな負荷をレシピエントの身体にかける臓器移植とは別の医療の開発も進められている。たとえば、拡張型心筋症の子どもに対しては、心臓移植しか助かる方法がないと言われてきた。しかし、二〇〇九年四月、長野県立こども病院は、ペースメーカーを使った治療法で有効な結果を得られたと発表した。いまはまだ症例数が少ないとしても、今後こうした治療法が広まっていくことが期待されるのである。あるいは、人工臓器の開発と臨床的な応用も、すでに夢の世界の話ではない。いうまでもなく、脳死・臓器移植レベルのテクノロジーに留まることなく、医療は進歩を続けていく。「最善」は常に更新されていくのである。

医療テクノロジーの高度化は、人間の「自然」性を改変し、生と死の境界線を画定し直し、また、身体や生命に対する価値観を揺るがし、そして、生きるに値する生命とそうではない生命との間に残酷な線引きをおこなっていく。経済や法的なシステムは、医療と結び付きながら、新しい生のテクノロジーに正当性を付与していくのである。しかしながら、一方の身体・臓器をリサイクル資源としながら、他方の生を育成するような、レシピエントとドナーの関係の引き裂きが医療の望ましきあり方ではないだろう。医療テクノロジーは、人工呼吸器やペースメーカーや人工臓器といった機械と人間との新しい連結の仕方を編み出してきた。この人間‐機械の位相で、早すぎる死への諦めや妥協ではない、個別具体的な患者の生の構築が、現代的な「自然」性として、模索されていくべきだろう。それがいかなる状況でも、生命は神聖であり、人間は自分が生きる権利を主張しうるのである。

4　包摂と排除の医療化社会

現代では、健康は国民の願いであると同時に「責務」である。健康概念から生活習慣が見直され、意識的かつ主体的に健康であることが追求されていく。その背後には常に健康被害への暗い不安が張り付いている。リスクは常に複合的に計算されざるを得ず、何か単一の原因を排除すれば健康になれるというわけではない。だから、病気のリスクを少しでも高める可能性のある要因は生活の中から切り捨てられていく。それでも、もしも病気に罹れば、それは身体と生活の管理を怠った個人の自己責任であるとされてしまう。だから、身体と生活の自己管理はいっそう徹底されることになるのだし、他方で、メタボや喫煙者などは、すでにして生活習慣病の予備軍であり、かつ、それは自己管理の至らなさの表徴であるとされ、病者とその予備軍は自己責任の名のもとにスティグマ（烙印）化され、排除されることになる。このように病気／健康の概念が再構成されるなかで、病気のリスクに煽られるように、なかば自働的に、生の管理化と規範化が進行していくのである。

しかし、健康を至上とする社会に多くの国民が包摂され、主体的に健康の維持・増進へと煽り立てられていく一方で、そこから排除される存在が生み出されている。たとえば、厚生労働省が全国調査した結果によれば、保険証のない中学生以下の子どもの人数が三万人を超えている（二〇〇八年）。世帯主（親）が国民健康保険料を滞納したことを理由に、保険証を返還させられたからである。そのため、治療が必要であっても受診が抑制される可能性がある。[6] 事態は高齢者でも同じである。貧困による格差拡大のなかで、国民皆保険制度にも亀裂が走り、病気になることも許されない人たちが存在するのである。病気の早期発見・早期治療がなされず、健康を至上とする社会から緩やかに排除されていく。

そしてまた、危機的な状況に陥った身体は、救急車のたらい回しに象徴されるように、社会的な孤独な外部へと放擲されることもあれば、「尊厳死」や「脳死」というかたちをとって、早すぎる死へと追われることもある。もはや患者の主体性や「自己決定」の権利も曖昧なままに捨て置かれ、生きるに値する生命とそうではない生命が厳然と切り分けられていくのである。とりわけ脳死・臓器移植の場合には、レシピエントとドナーの関係が残酷なまでに非対称化される。そして、ここに移植ツーリズムやこれを支える臓器売買・臓器ビジネスが介入することで、事態はいっそう混迷を深めることになる。新自由主義的な価値観に支えられたグローバリゼーションの展開により、国境を越えた移植臓器の移動が加速されるのである。生活に困窮する地域の人々の臓器が摘出され、商品として売買され、そして、富裕国に住む患者の幸福のために消費されていく。そこでは資本を持つ強者の論理が貫徹され、臓器を搾取された人間のその後の身体・健康、生活や労働などは破壊され、省みられることがない。中国などではすでに臓器売買が法的に禁止されているが、「闇」に隠れた移植ツーリズムが根絶されるかどうかは、はなはだ不透明である。こうして、レシピエントとドナーとの非対称的な立場は、世界的な経済格差を背景に、いっそう極端化する。

現代社会は、健康至上主義へと国民を包摂し、国民一人ひとりの生のあり方を自己管理に任せながら統制し、その生を「健康」へと方向づけていくが、一方では生殺与奪の権力を保持し、生と死の境界線を画定し直していく。この世界では病気や死のプロセスは価値を低められ、不要なものとして刈り取られる。「尊厳死」では「延命」の時間は切り詰められ、「脳死」患者は死を前倒しにされ、看取りの時間も奪われて移植用の措置へと移されていく。しかし、本来、病気や死といった重大な場面でこそ、人々は相互に気遣い／気遣われ、看取り／看取られるという関係を豊かに生きてきたのではなかったか。時間が内包する濃《こま》やかな豊かさは、相互的な関係の中に生み出されるのである。その時間を再奪取することと、そこから何度でも包摂と排除の医療化社会は照射し直される必要があるのだ。

【注】

（1）二〇〇八年における高齢者人口は二八二二万人で、総人口の二二・一％となった。

（2）経団連の医療費抑制への考え方については、経団連の「生活習慣病予防に係る特定健康診査・特定保健指導のアウトソース推進に向けて」（二〇〇六年）を参照。また、「自己責任」については、「高齢者医療制度改革に関する基本的な考え方」（二〇〇一年）を参照。そこには「自立・自助・自己責任」が強く打ち出されている。

（3）二〇〇九年の七月に発表された〇八年度の概算医療費は三四兆一〇〇〇億円であった。概算医療費とは、国民医療費から労災や個人の全額支払などを引いた値であり、国民医療費の報告よりも一年以上早く発表されるものである。

（4）医療費抑制は医師や看護師に対しても過酷な状況を押し付ける。一九八〇年代以降、増加する医療費を抑制するためとして医師・看護師の人数が抑えられてきた。しかし、それでは膨張する患者に対応することができず、その皺寄せが医師・看護師の超過勤務を招き、過労死や自殺へと追い立てられるケースが出ている。日本看護協会が全国調査をした結果によれば、全国で二万人の看護師が過労死レベルにあるという（二〇〇九年四月発表）。

（5）総務省・消防庁「平成二〇年中の救急搬送における医療機関の受入状況等実態調査の結果」（二〇〇九年三月一九日）を参照した。なお二〇〇九年九月八日に発表された「平成二〇年救急・救助の概要（速報）」によれば、救急車出動件数は減少したとはいえ今なお全国で五〇九万件を超えており、また病院収容までの時間は全国平均で三四分三〇秒、過去最悪であった。

（6）二〇〇九年九月二九日の朝日新聞は、親の経済格差のために児童生徒の「健康格差」が広がっている現状をレポートしている。

【文献】

Foucault, M., 1984, *Histoire de la sexualité I: La Volonté de savoir*, Gallimard.（＝一九八六、渡辺守章訳『性の歴史Ⅰ　知への意志』新潮社）
小松美彦、二〇〇四、『脳死・臓器移植の本当の話』ＰＨＰ新書
中島みち、二〇〇七、『「尊厳死」に尊厳はあるか　ある呼吸器外し事件から』岩波新書
佐藤純一・浜六郎・和田知可志、二〇〇八、『「脱メタボ」に騙されるな！』洋泉社
佐藤純一・池田光穂・野村一夫・寺岡伸悟・佐藤哲彦、二〇〇〇、『健康論の誘惑』文化書房博文社
立岩真也、二〇〇〇、『弱くある自由へ　自己決定・介護・生死の技術』青土社
上杉正幸、二〇〇八、『健康不安の社会学　健康社会のパラドックス・改訂版』世界思想社
八木晃介、二〇〇八、『健康幻想の社会学　社会の医療化と生命権』批評社
米本昌平、二〇〇六、『バイオポリティクス　人体を管理するとはどういうことか』中公新書

第2章　老いる権利
尊厳ある生を全うするために

西村昌記

これで、見掛けは老いぼれでも、どうして、どうして、丈夫で元気一杯でございます。と申しますのも、若い頃、血を煮えたぎらせる酒に手を附けた事もなく、身を持ち崩す道楽に臆面もなくうつつを抜かした事もなかったからでして。ですから、私のこれからは逞しい冬とでも申すべきもの、霜はきついが、ごく順調、といったところでございましょうか。

――シェイクスピア『お気に召すまま』第二幕第三場（福田恆存訳）

1　超高齢社会の到来

誰もが長寿を享受できる可能性が高まった現代日本において、いかに老いを生き、生を全うするかということが、個人的にも社会的にも大きな課題となっている。

二〇〇八年現在、日本の高齢者数は過去最高の二八二六万人、高齢化率は二二・一％に達しており、世界で最も高齢化の進んだ国となった。人口高齢化は出生率と死亡率の低下によってもたらされたものであり、単に子どもが減り、高齢者が増えたというだけでなく、当然のことながら、一人一人の人生が長くなったという側面も合わせ持っている。二〇〇八年の簡易生命表によれば、現在の平均寿命は男性が七九・三歳、女性では八六・一歳に達している。日本は単に高齢化が進んだ国であるだけではなく、世界で有数の長寿国となったのである。

長寿化に伴って、高齢者の死亡率低下は急速に進んでいるが、その一方、高齢者人口の増加によって高齢者の死亡数は一貫して増加の傾向を示している。人口動態調査によれば、二〇〇八年の死亡者総数は一一四万人を超え、そのうち六五歳以上の高齢者は約九六万人、全死亡者の八四・一％を占めている。高齢者の死因の上位は悪性新生物（二八・二％）、心疾患（一六・八％）、脳血管疾患（一一・七％）などの生活習慣病であり、老衰（三・七％）や不慮の事故（二・九％）はわずかな比率にとどまっている。また、高齢者の死亡場所は、他の年齢層と同様、病院・診療所（八二・六％）が圧倒的に多く、自宅で死を迎えられる人は一割強にすぎない。さらに、要介護認定者数をみると、二〇〇八年三月末現在で四三八万人にのぼっており、これは六五歳以上人口の一五・五％を占めている。

国立社会保障・人口問題研究所の将来推計（出生中位・死亡中位推計）によれば、日本の総人口は、今後、長期的に減少傾向を示すことが予想されている半面、高齢者人口の伸展は二〇四二年頃まで続くとされている。同推計によれば、二〇三〇年の高齢化率は三一・八％に及ぶが、この間、一貫して増加を示すのは七五歳以上の後期高齢者であり、六五〜七四歳の前期高齢者人口は二〇一六年にはピークを迎えるとされている（図1）。すなわち、超高齢社会の到来は単なる高齢化率の上昇ではなく「高齢者人口の高齢化」であり、総人口に占める後期高齢者の割合の増加を意味しているのである。

一九五五年の国勢調査によれば、当時の平均寿命は男性が六三・六歳、女性が六七・八歳であり、こ

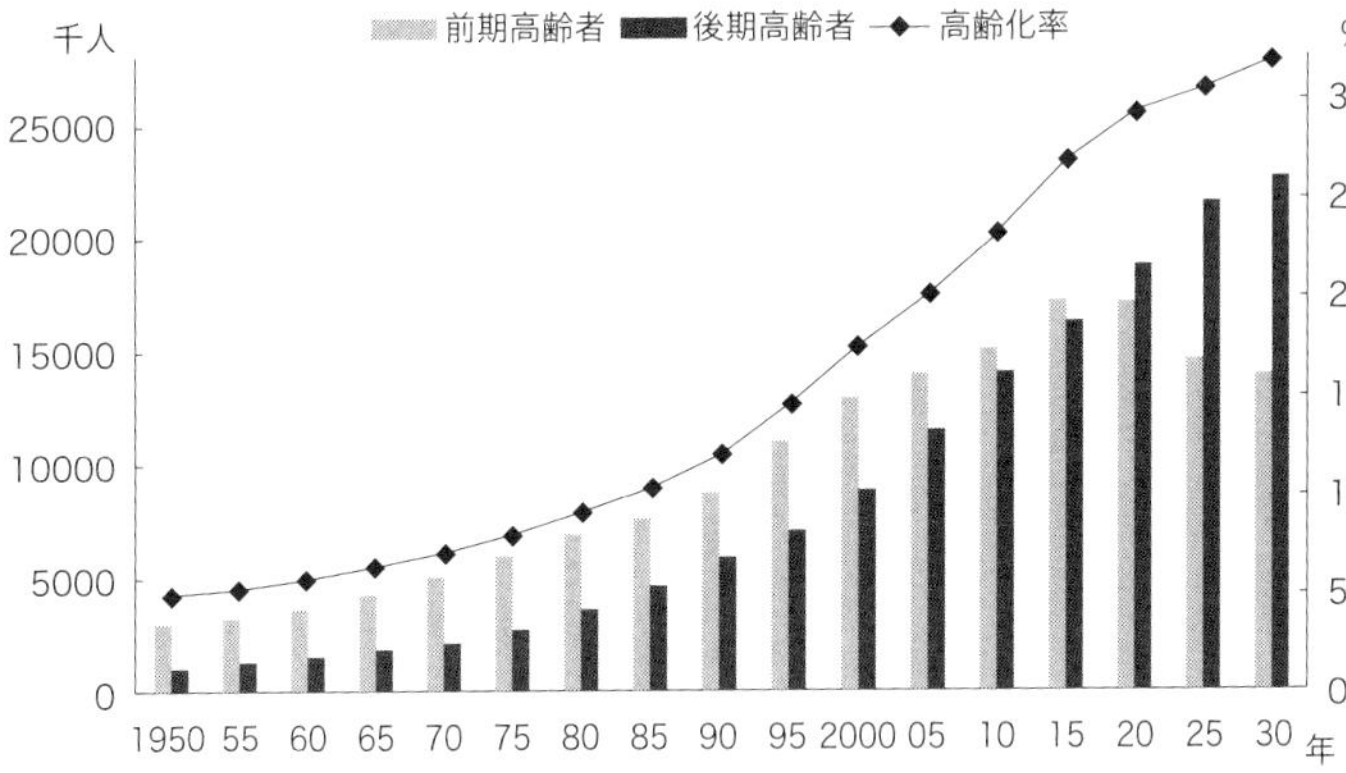

図１　高齢化の推移と将来推計

の半世紀の間に、男性一六年、女性一八年の寿命の伸びが生じた。また、この間、六五歳時点での平均余命も男性は一二年から一九年、女性は一四年から二四年へと伸長している。先に六五歳以上人口の一五・五％が要介護認定者であると述べたが、その内訳は前期高齢者が一四・八％、後期高齢者が八五・二％であり、前期高齢者に限ってみれば、要介護認定者の出現率は五％未満にとどまる。前期高齢期／後期高齢期という区分は、学問的にはすでに定着した区分といえるが、高齢期を老いと衰退の時期と考えれば、前期高齢期は「高齢準備期」と称した方がより正確と思える。「いかに老いを生き、生を全うするか」という課題が個人にとって身近になるのは、後期高齢期を迎える頃かもしれない。

　内閣府が二〇〇四年に実施した「年齢・加齢に対する考え方に関する意識調査」によれば、二〇歳以上の国民のほぼ半数（四八・七％）が「およそ七〇歳以上」からが高齢者であると回答しており、「およそ七五歳以上」（一二・九％）、「およそ八〇歳以上」（六・〇％）を合わせると、七割近くに達している。年齢別にみると、若い層ほど高齢者をイメージする年齢が低くなる傾向がみられるものの、二〇代でも「およそ七〇歳以上」からが高齢者であるという回答が四〇・九%を占め、最も多い。すでに、国民意識の上では、六五歳からが高齢期という認識は時代遅れになりつつある。

人生を四つの時期に分けて論じたP. Laslett（1996）は、大人になるまでの社会化・教育の時期、家族の形成や社会的責任を引き受ける時期につづく、人生第三期（サード・エイジ）の重要性を強調している。すなわち、子育てや職業的役割が一段落し、社会的な制約から解放された自己実現の時期がサード・エイジと称される時期である。多くの人が健康で長生きできるようになった現代日本は、すでにサード・エイジの延長・大衆化の時代を迎えているといえよう。そして、それだけではなく、老衰と依存の時期である人生第四期（フォース・エイジ）をいかに生きるのか、老いや老いに伴うさまざまな喪失、さらには死にいかに向き合うかということが個人的にも社会的にも問われている。

2　変容する高齢期の生活

サード・エイジの大衆化

現代の高齢者のライフコースは、第二次世界大戦と高度成長を間に挟む大変動の時代の中にある。彼らが年少の時代の老後生活は、子や孫に囲まれて祖父母としての役割を担う「三世代同居」が望ましいモデルとして定着していた。このような「戦前」の老後像は、近年の急激な人口学的変化に伴い大きく後退したといえる。二〇〇五年の国勢調査によれば、六五歳以上の高齢者のうち、親族（主に子ども）

と同居している人の割合は、戦後初めて半数を下回った。また、世帯単位でみた場合、六五歳以上の人のいる世帯のうち、三世代同居は二一・二％にすぎず、六五歳以上の人のみの世帯（四四・七％）の割合が大きく上回っている。今や三世代同居は少数派にすぎず、子どもと同居しない高齢者が多数派を占めつつあるのが現状といえよう。内閣府が二〇〇五年に実施した「高齢者の生活と意識――第六回国際比較調査」によれば、「子どもや孫とはいつも一緒に生活できるのがよい」という意見は三四・八％にとどまり、「時々会って会話や食事をするのがよい」「たまに会話する程度でよい」という意見が合わせて六割近くを占めている（図2）。四半世紀前の第一回調査と比較すると、子どもや孫との距離の置き方には大きな変化が認められる。

伝統的な高齢期の生活と考えられてきた長男によるあと継ぎと同居扶養は、明治政府により人為的に導入されたものであった。長男およびその妻子が親と同居し、老後の面倒をみるという習慣は、旧武士層の家族規範であり、法（明治民法）および初等教育（教育勅語）により広く庶民層に定着したのである。そして、戦後の民主化の一環として「家」制度は廃止されたが、老親扶養に対する人々の態度はかなり長い間維持されてきた。

公的介護保険制度が施行される直前になって、「子が親の面倒をみる美風を損なう制度はよくない」という抜本的見直し論議が起きたことはすでに忘れ去られた感もあるが、現在においても、「扶養」すなわち同居による身辺介護という図式が完全には払拭されていないことを表している。戦後の民法改正は長男のみによる同居扶養から、子ども全員がそれぞれの能力や事情に応じて親を扶養する形態への変化を意味していた（川島 一九五七）。新民法下で教育を受けた人々が高齢期に参入しつつある現代にお

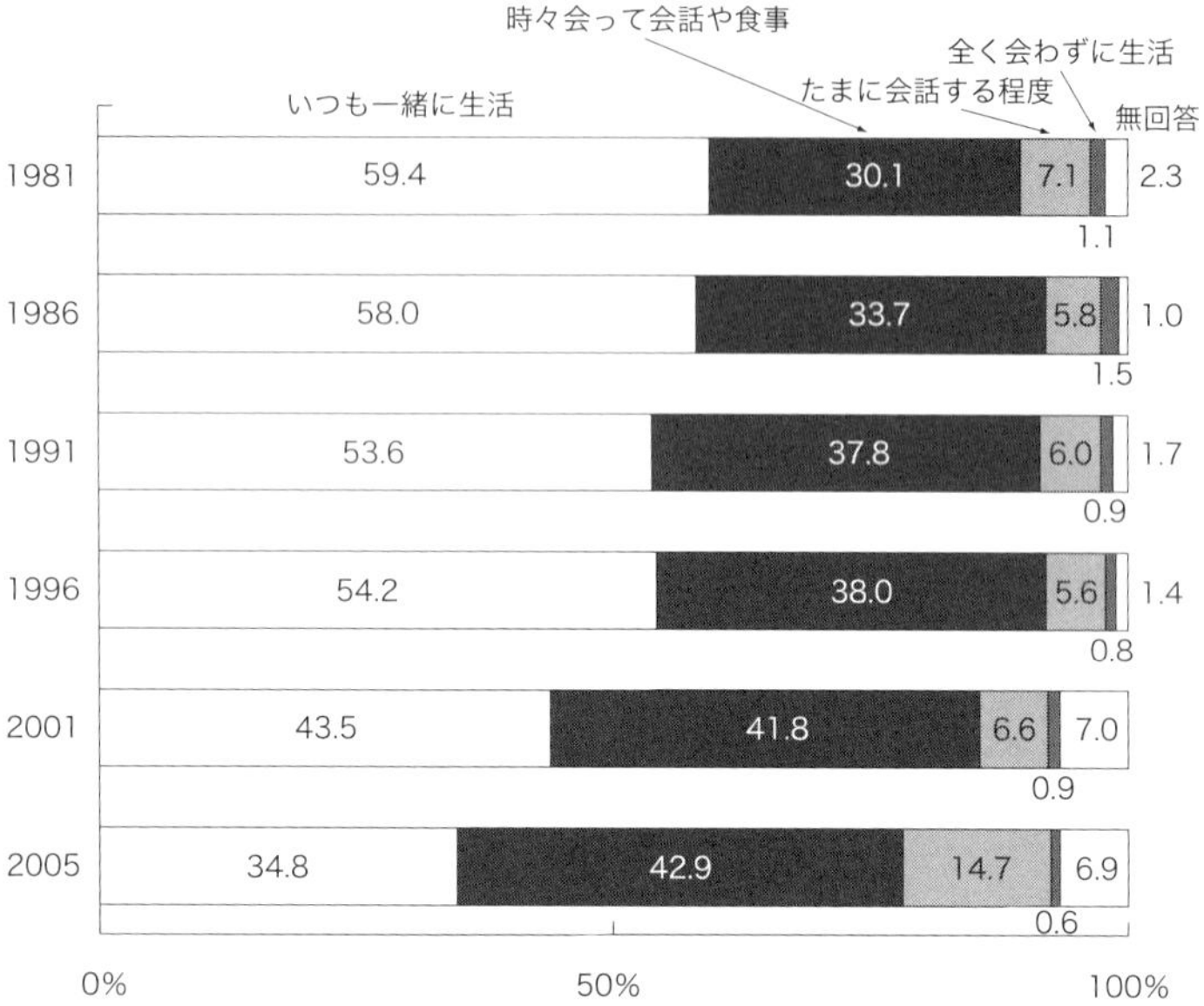

図２　老後における子どもや孫とのつきあい方

いて、あらためて高齢期の親子関係のあり方が問われているといえよう。

老後生活が同居子家族によって支えられてきた背景として、日本の公的年金制度がきわめて不十分であったことが一つの要因と考えられる。国民年金法が成立し、国民皆年金体制が整えられたのは一九五九年であったが、公的年金が老後の生活保障の柱となるのは、年金額のスライド措置が制度化された一九七三年以降のことであった。国民年金発足当時すでに高齢に達していたため、拠出制年金に加入できなかった層を対象とする老齢福祉年金の受給者も、現在ではわずかな数にとどまる。二〇〇六年に実施された国民生活基礎調査によれば、高齢世帯の収入源に占める公的年金の割合は、七割を超えている。さらに、公的年金制度をはじめとする各種の社会保障制度の成熟に加えて、産業構造の変化に伴い、雇用社会化が進むとともに、老後の生活費として退職金を当てにできる層も増加した。このような老後生活における経済的安定性の進展は、老親扶養という概念から経済的援助という意味合いを減じさせ、世代間の役割関係も大きく変容させている。

親の子どもへの依存は、生涯を通してみた場合に、人生後半期における役割逆転（role reversal）として理解されてきた。しかし、近年の寿命の伸びや各種社会保障制度の充実は、子の養育期間の終了後に迎える長期にわたる対等な親子関係の出現を促した（春日井 一九九七）。親子ともサポートの授受の必要性が比較的少ないこともこの時期の特徴であり、親しい友人関係にも喩えられるような互酬的な関係が成立し得る時期でもある。長寿化と社会保障制度の充実の恩恵によって、現代の高齢者は、このような高齢準備期ともいえる老後生活の再編期を手に入れたのである。高齢期における子どもとの同居率の低下は、家族の扶養機能の弱体化として語られることが多いが、高齢者自身の側からみれば自立志向の高まり、すなわち選択の結果とみなすことも不可能ではない。

格差社会の中の高齢者

格差社会論ブームも一段落した感があるが、長期にわたる平成不況後、景気回復の実感をもてないまま、「一〇〇年に一度」の経済不況（サブプライム世界不況）に国民は喘いでいる。この格差論争においては、格差を表す代表的な経済指標であるジニ係数が取り上げられることが多かった。ジニ係数は0（完全平等）から1（完全不平等）の値を取り、1に近くなるほど不平等度が高いことを示す指標であるが、この値が先進諸国の中でも上位に位置し、平等神話は崩壊しつつあることが指摘された（橘木一九九八）。また、内閣府の『経済財政白書（平成一八年版）』では、「全国消費実態調査」「国民生活基礎調査」「所得再配分調査」など各種統計におけるジニ係数が、一九八〇年代以降、拡大傾向にあることが確認されている（内閣府二〇〇六）。

この所得格差は高齢化と世帯構造の変化（小家族化）による「見せかけ」であることが早くから指摘されていたが、同白書によれば、人口動態効果が主な要因であることが示唆されている。すなわち、所得格差が相対的に大きいという特徴をもつ高齢者世帯の割合が増加したため、ジニ係数を上昇させたということである。高齢期における格差拡大は、定年後も働き続ける高齢者がいる一方、ゆうゆう自適の引退生活を送る高齢者もいるといった高齢期の生活の多様性によって説明できる部分が大きい。しかし、若い頃からの業績・努力もしくは社会的不利の「累積的差異の問題」として把握する必要もあるだろう（藤村二〇〇一）。すなわち、高齢期における格差の存在が、単なる多様性の範疇に収まるかどうかを慎重に見極める必要がある。

格差社会をめぐる論争においては、所得格差だけではなく、非正規雇用の増大による労働市場の二極化、ワーキングプアに代表される低所得層の増加、生活保護受給世帯の増加などの問題が指摘された。ここでは、生活保護受給世帯の動向、とりわけ高齢者世帯における被保護世帯の増加に着目したい。

生活保護受給世帯数はバブル崩壊後の一九九二年から二〇〇六年まで一貫して増加傾向にあり、六〇万世帯から一〇七万世帯に増加している（図3）。同時期、高齢者受給世帯は二三万世帯から四七万世帯に倍増し、受給総世帯に占める割合は三八・八％から四四・一％に増加している。また、二〇〇六年

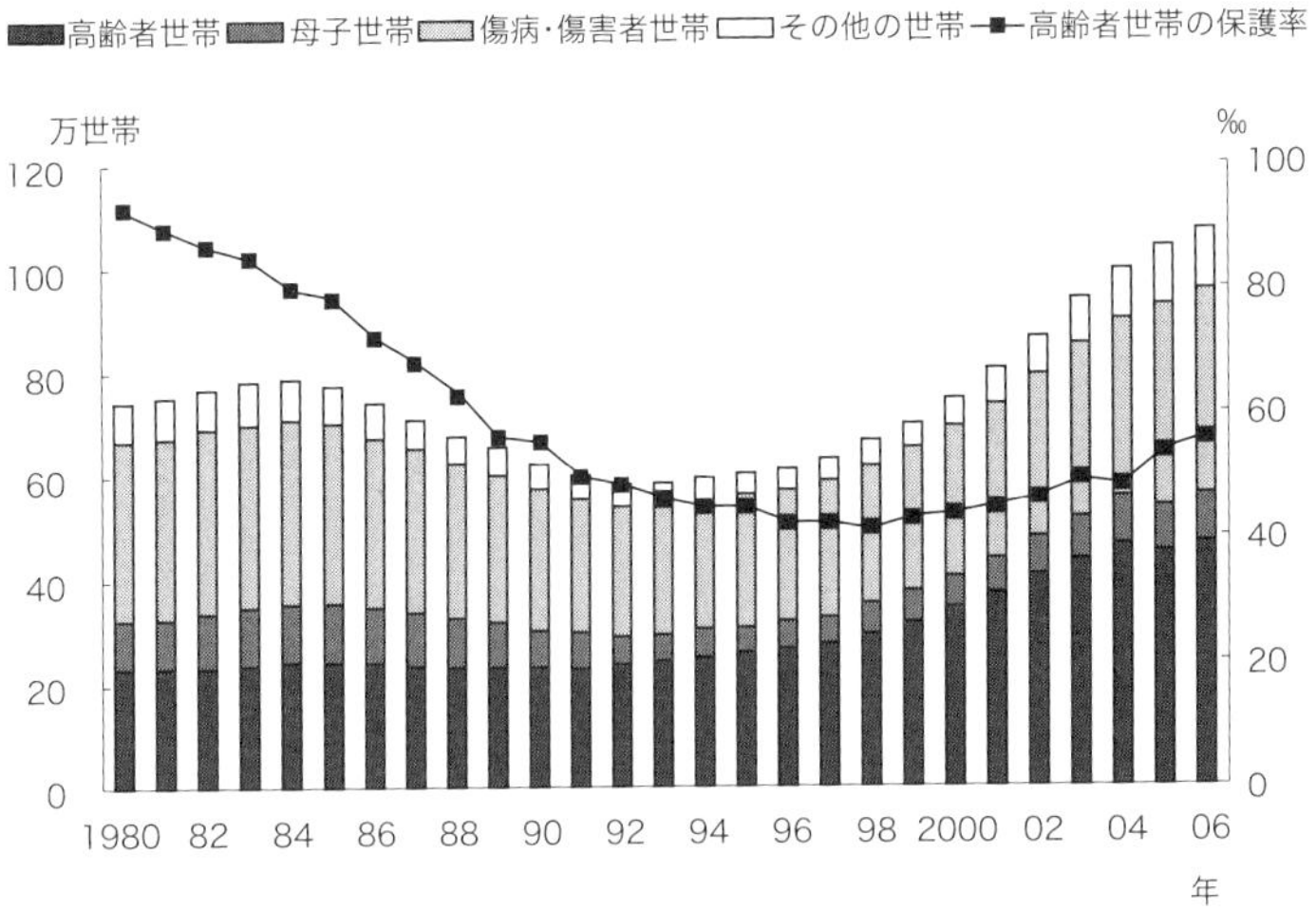

図３　世帯類型別被保護世帯数の推移

の高齢者世帯の世帯保護率は五六・〇‰に達している。個人単位でみた保護率（六五～六九歳で二二・八九‰、七〇歳以上で二二・二九‰）についても、一九九〇年代半ば以降、一貫して上昇傾向が認められる。高齢者世帯における被保護世帯の増加の要因は、人口高齢化による高齢世帯総数の増加によって部分的に説明することができるが、一九九八年以降、世帯保護率にも上昇傾向が認められる点については注意を要する。また、生活保護受給世帯のうち、半数近くを高齢者世帯が占めているという現状は、老後の生活保障のあり方に疑問を投げかける。

先進諸国の一部では二〇〇〇年代に入ってから、公的扶助制度（日本の生活保護制度に相当）の受給者から高齢者を分離し、その支援を年金制度の文脈で捉え直そうという動きがみられるようになった。たとえば、ドイツでは二〇〇三年から無拠出の高齢者向け基礎保障が導入されたが、子どもの扶養義務に関する要件を緩和することにより、自分の子どもに遠慮することなく給付を申請することが期待されている（布川 二〇〇六）。生活保護に伴うスティグマの解消や「隠れた貧困」を減らすことを目標に掲げたこのような試みは、日本でも大いに参考になると思われる。

フォース・エイジのジレンマ

社会福祉の領域における「自立」は「自助」と同義であり、子どもによる老親の扶養は自助の範疇に含まれていたと考えられる。しかしながら、現代の高齢者にとって子どもからの扶養を前提とした生活は「自助」とはいえなくなってきているのかもしれない。また、高齢者医療・介護の領域で、高齢者の「自立」が語られる時、主として問題となるのは、ADL（activities of daily living）に代表されるような身体的な機能の自立性であった。長寿化は、先に指摘したように高齢準備期（サード・エイジ）という新たなライフステージをもたらしたが、同時に慢性疾患や身体的な障害のリスクが高まる後期高齢期を生きる高齢者の数も増加させた。フォース・エイジにおけるQOLの問題を考える際には、高齢者の自立志向に十分配慮しつつも、自立を依存と対立する概念と捉えるのではなく、子どもを含む他者や社会制度からの支援を前提とした「自立」概念の再検討が必要となる。

自立（自律）のジレンマについて論じたB. J. Collopy（1995）は、自立は「自己決定」（self-determination）と同義であり、あることを実行する能力、すなわち「実行の自立」に加え、「決定の自立」があるとしている。他者の援助がなければ達成できないことでも、自己の価値観に基づいた選択がなされる時、個人は「決定の自立」の状態にあるということができる。そして、加齢に伴い、活動能力をはじめとするさまざまな制約の強まるフォース・エイジにおいては、「実行の自立」以上に、「決定の自立」が重要になる。さらに、認知症の高齢者や終末期にある高齢者の「決定の自立」をいかに支えるかという課題は、超高齢社会における大きな挑戦となるだろう。

日本より自立志向の強い米国では、「自立のイデオロギー化」ともいうべき、過度の自立信仰に陥り、一方的な援助を受ける依存者となることを避けるために他者との関係を絶ってしまうことすらあるという（秋山 二〇〇八）。日本でも「子どもの（あるいは、周囲の）世話にはなりたくない」という言葉が高齢者自身から発せられるのを耳にすることがあるが、近年では、「孤立死」や「セルフネグレクト（自己放任）」といった現象が注目を浴びている。また、報道でもたびたび取り上げられている「高齢犯罪者の増加」も、極端な、あるいは歪曲化された自立志向の現れといえるかもしれない。

高齢犯罪者の実態と処遇を特集した『犯罪白書（平成二〇年版）』によれば、二〇〇七年の一般刑法犯（運転過失致死傷などを除く）の高齢者検挙人員は、男性三万人強、女性一万五千人強にのぼり、統計上比較可能な一九八八年以降の最高値を示した（法務省法務総合研究所 二〇〇八）。この数値は一九八八年の五倍近い値であり、全体に占める高齢者の割合も一九八八年の二・二％から一三・三％へと大幅に増加している。同白書では、高齢再犯者などの分析を通して、孤独な生活状況に陥り、周囲と隔絶されている点に加え、必要な福祉的支援を受けてきていないことを、増加の要因としてあげている。たとえば、犯罪に結びつきやすい物質依存関連疾患への福祉的支援や継続的な無収入状態に対して生活保護を受けないままでいる者が多く、それが犯罪のリスクを高めていることが指摘されている。

刑務所内にバリアフリーの「高齢者専用棟」が初めて設置されることを報じた新聞記事では、身寄りも仕事もなく、刑務所へ戻るために盗みなどを繰り返す高齢再犯者が少なくないことが指摘され、元気に社会復帰させたい刑務所と、刑務所を「終の住処」とみなす高齢者との落差を嘆じている（朝日新聞二〇〇八年一月一九日）。生活保護よりも刑務所を選ばせてしまう背景には、何らかの「社会的不調和」を感じざるを得ない。

自立のイデオロギー化を避けるためには、人間が「相互依存的な（inter-dependent）」存在であることを、個人的にも社会的にもあらためて認識する必要がある。

3　高齢期における自立した生活

「高齢者の自立支援」再考

「社会的弱者としての高齢者像」から「自立した高齢者像」へというある種のパラダイム転換が生じたのは、日本では比較的最近のことと考えられる。一九九一年に国連総会で採択された「高齢者のための国連原則」（決議46/91）がマスコミにも広く取り上げられるようになり、「プロダクティブ・エイジング」「アクティブ・エイジング」「生涯現役」といった言葉が喧伝されるようになったのは、九〇年代以降、とりわけ「国際高齢者年」（一九九九年）の前後のことであった。「国連原則」では、高齢者の「自立（independence）」とともに、「参加（participation）」、「ケア（care）」、「自己実現（self-fulfilment）」、「尊厳（dignity）」の五原則を定め、その実現を目指して、各国に政策プログラムの策定を促した（国際連合 一九九九）。

国際連合（一九九九）によれば、高齢者、とりわけ虚弱高齢者や障害を持つ高齢者に影響する決定は、多くの場合、高齢者自身の参加なしに下されているのが現状であるとされている。そして、高齢者自身が受けるアメニティとケアの種類について選択権を与えうる柔軟なシステムの必要性が唱えられている。一方、世界的に注目を浴びている日本の公的介護保険制度下においても、家族の福祉の実現に比重が置かれ、高齢者自身の意思決定と自立の権利の問題がなおざりにされかねない面があることが指摘されている。これらの指摘は「何が必要で何をなすべきかということは、高齢者自身が最もよく知っている」という認識に基づくものであり、同時にそのような高齢者の潜在的な能力を引き出すための支援のあり方が求められているといえよう。

社会福祉の主要な理念である「自立支援」という考え方は、一九七〇年代にアメリカで発生した障害者の自立生活運動（independent living movement）により大きく前進し、広く現代日本でも定着しつつある。障害者の自立生活運動は、身体的自立や経済的自立を重視した伝統的な自立観から新しい自立観への転換を促すものであった。そして、新しい自立観では、「依存による積極的な自立」も存在し得ることが明示され、自己決定権の行使をもって自立とすることが唱えられた（定藤 一九九七）。

「高齢者の自立支援」という方向は、一九八〇年代半ばから動き出した一連の社会福祉改革を通じて、より実効性をもつようになったが、とりわけ一九九四年に報告された高齢者介護・自立支援研究会の『新たな高齢者介護システムの構築を目指して』において、明確な提言がなされたといえる（三浦 一九九八）。この報告書では、人生八〇年を超える長寿化、高齢者の経済的自立を支える年金制度の成熟化を背景に、「高齢者が自らの有する能力を最大限に活かし、自らが望む環境で、人生を尊厳をもって過ごすことができるような長寿社会の実現が強く求められている」という認識のもとに、「高齢者の自立支援」が高齢者介護の基本理念として位置づけられた（厚生省高齢者介護対策本部事務局一九九五）。同研究会によれば、「自立した生活」とは、「重度の障害を有する高齢者であっても、例えば、車椅子で外出し、好きな買い物ができ、友人に会い、地域の一員として様々な活動に参加するなど、自分の生活を楽しむことができるような」生活を意味し、「高齢者自身による選択」がその重要課題として提示されている。

介護保険制度の中長期的な課題や高齢者介護の将来像を検討した高齢者介護研究会（二〇〇三）によって、新しいケアの理念として「尊厳（dignity）」という概念の重要性が提示されている。この指摘には、これまで多くの政策提言のなかで「尊厳」という言葉が謳われながらも、身体的な自立支援、先のCollopyの定義に従えば「実行の自立」に力点が置かれがちであったことへの反省が含まれていると考えられる。また、「尊厳」という概念は、自立支援の理念を包含し、さらに精神的な要素を組み込んだものであるとされている。同報告によれば、「尊厳」は自立支援の上位にあるさらに高い概念として捉えられるべきものであり、介護を必要とする高齢者だけでなく、元気な若者や子どもにとっても、死ぬ間際の人にとっても、大切なことであるとされている。そして、そのような普遍的な理念をあえてケアの理想として掲げることにより、介護の領域だけではなく医療も教育もボランティアも会社も家族も、個々人の尊厳を支え合うネットワークへ参加する道が拓かれるという期待が込められている。

住居広士（二〇〇六）は、二〇〇五年の介護保険法改正により、その目的に「尊厳の保持を旨とし」という条文が修正追加されたことを受けて、尊厳の保持が目的となり、そのひとつの手段として自立支援をおこなうことになったと述べ、保持に止まらず、尊厳の向上や増進をめざすべきであると主張している。高齢者への自立支援を進める際には、「尊厳ある生（respect of living）」をいかに支援するかという視点が重要になる。

老いを生きる――ある事例から

高齢期の自立の問題を考える際には、ひとり暮らし高齢者の生活を考えることが有効ではないだろうか。現代の高齢者にとって、ひとり暮らしになる契機の多くは、配偶者との死別によるものである。配偶者の喪失は、多くの高齢者が直面する転機のうち、特に大きな影響を有するとされている。配偶者は多くの場合、高齢者にとっての主要なサポート源であるだけではなく、他のサポート源との仲介役も果たしている。女性の場合は親族や近隣のつなぎ役として、男性の場合は広くフォーマルな場面における調整役として、夫婦間で相互に補完し合う場合も多くみられる。すなわち、配偶者の喪失は重要な他者をひとり失うことを意味するだけではなく、時として残された高齢者を取り巻く家族関係やサポート・ネットワークの再編を要請するのである。

ここでは、筆者がおこなった「ひとり暮らし高齢者研究」のうち、事例調査の一部を紹介する(1)。インタビューの対象となったDさんは七二歳の女性で、七年前に配偶者と死別し、ひとり暮らしとなった。その後、孫の結婚に伴い東京都郊外の自宅をゆずり、神奈川県在住の娘と一時的に同居、最終的には娘の家の近くにマンションを購入し、ひとり暮らしをしている。Dさんのインタビューのなかで印象的だったのは、「生きるということと死ぬことは一緒だ」という信条がくり返し語られたことである。夫の闘病生活をふり返りつつ、Dさんは次のように語った。

人間というのは、生まれるときに必ずその人の寿命がついているわけ。その寿命を、自分でどういうふうにクリアしていくかということが人生じゃないかと思ったの。私は昔とても弱い子で、一〇歳まで生きられればいいとお医者さまにもいわれていたけれども、この歳になるまで生きられた。人間というのは、自分の体は自分でつくって、自分で長く育てるしかないの。そういうふうに考えて毎日暮らしています。

ここまで考えたらしようがないなと思うときがあるんだけれど、今私は七二歳でしょ。娘の近くにマンションを買ったから、もうお金が一銭もなくなっちゃっているわけ。でも、五年だけ命が欲しいと私は思うの。なぜかというと、年金を少しずつためて、自分が死んだときに娘や息子に迷惑をかけないで、一〇〇万円残ったら一〇〇万円のお葬式をしてもらってお父さんのところに入れてもらう。だからあと五年だけ、七七歳で死にたいと思っています。

Dさんには二人の子ども（息子と娘）がいるが、転勤が多く、現在も地方に単身赴任中の息子の勧めもあり、一時は娘との同居も考えたようだ。

娘と暮し始めて、最初は上げ膳据え膳で、すごく幸せだなと思いましたけど、二カ月ぐらい過ぎた時に考えたのね。生きていくということは、自分で自分の食事を作ることだと思いました。「お母さん何食べる？」と聞かれても、世話になっているものだから「何でもいいわよ」。それじゃやっぱり人間元気になれないんです。やっぱり、自分の食べたいものを作らなければだめなんです。

未熟児として生まれ、長生きできないといわれながら育ったせいか、Dさんは人一倍健康維持への意欲も強いようである。今でも毎朝ラジオ体操は欠かさないし、三〇代の後半から最近まで近所のグループで婦人体操を週一回つづけてきた。配偶者との死別後には、未亡人が多く参加している団体でボランティアをはじめ、週二〜三回のペースで活動をしている。このボランティアの会を通じて米国フロリダ州へ高齢者施設の見学にも行っている。配偶者との死別は、Dさんにとって結果的には自立志向を高める方向に働いた。

フロリダの老人たちは、私みたいに髪が真っ白でボケていても真っ赤やピンクの洋服を着ているから、「あらかわいいわね」と言いたくなるの。私もアメリカに行ってきてから、うんと赤いのを着るのよ。年寄りは、年寄りだからこそ、きれいにしなきゃいけないんだなって。ボケたり病気なんかしない間は、自分のことは自分でしなくてはということも学びました。生きているときは若い人と一緒にやっぱり社会を見て、自分で何とかしなければね。

ボランティアの会での同年輩の人たちの付き合いは、死別後の喪失感を癒しただけではなく、死に向き合う気持ちも強化した。転勤の多い職場に勤務する息子、子どもを三人も抱えていて同居どころでなかった娘、そして子どもたちからは「気丈夫」と思われていたDさんではあるが、夫の死は「つっかえ棒がなくなった」ようなものだったし、朝目ざめたときに感じるさびしさを子どもたちに理解してもらえないことがつらかった。子どもたちにそのような思いをやっと伝えることができたのは、死別後に落ち着きを取り戻してからで、孫を通じてだった。

孫をみんな呼んで、おばあちゃんはこんな悲しい思いをしたから、あんたたちは、お父さんとお母さんのどっちかがあれしたときは、こうしてやってと、孫に聞かせたの。子どもたちが私の思いに気がついていない気がして、教えてあげなきゃいけないかなと思ったから。やっぱり娘と息子はかわいいし、子どもたちにも嫁にも、私みたいな思いをしたら大変なんだよということを教えたいと思いました。

Dさんは、趣味の活動にも熱心で、近隣関係も豊かであった。隣県に転居して、娘の近くに住むようになったが、それまでのDさんのサポート・ネットワークは近所に住んでいる友人たちを中心に形成されていた。「新たな環境で、一から人間関係をつくることになりますね」という問いかけに対して、「いつでも、どこでも、だれとでも仲良くなれる性格だから、友だちもすぐできる」と語った。そして、子どもとの同居については、「ひとりが一番いいんですよ。それで子どもたちが来てくれれば一番幸せ」と考えており、「もちつもたれつ」の関係が長く続くことを願っている。実際に、近くに住む娘とは、お互いに何かあった時には気軽に助け合える関係にある。

Dさんの「生きるということと死ぬことは一緒だ」という信条は、自分が精一杯生きていくその先に死というゴールがあることを意味している。自立志向の強さを感じさせる語りの中には、老いや依存することへの拒絶感がにじみ出ることもあった。しかしながら、娘との近居の選択、部分的な生活の共同という試みの中に、「相互依存的な」ライフスタイルや「依存による積極的な自立」を視野に入れた老後のあり方も模索している姿を垣間見ることができる。

4　老いる権利――オプティマル・エイジングという視点

高齢期の生活や老いに対する適応過程の研究は、一九五〇年代以降、米国を中心とする先進諸国において膨大な蓄積がなされている。これらの研究は、サクセスフル・エイジング（successful aging）という言葉で総称されることが多く、最近では日本でも、学術用語としてだけではなく、日常用語に近い感覚で用いられるようになった。しかしながら、サクセスフル・エイジングの理論的背景はさまざまであり、その概念的定義も多様である。サクセスフル・エイジング研究の普及に大きく貢献したJ. W. RoweとL. K. Kahn（1998）は一般向けの啓蒙書の中で、①病気や障害がないこと、②高い認知的・身体的機能を維持していること、③生活が積極的であること、をその条件としてあげている。

サクセスフル・エイジングは、しばしば、その語義や語感から競争志向――はやり言葉で言えば勝ち組・負け組――を連想させ、中年期やサード・エイジの価値観の延長であると批判される。そこで、より晩年に獲得される老いの肯定的側面に着目した概念であるオプティマル・エイジング（optimal aging）が提唱されている（Aldwin & Gilmer 2004）。optimal は「最適な、最善の」を意味する形容詞であるが、加齢や心身の状態、人それぞれの価値観によって「最適さ」はさまざまであることが前提となる。

シェイクスピアは戯曲『お気に召すまま』の中で、人生を全場七つの時代に分け、最後の幕切れは「第二の幼年時代、つまり、全き忘却、歯無し、目無し、味無し、何も無し」とした。C. M. Aldwin と D. F. Gilmer（2004）は、オプティマル・エイジングにふさわしいのは、この有名な引用句よりも、同じ戯曲の中の八〇歳にならんとする老僕アダムの台詞であると述べている。そして、一六〇〇年前後に書かれたとされるこの台詞が、現代的認識である「老いの可塑性（plasticity）」を予言していると指摘している。近年、脳科学の観点からも言及されることの多い「可塑性」とは、老いが人生経験の中で形作られることを意味している。この指摘にさらにつけ加えるならば、老いを「逞しい冬（lusty winter）」と表現する老僕アダムは、オプティマル・エイジングの特徴である生涯発達的視座を図らずも認識していたといえるかもしれない。

人生を四季にたとえる生涯発達的あるいはライフサイクル論的視点は、どの季節にも優劣はないこと、どの季節にも喪失と獲得があることを意味する。フォース・エイジにおいて喪失のみに着目し、その喪失の予防のみに焦点を当てる姿勢は、結果的に老いの否定に通じる。オプティマル・エイジングの処方箋はかならずしも明確ではないが、経験にもとづく熟達、寛容さ、自己超越性などを意味する「知恵（wisdom）」や外的な制約からの自由、自然や宇宙への開かれた感覚である「老年的超越

(gerotranscendence)」の獲得によって、老いに伴う喪失を「最適化」する可能性があるとされている。

知恵という概念は、近年、生涯発達心理学の分野を中心に大きな注目を浴びているが、その理論化の過程において哲学からの影響を大きく受けている。中村雄二郎（一九九七、一九九九）は哲学者の立場から、若さ、能動性、力（生産性、効率性）を価値とする「青壮年男性モデル」に対して、「引き延ばされた老年期」を生かすための「賢慮（phronesis）」が求められると論じている。そして、賢慮とは、アリストテレス以来の知恵の一形態であり、日本語の成語である老実（経験豊かで誠実なこと）、老熟（永年の経験を積んで物事に熟達していること）、老成（永年の経験を積んで大成すること）を裏付ける、すぐれて経験的な知であるとしている。

それでは、老年的超越とはどのような境地なのであろうか。J. M. Erikson は、九〇歳近くまで高齢期の試練に現実的に直面することはなかったとしつつ、九三歳時において人生周期の最後の段階（第九段階）のあり様を次のように描いている（Erikson & Erikson 1997）。

我々は世界が我々に課した限界を超える自由を発見し、それを実らせなければならない。生まれた時は、我々は我々に与えられたままのものであった。自分自身の足で立つことをしっかりと学び終える壮年期までには、我々は次のことを学ぶ——我々は、我々の人生を全うさせるために、他者に与えることを求められていることを。そして、それによって、この世を去る時には、我々が与えてきたものを体現する存在に我々自身がなることができる。

そのような老年的超越に向かうためには、高齢者自身が第九段階の人生経験に含まれるさまざまな喪失を受容する必要がある。そのためには、社会が高齢期に関する生きた理念を文化として持たなくてはならない（Erikson & Erikson 1997）。青井和夫（一九九二）は、社会化の最終段階は人生の最後の発達段階としての「死」を迎えるための社会化であるべきだと論じている。そして、現代日本は死に対峙するということを忘れた未成熟な社会であり文化であると指摘している。青井（一九九二、一九八七）が提示した最終段階の社会化は、「超越的社会化」とも称されるもので、「個」の乗り越えという意味では老年的超越に通じている。

人生の晩年期、フォース・エイジにおいて、高齢者の「尊厳ある生」を保障することとは、社会が老いる権利を認め、高齢者自身が老いと喪失を受容することを社会的に支援することにあるのではないだろうか。P. L. Berger と B. Berger（1975）は、すべての社会は「死」の意味について何らかの回答をもっていなければならず、それは歴史的には宗教の社会的な機能であったと述べている。現代社会においては、宗教に代わる老いと死についての新しい文化の構築が求められている。いいかえれば、「知恵」や「老年的超越」の獲得は単に個人の発達課題の達成を意味するのではなく、むしろ、その道筋を明確にするための社会や文化のあり様が問い直されているのである。

【注】

（1）調査全体の設計および概要については、西村（二〇〇三）を参照のこと。

【文献】

秋山弘子、二〇〇八、「自立の神話『サクセスフル・エイジング』を解剖する」上野千鶴子他編『ケアという思想』岩波書店

Aldwin, C. M., Gilmer D. F., 2004, *Health, illness, and optimal aging: biological and psychosocial perspectives*, Thousand Oaks: Sage Publications.

青井和夫、一九九二、『長寿社会論』流通経済大学出版会

青井和夫、一九八七、『社会学原理』サイエンス社

Berger P. L., Berger B., 1975, *Sociology: A biographical approach* (2nd ed.), New York: Basic Books.（＝一九七九、安江孝司他訳『バーガー社会学』学研）

Collopy, B. J., 1995, "Power, paternalism, and ambiguities of autonomy," Gamroth, L. M., et al. eds., *Enhancing autonomy in long-term care*, New York: Springer.（＝一九九九、岡本祐三・秦洋一訳『自立支援とは何か』日本評論社）

Erikson, E. H., Erikson, J. M., 1997, *The life cycle completed: A review* (Expanded ed.), New York: Norton & Enterprise.（＝二〇〇一、村瀬孝雄・近藤邦夫訳『ライフサイクル、その完結〈増補版〉』みすず書房）

藤村正之、二〇〇一、「高齢期における社会的不平等と社会的公正」平岡公一編『高齢期と社会的不平等』東京大学出版会

布川日佐史、二〇〇六、「ドイツにおける最低所得保障制度とその改革動向」栃本一三郎・連合総合生活開発研究所編『積極的な最低生活保障の確立——国際比較と展望』第一法規

法務省法務総合研究所編、二〇〇八、『犯罪白書（平成二〇年版）』太平印刷社

春日井典子、一九九七、『ライフコースと親子関係』行路社

川島武宜、一九五七、『イデオロギーとしての家族制度』岩波書店

国際連合、一九九九、『高齢化に関する国際行動計画および高齢者のための国連原則』国際連合広報センター

高齢者介護研究会、二〇〇三、『二〇一五年の高齢者介護——高齢者の尊厳を支えるケアの確立に向けて』

厚生省高齢者介護対策本部事務局監修、一九九五、『新たな高齢者介護システムの構築を目指して――高齢者介護・自立支援システム研究会報告書』ぎょうせい
Laslett, P., 1996, *A fresh map of life: the emergence of the third age* (2nd ed.), Basingstoke: Macmillan.
三浦文夫、一九九八、「新介護システムと社会福祉改革」三浦文夫監修『公的介護保険への経営戦略――二一世紀の施設・社協のあり方を求めて』中央法規出版
内閣府、二〇〇六、『経済財政白書（平成一八年版）』国立印刷局
中村雄二郎、一九九九、『生と死のレッスン』青土社
中村雄二郎、一九九七、『述語集Ⅱ』岩波書店
西村昌記、二〇〇三、「高齢期における自立と共生」園田恭一編『社会福祉とコミュニティ――共生・共同・ネットワーク』東信堂
Rowe, J. W., Kahn, L. K., 1998, *Successful Aging: The MacArthur Foundation Study*, New York: Dell Publishing.
定藤丈弘、一九九七、「障害者の自立と社会参加」日本地域福祉学会編『地域福祉事典』中央法規出版
住居広士、二〇〇六、「介護保険時代に向けた介護福祉思想」一番ヶ瀬康子・黒沢貞夫監修『介護福祉思想の探究――介護の心のあり方を考える』ミネルヴァ書房

第3章　親密圏における暴力と「純粋な関係性」

尾形泰伸

1　DVの社会問題化

二〇〇八年四〜六月に、長澤まさみ・上野樹里らが出演するドラマ『ラスト・フレンズ』（浅野妙子脚本、フジテレビ）が放送され、若者たちを中心に話題となった(1)。このドラマの主題のひとつとなっていたのが、ドメスティック・バイオレンス（DV）である。副題は「今を生きる若者たち、それぞれの愛のかたち」とされており、制作者の意図がどこにあったにせよ、DVが既婚の配偶者間だけでなく、現在の若者たちの恋人間にも起こりうる問題であるということを知らしめるうえで一定の効果があったのは間違いない。

ドメスティック・バイオレンスあるいはその略称であるDVは、日本においてもここ十数年のあいだに広く認知されるようになった。DVは「配偶者間あるいは元配偶者間の暴力」と理解されることが多いが、広義には「家庭内暴力」と訳されることからもわかるように、配偶者どうしだけでなく、親子、祖父母と孫、きょうだい等のあいだでの暴力も含んでいる。さらには、婚姻届を出さずに家庭を築いている「事実婚」、さらにはドラマ『ラスト・フレンズ』が主題としていたように、一緒に過ごすことの多いカップルもまた、DVと無関係ではない。DVは、家庭をはじめ、親密な相手とのあいだで起こりうる暴力と言うことができる。そうした、親密な間柄にある関係性の領域は「親密圏」(intimate sphere)と呼ばれる。齋藤純一によれば、その内実は「具体的な他者の生への配慮／関心をメディアとするある程度持続的な関係性」(齋藤 二〇〇三：vi)であり、例えば配偶者や恋人との性的接触、子どもの養育、病気の家族の看護、老親の介助などを思い浮かべることができるだろう。と同時に、DVもまた、具体的な他者の生への関心をメディアとしているという意味において、親密圏における関係性のひとつの「かたち」ではある。

ところで、今日のようにDVが認知される以前に、今日この言葉によって指し示されるような事態がなかったというわけではないだろう。(2) 私的な関係領域での暴力に公的機関が介入する手立ては限られていたし、そもそも当事者たちがそれを「問題」として認識する枠組みが根づいていなかったため、あまり表面化しなかっただけと考えられる。しかし、「ドメスティック・バイオレンス」や略称としての「DV」という言葉が定着したことは、親密圏における暴力にたいして「問題だ」という認識が向けられるようになったという変化を示しているはずである。

本章のねらいは、その変化が何であるのかを読み解いていくことにある。そのために、まず次節では、ドメスティック・バイオレンス（DV）が認知される以前、家庭において、あるいは恋人とのあいだで暴力があったにもかかわらず「問題」とされなかった背景について考える。そこに見出されるのは、近代における親密圏を規定してきた「愛情」の問題である。第3節では、近代の内部から切り開かれてきた親密圏の新たな関係性について、A・ギデンズの「純粋な関係性」という概念をもとに検討する。最後に、第4節でDVの社会問題化が含意する社会関係の変容と親密圏の可能性について、「公共圏」と関連させながら考察する。

2 近代における親密圏と「愛の共同体」

「社会問題」という言葉を、テレビのニュースや新聞報道で見聞きしたことがあるだろう。「社会問題」の具体例として、水俣病、原発事故、薬害HIVなどを思い浮かべるかもしれない。では、私たちが生きる社会には様々な問題があるが、いったい何が「社会問題」であり、何が「社会問題」ではないのだろうか。もしかすると、次のように考えるかもしれない。「多くの人たちが関心をもっているものが社会問題であり、一部の少数の人たちだけにしか関心をもたれていないものは社会問題ではない」、と。ここで考えてほしいのは、○○は社会問題であり、××は社会問題ではないというように、社会問題であるか否かはあらかじめ決まっているのだろうか、ということだ。三〇年前に社会問題でなかったものは、将来もずっと社会問題になりえないのだろうか、と言い換えてもよい。当然のことながら、発生当初は一部の少数の人にしか知られていなかった問題が、さまざまな運動やメディアで取りあげられることなどによって、数年~数十年経って広く人びとに知られ、「問題だ」と認識されるようになるということが、しばしばある。あることがらが社会問題であるかどうかは、あらかじめ決まっているのではなく、社会的に構築されるものであるのだ。

DVもまた、そうした社会的に構築されてきた「社会問題」のひとつと考えることができよう。DVは、いまでこそ社会的な取り組みや対処が必要な問題とみなされ、場合によっては公的機関による介入もなされる。しかし、かつては夫婦間の暴力は「夫婦げんか」、子どもへの暴力は「しつけ」とみなされるなど、見過ごされがちであった。というのも、夫婦間や親子間など、家族は「愛情という絆」で結ばれているという想定があったからだと考えられる。

では、家族は「愛情という絆」で結ばれているという想定は、実際にはどのような事態をもたらしていたのだろうか。家族社会学者である山田昌弘は、「愛情」という言葉がもつ二つの意味として、〈コミュニケーションとしての愛情〉と〈記号としての愛情〉を区別し、例えばE・ショーターが述べるような「近代化=感情の解放」説に論駁している（山田 一九九四：九八―一〇三）。ショーターは、①「恋人―夫婦」ではロマンティック・ラブ、②「母子」では母性愛、③「家族」では家族愛という言葉で把握されるような感情が増大したと論じている。だが、山田は感情が解放されたのなら不快な感情も生じるし、コミュニケーションの機会が少なくなれば「愛情」を体験する機会も少なくなるはずであるから、「単純に『愛情の体験』の増減を言うことはできない」として、ショーターが愛情の体験が増大していると考えたのは、むしろ〈記号としての愛情〉の増大ではないかと言うのだ（同：一〇二）。つまり、実際に愛情にもとづくコミュニケーションが増大したのではなく、恋人、夫婦、家族の間でのコミュニケーションが「愛情」に関連づけて認識されるようになったのではないかということだ。

近代社会で特徴的なことは、家族の中の出来事を「愛情」という言葉で語りはじめたことそのものにあるのではないだろうか。家族の中でなされるあらゆることを、愛情がある／ないという基準で判断するようになると、愛情に反する感情は表出することはもちろん、不快な感情を感じること自体がよくないこととされる。人びとは、家族に愛情があるように「ふるまう」ことを強制されたために、愛情に動機づけられていると観察される行動が増大したのではないだろうか。（同：一〇二）

親密圏における暴力をこのような文脈のなかで捉え返してみれば、例えば夫から妻への暴力も、周囲からは〝ケンカするほど仲がいい〟と見られたり、当人どうしにおいてさえ〝しっかりとした妻でいてほしい〟という「愛情」の裏返しであると思い込んでしまったりする、ということになってしまう。あるいは、子どもに手をあげるのも、同様に〝一人前の大人になってほしい〟という母性愛、家族愛ゆえの「しつけ」の一環であるとみなされてしまう。さらには、DVのひとつとされる性的行為の強要も、「愛し合っている者どうしならば、性的な行為は当然のこと」として拒否しても聞き入れられないなど、問題化されにくくなる。要するに、暴力的な事態が起きても、ロマンティック・ラブをはじめとする家族における「愛情という絆」によってからめとられてしまうため、当事者をその関係（恋人、夫婦、家族）に固執させ、耐えるべきものとして縛りつけるのだ。

では、そうした状況からの変化はどのようにして起きてきたのだろうか。A・ギデンズは、ロマンティック・ラブは近代において親密な関係性を縛りつけてきた一方で、ロマンティック・ラブそのものには新たな関係性の領域を切り開くことを可能にしてきた側面もあると論じている（Giddens 1992=1995:

70)。具体的には、ロマンティック・ラブは女性を外部世界から隔離し、家庭においても従属させることと結びついていた。けれども同時に、ロマンティック・ラブにおける理想の物語（ロマンス）は、愛情にもとづく相手との関係が「将来にわたっても続けられる『物語』であるか」との問いかけをもたらすことになる（ibid.: 64-5, 70-5）。その結果、満足のいかない関係は解消され、別の相手との関係が模索されるという新たな関係性の領域が切り開かれるというわけである（ibid.: 70-5）。いうなれば、運命の相手との永続的な関係を追求するロマンティック・ラブは、関係の形成と解消を繰り返すという「意図せざる結果」をもたらす。

しかし、振り返ってみれば、自由意志にもとづいて関係性を築くというあり方は、最近に始まったことではなく、そもそも近代という時代を切り開いてきたものだったのではなかったかという疑念に思い至るだろう。前近代に人びとを縛りつけてきた伝統や共同体から解放され、自律的個人が集まって作りあげるというのが近代市民社会が描いた姿であったはずであるからだ。近代における「伝統」が、どのように扱われてきたかについて、ギデンズは別の著書のなかで次のように述べている。

> モダニティは、近代社会の歴史のほとんどを通じて、一方で伝統を解消しながら、伝統をつくり直してきた……西欧社会の内部において、伝統を維持し、再創造することは、権力の正統化、国家が比較的受身の「主体」に自分自身を押しつけるにあたり、中心的なことがらであった。伝統は、「急進的な啓蒙」に関する限りほとんど手をつけられてこなかった社会生活の核心をなす一部の側面――とりわけ、家族やセクシュアル・アイデンティティ――を、静止状態においてきたのである。

（Giddens 1994: 56=1997: 106-7，訳を一部改変）

近代化の過程においては、あらゆる領域で伝統が解消されるというわけではない。近代社会でも、とりわけ統治する国家にとって都合のよいように「伝統」が据え置かれる、あるいは創りかえられる、新たに創られることもある。(3) 女性が家事を担う私的領域としての家族ひとつをとってみても、それは近代において男性の公的領域から分離されることによって「発明」された姿である（上野 1994: 75）。セクシュアル・アイデンティティについても、近代では自由なセクシュアリティが解放されるよりも、むしろ異性愛を「正常」とするセクシュアリティの規範的な型が創られてきた。

ギデンズがロマンティック・ラブのなかに見出したのは、近代という時代に枠づけられながらも、それを内側から突破していくモダニティのダイナミズムである。彼は、そうしたダイナミズムが高まった後期近代を「ハイ・モダニティ」と捉え、再帰性（近代社会自身および自己自身への問いかけ、働きかけ）の高まりが新たな関係性の領域を切り開くと論じる。

3　「純粋な関係性」の背後

ギデンズは、再帰性が高まりをみせる後期近代における親密圏の特徴を示すために「純粋な関係性」（pure relationship）という概念を提起している。この概念が示しているのは、「互いの付き合いを維持することからそれぞれが得られるものそれ自体のために入り込む社会関係であり、また、その関係に留まることが十分な満足をもたらすと両当事者が考える限りにおいてのみ存続する」（Giddens 1992=1995: 90）という関係のあり方である。つまり、出自、階層、親といった、当人どうしの関係性以外のことがらからは自由に、パートナーシップにのみもとづいて築かれるような関係性が、「純粋な関係性」の意味するところである。さらには、互いにその関係性をよしとするならば、生殖や性別からさえも自由であるという（ibid.）。その必然的な結果は、いずれか一方でも互いの関係性から十分な満足を得られないと思うならば、解消へ向かうという趨勢である。

ところで、この「純粋な関係性」という理念には、公共的な「討議」空間を彷彿とさせるところがある。公共圏における討議では、ある特定の問題について合理的で妥当性をもつ意見のみが重視されるのであり、どのような人であるかということは意味をなさない。純粋な関係性においては、公共圏における討議に代わり、パートナーに対する誠実さや関係へのコミットメントこそが重視されるのであり、それ以外の側面——出身階層や社会的地位などにおいてどのような人であるか等はやはり重視されない。つまり、両者は特定の属性などに規定されない、民主的な関係性を指向していると言うことができよう。それゆえ、当然の帰結として、ギデンズは親密圏における純粋な関係性の登場から政治的な民主化（民主制の民主化）の進展を展望している（Giddens 1999=2001: 127）。

とはいえ、もちろん、純粋な関係性をモデルとして成立する親密圏が公共性とイコールというわけではない。

第一に、純粋な関係性の維持のために必要なのは、相互の信頼——それは所与ではなく互いに築いていくものである——であり、自ら関係にコミットし、感情をさらけだすことが求められ、そのためには互いに言葉によって相手に自らを開示していくことが重要になる。公共的な討議空間においてもやはり言葉は重要な役割を担っているが、ただし、そこでは感情的な言葉は差し控えられ、対話にもとづく合意形成（必ずしも合意に至るわけではないが）が目指されるという違いがある。

第二に、純粋な関係性からなる親密圏は、特定の相手との関係性が維持されている限りにおいては他者へと開かれているわけではないが、他方、公共圏はつねに他者へと開かれている。

第三に、公共性の空間は、親密圏とは異なり、生への配慮／関心をメディアとすることで成り立つ空間ではないということだ。公共性の空間から撤退することは、必ずしも生の危険と直接結びついているわけではない。それに対して、親密圏からの撤退は、生の安全・安心を脅かす源となりうる。純粋な関係性の「純粋さ」は、裏を返せば、他の関係性から切り離されているということを表している。そのため、その関係性が途絶えることは、コミットし、感情をさらけだせる居場所の喪失を意味する。

ここで特に着目したいのは、第三の点である。齋藤純一も述べるように、ギデンズはロマンティック・ラブから純粋な関係性への変容に「楽観的な展望を見出している」（齋藤 二〇〇〇：九〇）。パートナーとの関係が他の関係によってつなぎとめられているならば、パートナーとの関係の解消によってもたらされる生の〈危機〉が去るまで待避できるところもあるだろう。例えば、離婚をして小さな子どもを抱えている一人親であれば、生計を立てるために働くことと子どもの世話をすることとを両立させなければ生活は危うくなるが、保育所を見つけるまで子どもを見てくれる親や近隣との付き合いがある、あるいは働き口を紹介してくれる友人がいることで、リスクはかなりの程度小さくなる。しかし、純粋な関係性が「純粋」であるほどに、その関係の解消・喪失は危機的な状況をもたらすものとなる。あるいは、生活面でのサポートやＤＶに遭ったときの逃げ場所などの外在的な危機だけではなく、関係内在的な危機もある。関係の解消・喪失によって生の危機的な状況がもたらされるならば、反対に、関係を失わないよう、現在の関係に固執することによってもたらされる危機である。そのように固執する親密な関係においては、感情をさらけだすことができる唯一の場として感情が暴発したり、ときには暴力がのしかかってくる可能性もある。

もちろん、純粋な関係性は理念型であり、現実には完全に純粋な関係性がそこかしこに見出されるわけではない。例えば大学生ならば、恋人との関係だけでなく、親やきょうだい、大学の友人・知人、バイト先など、さまざまな関係の網の目として生活を送っているはずである。そして、恋人との関係性は、家族関係や友人関係から何ほどかの関わりを保っているであろう。人によっては、ネットを介した友人・知人の関係もあろう。しかしながら、今日の親密圏において見出される純粋な関係性は、かつてほど他の関係との結びつきをもたず、「関係の孤立」の度合いを強くしているのは確かである。

そうした孤立化する関係において暴力という問題が発生した場合には、いかなる解決の道があるだろうか。

内閣府は、一九九九年から三年おきに全国の二〇歳以上の男女を対象として、「男女間における暴力に関する調査」を実施している[4]。この調査によれば、交際相手から被害を受けた際の相談先として最も多かったのは「友人・知人」（女性五三・一％、男性三八・二％）、次いで「家族や親戚」（女性二四・二％、男性八・八％）である（図1）[5]。他方、配偶者から被害を受けた際の相談先として最も多かったのは、男女ともに「家族や親戚」（女性二七・六％、男性一六・三％）、「友人・知人」（女性二七・六％、男性九・八%）となっている（図2）。警察や各公的機関への相談は性別、交際相手／配偶者の別を問わず、せいぜい三%程度と軒並み低いことに比べてみても、恋人・夫婦関係が家族や親族、友人・知人との関係から切り離され、完全に孤立しているところまではいっていなさそうである。

だが、より注目すべきは、被害を受けた際に「どこ（だれ）にも相談しなかった」という回答である。交際相手からの被害では女性三四・四%、男性五〇・〇%で、配偶者からの被害では女性五三・〇%、男性七七・二%と過半数に達する。女性／男性いずれにおいても、交際相手や配偶者から被害を受けたケースにおいて「相談しなかった」という、これらの数値は決して低くはないだろう。

では、家族や親戚、知人・友人以外とのつながりはどうであろうか。市民グループでDVの加害者問題にも携わってきた中村正は、家族とコミュニティの関係について次のように述べている。

> かつては、結婚・出産・死など、家族生活の変化にコミュニティが関与していた。例えば、お宮参り・七五三などさまざまな通過儀礼が存在していた。コミュニティや親族関係のなかに、家族は埋没していたとみることができる。ひとつの家族の出来事は、純粋の私事ではなかった。（中村 二〇〇一：二〇九、傍点は原著者）

今日でも、一部の地域に限っては、まだ家族生活をめぐる通過儀礼がコミュニティのなかに組み込まれているところもあるが、家族の出来事が「純粋の私事」になるという趨勢にあるのは確かだろう。純粋な関係性の高まりは、かつてのような将来にわたって関係がずっと続いていくという前提が成り立たな

図1　交際相手から被害を受けた際の相談先

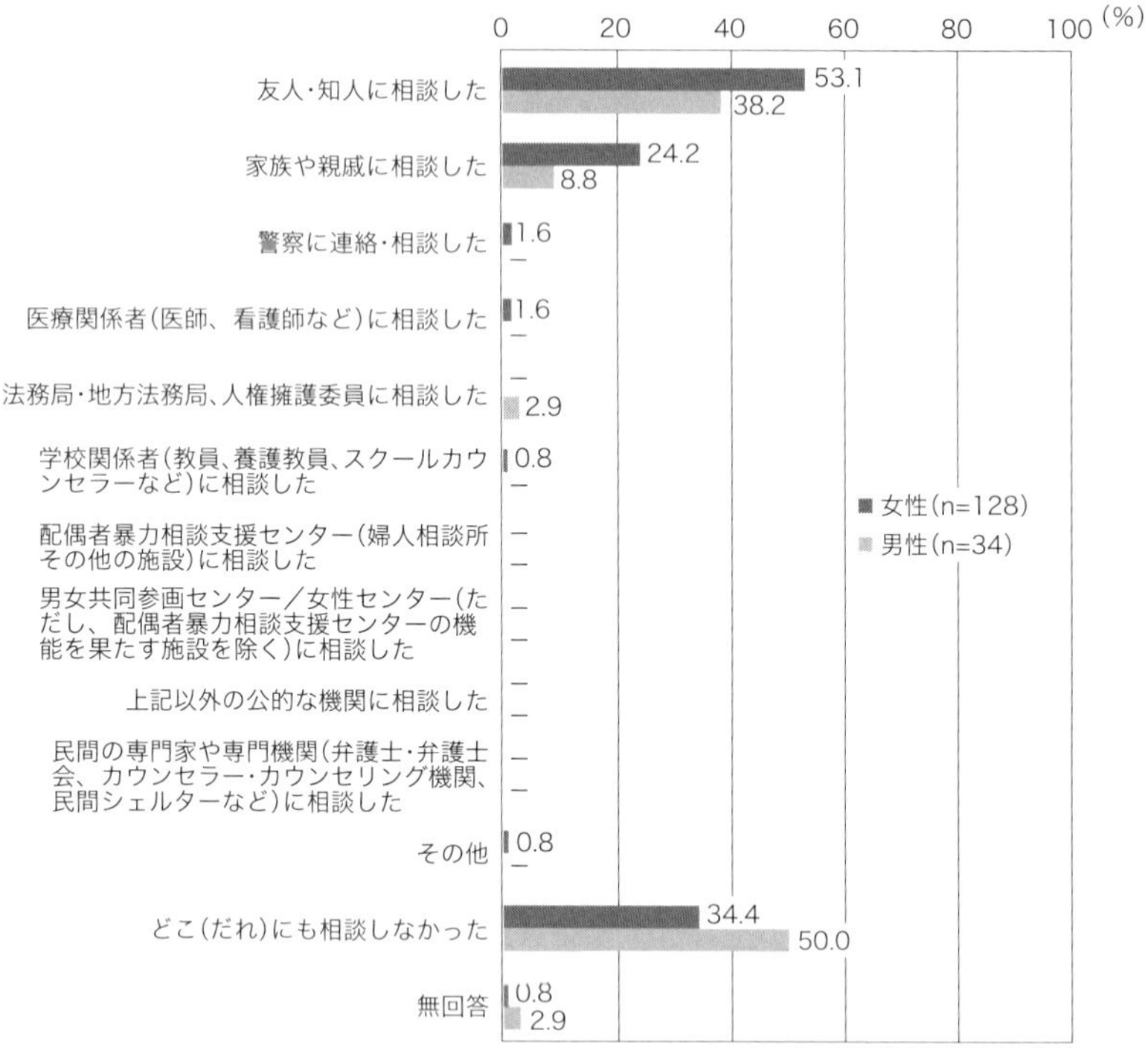

(出典：内閣府，2009，「男女間における暴力に関する調査」〈概要版〉)

くなっていることを意味している。実際、離婚・再婚・事実婚・同棲といった多様な関係が、地域社会に根ざすのではなく、地域にいながら地域社会から孤立した形で点在するという様相を強めつつある。あるいは、ハーバーマスによる「システムによる生活世界の植民地化」の言を待つまでもなく、通過儀礼はもとより、日常の生活そのものが地域から切り離されても成り立つようになっている。

DVに話を戻せば、家族がコミュニティや親族関係のなかに埋没した状況ならば、配偶者や恋人の暴力がひどく、

図２　配偶者から被害を受けた際の相談先

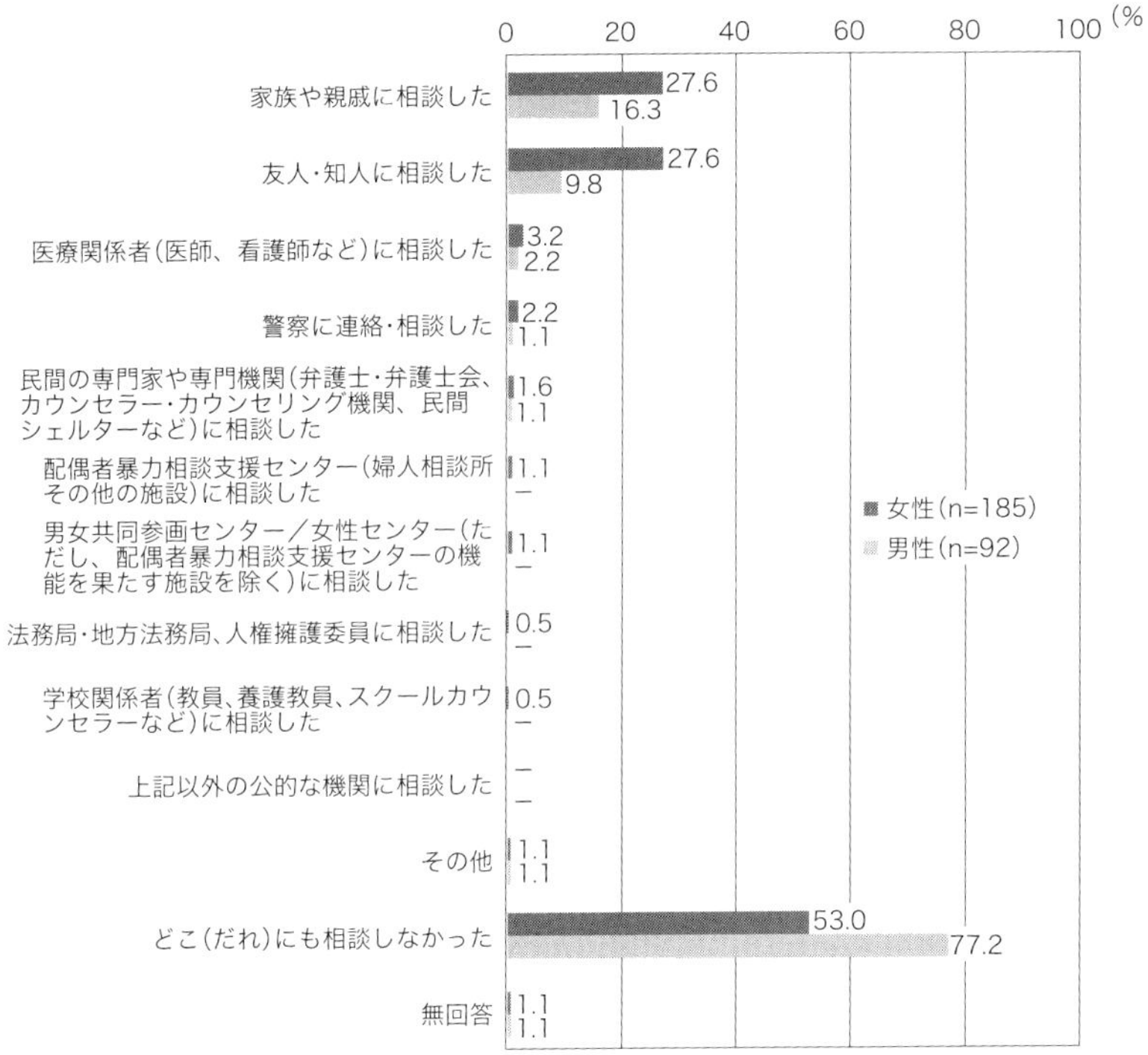

（出典：内閣府，2009，「男女間における暴力に関する調査」〈概要版〉）

離婚したり別離したりしたとしても、完全に孤立するというわけではない。しかし、「純粋な関係性」は、近代が静止状態においてきた親密圏の近代化を切り開き、ドメスティック・バイオレンスをはじめとする家族内の「もめごと」の「社会問題」化に成功してきた一方で、親密圏を純化するとともに、親密圏に固執せざるをえない状況をも生みだしてきた。

かつては私的な領域として放置されてきた親密圏でドメスティック・バイオレンスが問題視されるようになったことは、関係性そのものに焦点があたる「純粋な関係性」があぶりだした近代社会の負の一面と言ってよかろう（DVという問題の発見自体は、親密圏の民主化、DVの撲滅に向けた一歩であるという意味では、必ずしも「負」ではないが）。

4　公共性への回路としての親密圏

では、親密圏における暴力がDVという「社会問題」になったことから垣間見えてくるものは何であろうか。最後に、この点について考えてみたい。

冒頭で触れた齋藤は、ドメスティック・バイオレンスへの着目が「家族内部の暴力は私的に解決されるべき個人の不幸ではなく、公共的対応を必要とする不正義であるという問題のとらえ返しを可能にしてきた」（齋藤 二〇〇〇：九五、傍点は原著者）と指摘する。しかし、それは同時に私的な関係に公的な介入が可能になることを意味していた。言うまでもなく、二〇〇一年に成立した「DV防止法」である。DV防止法は、同年の成立後、二度にわたって改正・施行されているが、改正法では、対象となる暴力や被害者、保護命令対象などが拡充されている。

例えば、同法成立時の保護命令の範囲は「更なる配偶者からの暴力によりその生命又は身体に重大な危害を受けるおそれが大きいときは（中略）当該配偶者に対し、次の各号に掲げる次項を命ずるものとする」（第一〇条第一項）とされていた。しかし、二〇〇四年改正法においては、後半部「当該配偶者」に、「当該配偶者（配偶者からの身体に対する暴力を受けた後に、被害者が離婚をし、又はその婚姻が取り消された場合にあっては、当該配偶者であった者（後略））」（第一〇条第一項）と、元配偶者の記載が追加されている。

あるいは、二〇〇七年改正法では、保護命令を発する際の被害内容が、「配偶者の身体に対する暴力」のみから、「配偶者からの身体に対する暴力又は生命等に対する脅迫」へと広げられた(第一〇条第一項)。加えて、同条第四項では、「配偶者が被害者の親族その他被害者と社会生活において密接な関係を有する者(中略)の住居」への接近禁止命令を発することができるとの条項も新設されている。

すなわち、DV防止法は成立から二〇〇七年改正法にかけて、(1)「身体に対する暴力」だけでなく「生命等に対する脅迫」を含めた「被害」があった場合に、(2)「配偶者」に加えて「配偶者であった者」に対して、(3)「被害者の親族」の住居と「被害者と社会生活において密接な関係を有する者」の住居にも接近禁止命令を発することができる、という拡大がなされているのである。

では、それらの法改正はどのような変化をもたらしたのであろうか。保護命令件数の推移を見てみよう(図3)。二〇〇四年改正法が施行されたのは二〇〇四年一二月であり、実質的には二〇〇五年の件数に改正内容が反映すると考えられるが、二一七九件(二〇〇四年)から二六九五件(二〇〇五年)への増加が見られる。また、二〇〇七年改正法は二〇〇八年一月施行であるが、やはり二七七九件(二〇〇七年)から三一四七件(二〇〇八年)へと増えている。この保護命令件数の推移は、DVに関する限りではあるが、私的関係への公的な介入が広がっていることを示している。

もちろん、「民事不介入」という原則もあって、それまで見過ごされてきた親密圏における暴力が「発見」され、DV防止法によって親密な関係における暴力の防止や暴力からの保護が志向されるようになったことは非難されるべくもない。むしろ、近代化から取り残され、女性・子ども・高齢者などの

図３　配偶者暴力に関する保護命令件数の推移

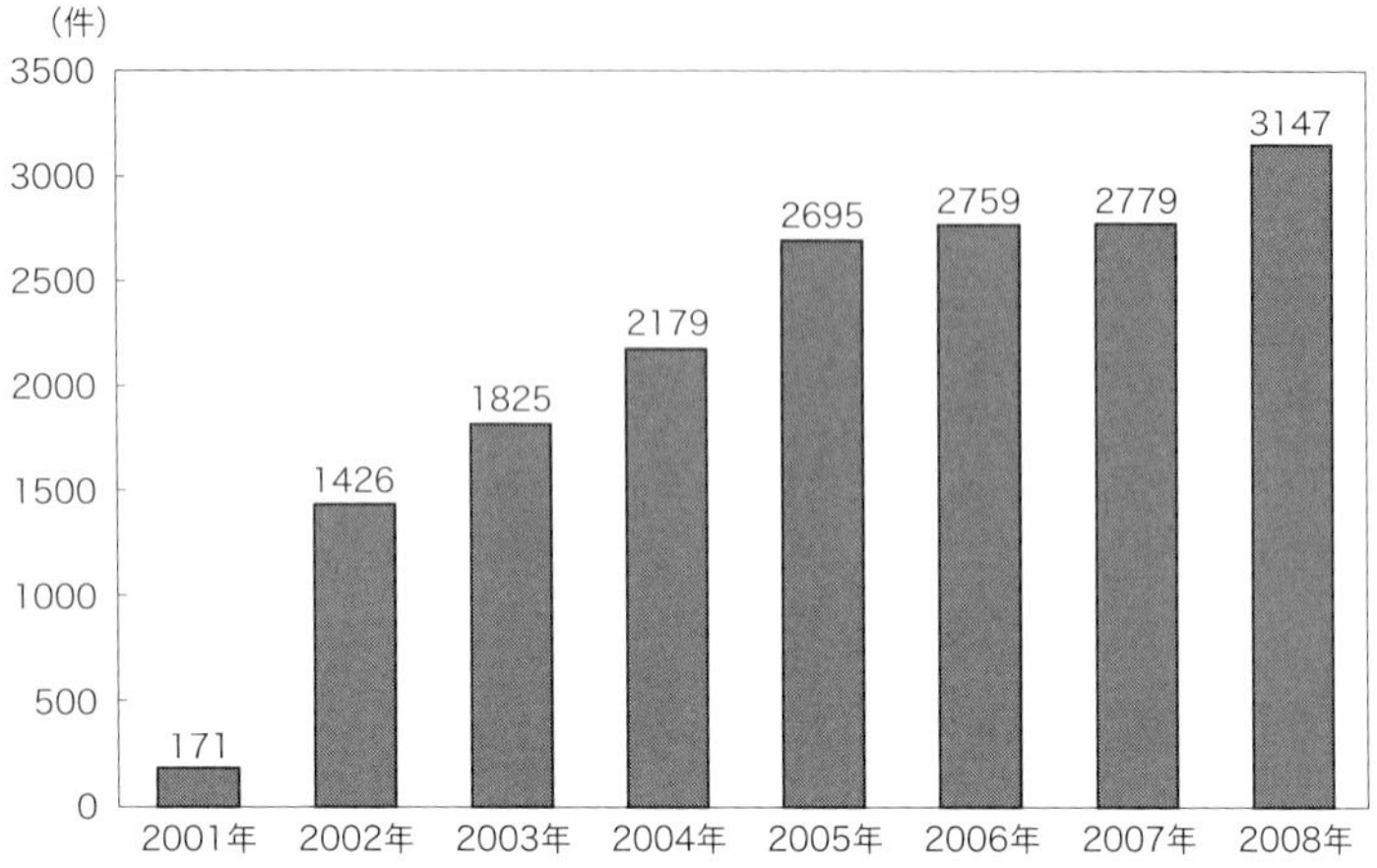

（出典：最高裁判所『平成 20 年度　司法統計年報』）

弱者に暴力に耐えることを強いてきた閉じられた空間が外部へと開かれ、対等な関係が築かれつつあることは歓迎すべき事態であるだろう。

そのことをふまえながらも、ここで問いたいのは、そうした変化の背後に見え隠れする、公的領域と私的領域の境界をめぐる再編についてである。というのも、ＤＶ防止法が成立した時期には、「ストーカー規制法」（二〇〇〇年）や「児童虐待防止法」（二〇〇〇年）など、親密圏における社会関係を規制する他の法律も成立しており、ＤＶだけの問題ではなく、私的領域をめぐる地殻変動として解釈する必要があると思われるからだ。

あらためて確認しておけば、親密圏は「具体的な他者の生への配慮／関心をメディアとするある程度持続的な関係性」（齋藤 二〇〇三：vi）を内実とし、その基底層には性的接触、子どもの養育、病気の家族の看護、老親の介助など、生の問題が横たわっている。齋藤がフーコーとアーレントの理論を整理しながら述べるように、近代はもとより「ゾーエー＝生物学的生命が公権力の主題となる時代」である（齋藤 二〇〇〇：六〇）。とはいえ、以前は、親密圏を近代化から取り残された私的領域として仕立て上げながらも、公権力は消極的な関与で、間接的に生命を主題化するやり方であった。それが、DVが社会問題として成立した今日、社会的連帯は喪失し、純粋化（孤立化）した形で私的問題が露出しがちであり、公権力はより積極的、直接的に個人の生に関与する。

親密圏が、実際には愛情によってのみ充たされた領域であるはずもないということの曝露には、フェミニズムの「私的なことは政治的なこと」というスローガンが顕著に示すように、私的な空間における暴力被害の当事者と支援者——それは女性、子ども、高齢者が多かったはずである——が声をあげてきた経緯がある。つまり、親密圏に押し込められていた当事者たちは、自らが抱えていた問題を私的な問題としてのみならず、公共的、政治的な争点として提起した。そのことは、DVのみならず、アルコール依存、薬物依存、不登校などの問題でも、当事者が互いに悩みや弱さなどの感情をさらけだし、それぞれの問題に向きあっていく、セルフヘルプ・グループでの活動のなかに見出すことができる。セルフヘルプ・グループにおけるこうした相互の関わり方は、まさにギデンズが「純粋な関係性」として言及していた、パートナーとの関係へのコミットメント、あるいは感情のさらけ出しと共通するところである。

こうした私的な問題から公共圏へとアジェンダ（議題、争点）が提起される点に、齋藤は親密圏の可能性を見出している。「……親密圏は同時に公共圏の機能をはたすこともある。というよりもむしろ、あらたに創出される公共圏のほとんどは親密圏が転化する形で生まれるといった方がより正確だろう」

（齋藤 二〇〇〇：九五）。ハーバーマスは、よく知られているように、公権力（国家）の領域から私的領域（社会）を区別し、公共圏を後者の流れに跡づけている（Habermas 1962=1990: 49）。親密圏に端を発する諸問題が公共圏のひとつを形づくるとき、生が公権力に回収されるおそれがつきまとう。その回避のためにも、失われた社会的連帯を嘆くのではなく、私的関心にもとづくあらたな連帯の形が求められるだろう。

最後に、ここまでの論点を整理しておきたい。本章では親密圏における暴力、すなわちドメスティック・バイオレンス（DV）を軸に、それが近代の進展とともに「社会問題」になってきたことの背景を探り、そこからさらに、今日のDVの問題を通して見えてくる現代社会における社会関係の編制の動向と課題を展望した。

近代化の過程から取り残され、「伝統」へと結びつけられることで近代国家に適合化された家族や、性別の規範に押し込められていた恋人関係、配偶関係、親子関係をはじめとする親密圏は、近代の進展とともに、近代の内側から解放されてきた。それは、愛情という絆で結ばれていると想定されることによる抑圧から、親密な関係性を再度「親密圏」の住人たち自身の手に取り戻すことであった。その際、大きな役割を果たしたのが、ロマンティック・ラブという私的な感情にもとづいて見つめなおされることで切り開かれてきた関係性、すなわち「純粋な関係性」である。

しかし同時に、その「純粋な関係性」は、他の社会関係から切り離され、孤立化しているがゆえに、再び公権力としての国家が生へと介入してくる契機ともなっている。しかも、かつてのような間接的な主題化ではなく、より直接的なそれとしてである。

純粋な関係性がDVを社会問題化することに成功してきたように、私的な問題のなかに潜むポリティクス（政治性）を公共の問題として提起する回路が現れつつあることの意義は大きい。しかし、親密圏から提起される諸問題が公共圏におけるアジェンダとなるために、孤立化した親密圏をつなぐための、しかしかつての地域社会における社会的連帯とはまた異なる、連帯の形式を探っていかなければならない。

【注】

（1）関東での世帯平均視聴率は一七・七％（ビデオリサーチ調べ）。

（2）内閣府「男女間における暴力に関する調査」によれば、二〇〇八年の調査時点で五〇代、かつ「一〇歳代、二〇歳代の頃に交際相手がいた」女性の七・六％、男性の一・三％が、「交際相手から何らかの被害を受けたことがある」と回答。同様に、六〇代女性では一・九％、男性二・九％である（内閣府、二〇〇九：一〇―一一）。

（3）伝統の創造については、（Hobsbawm and Ranger eds. 1983）が詳しい。

（4）二〇〇八年実施の内閣府「男女間における暴力に関する調査」の調査概要は次のとおり。調査対象：全国二〇歳以上の男女、標本数：五〇〇〇人、抽出法：層化二段無作為抽出法、調査時期：二〇〇八年一〇〜一一月、回収数（回収率）：三一二九人（六二・六％）。

（5）一〇歳代から二〇歳代の頃に交際相手がいた（いる）人が母数のため、厳密には、例えば回答時に六〇歳ならば三〇〜五〇年前の被害経験ということになる。なお、この質問の女性回答者（n＝一二八）の年齢構成は、二〇歳代二二・七％、三〇歳代三六・七％、四〇歳代二六・六％、五〇歳代一一・七％、六〇歳代以上二・三％。同じく男性回答者（n＝三四）では、二〇歳代二九・四％、三〇歳代三二・四％、四〇歳代一七・六％、五〇歳代五・九％、六〇歳代以上一四・七％である。

【文献】

Giddens, Anthony, 1992, *The Transformation of Intimacy*, Polity Press.（＝一九九五、松尾精文・松川昭子訳『親密性の変容』而立書房）

――, 1994, 'Living in a post-traditional society', Ulrich Beck, Anthony Giddens and Scott Lash, *Reflexive Modernization*, Stanford University Press.（＝一九九七、松尾精文訳「ポスト伝統社会に生きること」、松尾精文・小幡正敏・叶堂隆三訳『再帰的近代化』而立書房）

――, 1999, *Runaway World*, Routledge.（＝二〇〇一、佐和隆光訳『暴走する世界』ダイヤモンド社）

Habermas, Jürgen, ［1962］1990, *Strukturwandel der Öffentlichkeit*, Suhrkamp.（＝一九九四、細谷貞雄・山田正行訳『第2版　公共性の構造転換』未來社）

Hobsbawm, Eric and Terence Ranger, eds., 1983, *The Invention of Tradition*, Cambridge University Press.（＝一九九二、前川啓治・梶原景昭ほか訳『創られた伝統』紀伊國屋書店）

内閣府、二〇〇九、「男女間における暴力に関する調査」〈概要版〉

中村正、二〇〇一、『ドメスティック・バイオレンスと家族の病理』作品社

齋藤純一、二〇〇〇、『公共性』岩波書店

――、二〇〇三、「親密圏と安全性の政治」、齋藤純一編『親密圏のポリティクス』ナカニシヤ出版

上野千鶴子、一九九四、『近代家族の成立と終焉』岩波書店

山田昌弘、一九九四、『近代家族のゆくえ』新曜社

第4章　観光消費と現代文化

須藤　廣

1　観光のリアリティと観光社会学

「観光」の定義を巡って

観光とは何か、明確に定義することは難しい。『大辞林』には「他国、他郷を訪れ、景色・風物・史跡などを見て歩くこと」とある。この定義は「観光」の語源である『易教』の一節「観国之光」の意、「他の国や土地の風景、政治、習俗を見る」（『辞海』上、中華書店、香港分局版：八九六）に近い。この定義を広く解釈すれば、純粋な宗教行為としての巡礼や、仕事上の出張で異郷を見て歩くことや、また難民のような異郷における生活を強いられている者の経験も含まれてしまう。そこで、観光を労働や宗教的行為とは明確に分け、移動を伴う余暇サービスの消費に限定しようとする立場もある。文化人類学者である橋本和也は「（観光者にとっての）異郷において、よく知られているものを、ほんの少し、一時的な楽しみとして、売買すること」（橋本　一九九九：一二）というように、「観光」を厳密に定義する。このような厳密な定義は、観光は市場内化された文化の消費であり消費文化の枠組みのなかでのみ分析されるべきである――それ以外の現象は「観光」に似た形に騙されずに、それぞれの領域の手法で分析すべきである――という意味において、議論の混乱を避けるための戦略上の意義があると言える。とはいえ、それでは市場が生活世界を覆い尽くし、全域化しつつ、市場外にあった非合理的な人間的要素をもその中に飲み尽くそうとしている今日的状況における「観光」を説明することはできないと筆者は考える。

現在、観光現象は日常世界へと拡張しつつある（須藤 二〇〇八）。現代の観光現象は、空間、時間的にも、意味的にも、労働や日常の生活領域から従来のように明確に差異化されたものではなくなりつつある。狭い定義では、観光から移住へと移行する「ライフスタイル移住」の浸透（山下 二〇〇九）、観光のなかにボランティアを取り入れた「ボランティア観光」等、〈遊び〉〈観光〉と〈生活〉領域の境界の曖昧化（管 二〇〇七）、観光の手法を取り入れた商業施設や都市計画といったような、観光の延長線上で考えるべき観光周辺領域の広がり（Ritzer 2005=2009、若林 二〇〇三）等を、観光社会学の射程に入れることができないであろう。あるいは、文化、グリーン・ツーリズムの試みのように、観光において市場化され難い部分――少なくとも一般にはそう見える現象――の復活等、市場外の関係性に大きく依拠するオルタナティブな観光現象もまた、狭い観光の定義では、分析の枠組みからはみ出してしまうであろう。観光社会学は、従来の「観光」の定義を超える観光現象も対象にしつつ、それらが移動を伴う文化消費（あるいは〈虚構〉消費）としての〈観光〉的枠組みにいかに拘束されているのか、さらにまた、そこからいかに外部へと浸《し》み出そうとしているのか関心の的を広げつつある。

「生活世界の審美化」(Featherstone 1991=2003: 128) が浸透した社会においては、〈場所〉に関する〈虚構〉消費のあり方が、観光の狭い定義を超えて外部へと拡大してきている。さらにまた、観光の反省的再創造は、表面的な虚構文化から抜け出ようとする(あるいはそのように見える) オルタナティヴ文化創造運動の一部を構成しつつある。現代観光文化を批判するにせよ、その創造的実践を理論的に支援するにせよ、観光の社会学は、従来の枠組みから抜け出ようとする〈観光〉の広がりを、射程内に入れなければならない。

ここでとくに強調しなければならないのは、観光が我々の日常生活に浸透してきていることが、観光に日常からの離脱と〈非日常〉への憧れがなくなったことを意味するものではないことである。現代においても、観光をとおして人々が非日常的経験を追求するという基本的性格は変わらないどころか、より強化されている。このような視点から観光を分析しようとした時にはとくに、観光行動を「近代的市民」の単なる消費行動とし、観光現象を移動を伴う「一時的な楽しみ」の市場内に限定するのでは、ポストモダン社会における観光の形態の変容とその奥行きを見失ってしまうであろう。

以上のような観点から、観光現象が拡大している現状にもとづき観光現象を分析するためには、観光の必要条件としての観光の定義を、さしあたって原義に近い広い定義にとどめておこうと思う。したがってこの稿では、観光の定義を「他国、他郷を訪れて行う、非日常的経験」と広く捉えておこう。このような「観光」の定義にもとづけば、観光現象の社会学の焦点は、観光の産業化や交通の発達やグローバリゼーションの進展、また観光情報メディアの変容のなかで、観光の形態がどのように変化するのか、さらにそのことが観光の「非日常性」のあり方をどのように変えてゆくのか、に向けられるであろう。

従来の観光の枠を超えた〈観光〉の広がりを見るなかでこそ、日常世界へ向けた観光の浸透が、観光者や観光地住民（いや我々日常生活者）の経験に、どのようなリアリティの変容を、あるいはアイデンティティの変容をもたらし、さらにそれがいかなる「社会関係資本 social capital」（蓄積不能なものも含めて）を生み、政治的、経済的「効果」を引き起こすのかが焦点化される。こうして、現代社会分析という枠組みのなかで、観光現象を批判的、さらに実践的に分析する観光社会学の可能性が開かれてくる。

観光社会学のテーマ

もとより社会学は人間の社会的行為が近代化、産業化によってどのように変容するのかに関心を持ってきた。近代化によって大きく変容した領域、すなわち家族や地域での生活、宗教、生産活動、教育、コミュニケーション、犯罪、福祉、ジェンダー等、社会学のカバーする領域は広い。しかしながら、観光現象を特化して論じられることは、少なくとも社会学の「古典」のなかではほとんどなかった。しかし、一九三〇年頃になってからやっと観光現象を対象にした社会学が出現する。[1] 以降、観光を扱った社会学は（詳しい学史は省略するが）、主に産業化された観光における、「本ものらしさ」を巡る観光文化に対する「虚構性」批判中心から（Boorstin 1962=1964）、観光者の現実構成的側面中心へ（MacCannel 1999）、またさらには観光地の「本ものらしさ」や「新しい伝統」の構築の過程へと論点を移動しつつ（Hobsbawm and Ranger 1983=1992）、〈観光〉が持つ「リアリティ」構成力に注目するようになる。とくに観光社会学が、観光客の経験にもとづいた視点は維持しつつも、次第に、観光地地域の文化論へと論点を拡げていったことを確認しておこう（MacCannel 1973=2001, Desmond 1999）。

一九八〇年代、九〇年代の先進国におけるグローバリゼーションと経済のサービス化によって、観光が人々の生活と密着してゆくと、観光社会学における関心は、観光をめぐる政策的課題へと結びついてゆく。すなわち、観光が「産業」として認知され、観光産業が「観光資源」を持つ地域に入り込むと、観光者の経験のリアリティよりも観光地住民の経験も含んだ、観光地のリアリティの急変ぶりが前景化するようになる（Doxey 1975）。「観光のインパクト」の問題が、学術的というよりも政策的なテーマとなるのは主にこのころになってからである。欧米における観光に関する社会学は、現代における消費のあり方の一つとして――あるいは消費化により変容した文化の一領域として――観光文化を分析の対象としてきた。そして、その焦点は次第に、観光客から観光地という流動的な空間へ、そしてその場における観光者と現地住民との流動的な関係へと移っていったのである。ここでとくに強調すべきは、問題の焦点が近、現代における人々のリアリティのあり方をめぐる問題群に当てられ、これらに向けられた批判的、あるいは反省的な立場がほぼ一貫していたことである。

一方、日本において、観光が社会学的関心を持たれるようになったのは、観光化が地域政策の一つの手法となった一九八〇年代後半以降である。一九八七年には国土庁によって第四次全国総合開発（全総）が策定され、それを基に総合保養地開発法（リゾート法）が施行されている。主に地方の「均衡ある発展」を目指した全総は、第四次をもってはじめて観光産業育成を謳っている。一九九二年に同じ国土庁から出された『商業機能によるまちづくり戦略』では、まちのイメージ確立（＝地域アイデンティティ確立）のための地域環境の個性化が強調されている（国土庁大都市圏整備局 一九九二：三九―四二）。またここでは、現在「観光まちづくり」の成功例として知られている小樽、小布施、湯布院、高山、長浜等の事例があげられている。リゾート法施行直後の乱開発が、自然環境や地域固有の文化を破壊した例は数多く報道された。八八年には全国のリゾートマンションの三分の一がここに建設されたという新潟県湯沢町の例がしばしばそのイメージ画像と共に報道された（新潟日報報道部　一九九〇）。経済学者、佐藤誠が『リゾート列島』において、リゾート法施行後のリゾート開発を手厳しく批判したように、社会学者、経済学者がこの問題に批判的な視線を向けるようになった（佐藤　一九九〇）。しかし、一九九〇年代中葉以降、国土庁の「観光開発」の焦点はリゾート法の乱開発から「まちづくり」へと移って行ったのと同時に、観光に関心を持つ社会学者、経済学者の関心もまた、観光開発に関する批判的知を求めるものから、次第に「オルタナティヴ」な「開発」（「開発」という言葉はあまり使われなくなっていたが）を求めるもの、すなわち批判的知を取り入れつつもむしろ政策的知を求めるものへと変化していった。観光学者たちは地域住民が観光文化を創造してゆく姿を「まちづくり」の手法として発見し、理論化していったのも、このようなエートスが一般化した二〇〇〇年以降である。二〇〇〇年以降は観光保護と観光をテーマにしたもの、ユネスコの世界文化・自然遺産を意識しつつ、文化や自然の「保存」や「保全」をテーマにしたものが一層増えてくる。[2]

こうして日本においては、観光化の進展を前提として――たとえそれが脱開発的であるにしても――、観光をポジティヴに捉えつつ、そこから地域社会の「社会関係資本」の再蓄積を求め、文化、自然保存と調和を図る、といったような「政策的知」が、観光社会学のテーマになっていった。これは、マス・ツーリズム全盛期に地域のコントロールを欠落させたまま観光開発がなされ、その結果、経済効果もほとんどないまま、地域が自然破壊、文化破壊、というコストを支払うという犠牲を被ったことに対する反省に基づくものである。この意味においては、地域住民による自然と人間との関係を含めた社会関係資本再構築を求める議論は、当然の焦点の当て方である。とはいえ、これらの文脈おいてもなお、観光のリアリティは「観光資源」としてそこにすでに、「自然」に存在するものであり、それを上手く演出することが観光開発（「まちづくり」）である（あるいは、それを上手く活用できずに、人工的「開発」に走ってしまったことが八〇年代的リゾート開発の失敗である）、というメタ物語が成立していたようにも思える。

これらの議論の中心は、地域が「持つ」観光資源の市場化、商品化を前提にしつつ、それを地域外資本がコントロールするのか、それとも地域資本や行政がコントロールするのかといったものである。ここには、「反開発」的であろうとなかろうと、観光資源は「自然に」存在するのではなく、メディアを中心に人の手によって、社会的に「発見」あるいは「構成」されたものであることに関する「不安」、あるいは「構成された」観光文化が作り出す「人工的」で流動的な「リアリティ」に関する「不安」がほとんどないことに気づく。観光者と観光地住民双方におけるける消費文化のあり方の変容、およびそのことがもたらすアイデンティティやリアリティの変容や流動化についての文化論的視点、リアリティの偏在や政治性に関する葛藤論的視点はほとんど見られない。

すでに述べたように、観光社会学が当初試みたのは、観光客の行為がシステム化されることによって「旅」のリアリティのあり方が被る変容について批判的な視線を投げかけることであった。観光社会学はそこから、観光地社会の変容へ批判的視点を広げていった。「外発的」な「開発」から、観光地住民の「内発的」な「まちづくり」へと視点は移ったものの、観光バブル後の観光対象の拡散と拡張——すなわち〈虚構化〉の進展、あるいは〈再帰性〉の増大――それに伴う観光者の消費行動の変化、およびその結果として起こる地域のリアティ変容や、それがもたらす政治性を抜きにしては、現代の観光を語ることはできない。観光者の消費行為――それがマス・ツーリズムの低俗から離れ、高級で洗練されたものとなろうと〈虚構〉消費的行為には変わりはない――に対する、観光社会学に引き継がれてきた批判的、反省的視点を欠落させたまま、観光地地域「開発」のノウハウとその成否だけを問題にしてきたのでは、観光社会学はその要諦を見落してしまうであろう。

ここでは、観光現象の社会学が問題にしてきたテーマに沿って、もう一度原点に戻り、観光がもたらす場所の〈虚構化〉とリアリティのあり方を反省的に捉え直そうと思う。

2　客体化する観光対象という問題

観光の産業化と「他者性」の交換の喪失

観光とは単なる快楽をともなう地理的な移動のことではない。その経験は社会的、文化的な集合表象に規定されたものである。N・グラバーンやJ・アーリが言うように、観光経験には多少なりとも通過儀礼的要素が含まれ、それが生み出す「非日常経験」が織り込まれている（Graburn 1989, Urry 2002）。とはいえ、その観光の「非日常性」の多くは、観光地住民にとっての「日常」を借りてきたものでもある。もちろん、観光地住民は通常、自分たちの日常が観光客の目には「非日常」に映っていることを重々知っているし、観光地というものはそのことを受け止めて成立している。しかしこのことは、観光地住民が地域に対して持っているリアリティが観光のリアリティに屈服することを、必ずしも示すものではない。

G・H・ミードが唱える他者に定義される他我〈Me〉とそれに反応する〈I〉、そしてその両者のコミュニケーション過程の内面化という自我発生の理論を援用すれば、他者のまなざしを受け入れることは、自己イメージが活性化することであり、自己イメージ発生基盤そのものなのである(Mead 1934=1973)。他者によってまなざされ定義されることによって自己が社会的に定位されなければ安定した〈自我〉は成立しない。

観光者によって眼差される観光地の地域住民は、観光者の他者なる〈まなざし〉と引き替えに、自らの〈他者性〉を観光者に提供する。観光地住民も観光客が持ち込む〈他者性〉を受容している場合も多い。江戸時代、六〇年間隔で流行したという「お蔭参り」において、街道筋の住民は着の身着のまま村を飛び出してきた若者、使用人、女性たちに喜捨をしていた(伊勢内宮の門前町では「施行」という旗を持った地域住民が、食事から風呂等の世話に至るまで喜捨をしていたという)。これには信仰による倫理的義務という側面もあろうが、日本各地から訪れる観光者は、地域住民にとっては情報源でもあり、〈他者性〉を運んで来る媒体であったからではなかろうか。江戸も末期になると神官の一部である「御師《おんし》」が現在の旅行代理店宜しく、伊勢参り観光全体の手配を引き受けるようになり、伊勢参りは彼らの「商売」の手段へと変貌してゆく。しかし、彼らの行為はあくまでもビジネスではなく宗教行為であるという主観的建前は、クライアントである村人にも共有されており――だからこそ、御師は村人に丁重に迎え入れられた――崩されてはいない。少なくとも明治時代初期までは、観光者と観光地住民の関係は、市場交換ではなく贈与交換による「生きた」関係が基本にあったと考えられる[3]（神崎 二〇〇四、松田 二〇〇七）。

だがしかし、近代になって観光者と観光地住民の関係において、贈与交換的なものの影が薄れ、市場による交換関係が基調になりだすと、観光地の関係性は一変する。すなわち、観光者およびその背景にいる観光業者と観光地住民のまなざしは非対称性を帯びてくる。観光の産業化がこれを後押しするからである。観光産業はイメージ産業であり、観光消費を効率よく促進するためには、観光提供者がメディアの助けを借りて、まず観光地イメージを消費者に提供し、消費者は与えられたイメージを観光行動の中で手短に確認するよう誘動される。また、観光産業の発展は、交通機関やホテル等、観光手段の発達と結びついており、これらが観光者を観光地に効率よく運び込み収容すると同時に、分かりやすく意味づけられた景観を視覚的に楽しむという独特の文化消費スタイルを形作っていった。

別府温泉が湯治場から温泉観光地へと変容する過程で出現したバスガイドシステムはその典型であり、近代観光の本質を我々に教えてくれる。古くから湯治場であった別府に観光客が大量に訪れたのは明治末に関西からの定期船の開設と鉄道の開通があってからである。明治期こそ客の多くは一部の富裕層であったが、余暇への関心が大衆にも広まっていった大正期以降は、工場労働者や修学旅行生も別府に押し寄せるようになっていた。昭和の初め（一九二八年）には、油屋熊八創立の亀の井遊覧自動車（現、亀の井バス）が日本で初めてのバスガイド（少女車掌）によるアテンド付き遊覧バスを走らせている。バスガイド付き遊覧バスは、このころ次から次へと、「坊主地獄」、「海地獄」等、それらしい名前を付けられ「発見」されつつあった「地獄」（温泉が地表に噴き出している場所）を結ぶためのものであった。バスガイドは窓に映る景色を解説しながら、「地獄」が持つそれぞれの名にちなむ「物語」を一つにつなげていった（重信 二〇〇〇）。客にとってそれは、窓に移りゆくパノラマを一つの完結した物語として経験するシステムであった。バスガイドによる車窓のパノラマを解説するシステムは、このころ大流行していた活動写真の弁士のそれと同型のものであった（須藤 二〇〇八：四一―四七）。

交通の発達は車窓からパノラマを見るという習慣を観光者に作り上げた。また、活動写真という複製芸術が「いま―ここ」が持つ聖性としての〈アウラ〉（W・ベンヤミン）を被写体から奪い、光景を散漫に――しかし、ガイド（後には、ガイドブックとなるが）の解説により「物語」を構成しながら――消費するシステムを人々に提供していた。この二つのものが合体したところに、この時代のバスガイド付き遊覧バスのシステムがあったのである。ともあれ、湯治場であった別府に少なくとも明治初期までは存在していた、観光者と観光地住民のコミュニケーション空間は、「少女歌劇」や「アヒルレース」のような他の観光地にもあった単純な「見せ物」から、「国際博覧会」のような大規模かつ組織的な「見せ物」に至るまで、観客（観光者）からの一方的なまなざしが注がれるスペクタクル観光空間へと変貌していった。

車窓により隔てられた外側の光景を内側から眺めるという態度は、近代によって生まれた遠近法的態度そのものである。観光においては、窓の内側の主観と窓の外側の客観を分ける態度となる。窓の存在は、その内側がその外側と同じ世界に内属し相互に作用を授受し合っているということを――知っていながら――忘れさせる。乗り物に乗っている乗客は外の事物や人間を内側から見ているだけであり、乗客は外の事物や人間によって見られていない（あるいは「見られている」と思っていない）。すなわち、車窓の外の事物は、乗客によって〈客体化〉されている。近代観光者の精神態度は基本的にこのような共通点を持っている。観光地に必ず一つはある展望台も同様の構造を持っている。観光者は展望することができるが、見られている住民からは観光者を見ることはできない。このようなまなざしの一方向性は、観光者に十分な時間が与えられていないことだけがその理由であるわけではない。これが近代観光手段に共通する構造なのである。

カメラもまた現代の観光手段であり、またその構造も基本的には対象を客体化するものである。観光者は被写体を撮るが、被写体から撮られることはない。海外の「未開」の地において、現地住民（特に子ども）に向けて写真を撮ることがトラブルの元となることも多い。写真を撮られることで彼らの多くは「魂を盗まれる」——地域によりさまざまな表現はあるが——経験をする。単純化して言えば、写真を撮るという行為は、基本的には、「交換」（コミュニケーション）を成立させない（そこに〈他者性〉が入りこむ可能性やその残滓を表現するのが写真芸術なのだが）。観光者がカメラを持つのは、カメラが対象を〈客体化〉するという意味において、近代の観光手段のあり方とその基本原理を表現している。

以上に述べたような観光者のまなざしの特権性は、車窓からの視線、展望台からの視線の特権性ばかりではなく、その裏側にそのイメージを作り上げる「物語」作者がある種の特権的「権力」に支えられていることを私たちは見逃してはならない。先に別府の近代観光を語る中で取り上げた「観光ガイド」の解説もその一つであるが、観光現場での解説に先だってガイドブックやテレビへの露出、映画の舞台であること等、メディアが観光地の見方（あるいは「歩き方」）を方向づけ、その「物語」を形成していることが多い。筆者はよく大分の温泉地由布院に行くが、由布院の表象を構成しているのは、観光地紹介番組で放送された由布院であり、「まちづくり」の優等生としてＮＨＫの「プロジェクトＸ」に取り上げられた由布院であり、本や雑誌の中で紹介された「癒しの里」由布院であり、ＮＨＫのテレビドラマ「風のハルカ」の舞台となった由布院である。これらのほとんどはメディアによってもたらされたイメージなのである。理念型的に言えば、私たちは（観光者ばかりではなく研究者も）こうして準備されたイメージを観光地に確認しに行く。

もちろん、観光者の行為は単純にメディアによって与えられたイメージを、ただなぞっているわけではない。彼らがその表象行為に参加しなければ、観光地の表象空間は成立しない。どんなに強くイメージ・コントロールがおこなわれている観光地でも、観光者と観光地や観光地住民（または観光業従事者）との相互作用は存在し、観光地住民や観光業者の演技だけではなく、観光者の適切な演技が観光地の表象を作り上げてもいる（安富 二〇〇六）。マッカーネルの理論を引き合いに出すまでもなく、観光者は「サービス」という「商業行為」の向こう側へと「冒険」の期待を寄せる。さらに、観光者の演技が観光業者のコントロールを超えてしまうこともあろう[4]。しかし、基本的には「向こう側」は期待だけで終るべきものであり、そこを上手くコントロールするのが観光地イメージと観光地のコミュニケーションのコントロール手法なのである。このようなコントロールを可能にするのは、メディアや観光業者の文化的「権力」である。彼らのイメージ「権力」を背景にしたリアリティ構成力は強力であり、観光者と観光地の住民の主体的表現や相互の交流があったとしても、イメージ構成「権力」の非対称性は免れ得ない。観光者の行為は観光の作り手の「権力」を背景にして成立しており、より多くの観光者が観光地のイメージ作りに参加すればするほど、彼らの〈まなざし〉が観光地や観光地住民のステレオタイプ・

イメージを一層強化し、観光地やその住民は、基本的には、ステレオタイプに沿った演出や演技を強いられる。

権力配分の偏在に起因する、弱者の「見られる客体」の問題——弱者の「見せ物化」と弱者による「見る」強者の視線の内面化等——はジェンダー論が扱っている男性と女性の非対称性にも似た構造を持っている（上野 一九八二、一九九八）。観光においてこれは、観光客と観光業者が一方的まなざしを観光地や観光地住民に対して押しつけることにより、観光地住民が自らそのラベリングの罠にはまりこんでゆく構造として現れる。観光社会学、観光人類学において、このことはステレオタイプ・イメージの弊害として、数多く指摘されてきた（Desmond 1999, 橋本 一九九九、Nash 1989）。

観光化による住民のリアリティ分裂の例

観光対象の客体化によって観光地の日常にもたらされるリアリティ分裂を、筆者はアジアの山岳民族の観光化に見てきた。その最も顕著な例はタイの北西部の観光村に「首長族」として住むことを「強制」されているカヤン族である（須藤 二〇〇八：四九—七〇）。タイ・メイホンソーン周辺の三つの観光村に分かれて住んでいる彼ら(5)は、元来主に一九九〇年代にミャンマーから逃れてきた難民であり、そのほとんどにはこの地に永住する意志はない。女性の首に真鍮のコイルを巻く習慣を持つカヤン族は、女性の耳に重い飾りを付けて耳を大きく、あるいは長くする習慣を持つカヨー族とカヤー族（この二民族は観光村に少数いるだけである）とともに、一九九〇年代半ばに国境の山中にある難民キャンプから、観光客にとってアクセスのいい平野部に移され、観光村を形成するようになった（三つの村それぞれ営業主体が異なるが、経営者はタイの軍あるいは警察関係者であると言われる)。カヤン族の首輪、カヨー、カヤー族の耳飾りは彼らの文化の誇りであり、彼らはそれらを身に付けることを「強制」されているわけではない。観光村では観光客が入場料金二五〇バーツ(一バーツ約三円)を払い、首、耳、足に「奇怪な」飾りを付けた女性たちと、彼らの生活を見学する。見学と言っても彼らには農地はほとんど与えられていないため生活空間は狭く、みやげもの用の民族服や小物を作る女性を見たり、売り子の女性を見るだけで、一時間もあれば見学は終了してしまう。彼らの収入は首や足にコイルを巻いた女性に支払われる給料(一カ月一五〇〇バーツ)と、みやげ物収入だけであるが、この収入さえ確保されれば(入場客がすくないと給料はカットされるが)、貧しい他の山岳民族の収入よりもはるかに良いとも言える。もちろん、電気もなく不衛生な暮らし(毎年のようにマラリアが流行る)は耐え難く、さらに医療費の出費があった際の負担は大きく、お世辞にも楽な暮らしをしているとは言えない。しかし、彼らの最も重要な関心事は、物理的生活環境に関わることよりも、彼らの「誇り」が「売り物」になり、さらにそれが「収奪」されていることにある。それは、彼らが自分たちの境遇を「人間動物園 human zoo」と表現していることに集約されている。観光者からの「まなざし」が一方的に注がれ、カヤン族が自ら文化を主体的に表現することはない(カメラに収まることが半ば強制され、園内での写真撮影にチップを要求することは禁止されている)。小一時間で撤収する団体観光客を相手に力なくみやげを売る。彼らのほとんどは英語を話せるにもかかわらず、欧米からの観光者が彼らと交流することはほとんどない。観光客用のゲートが開いている間、彼らは黙々とみやげを売り、カメラの被写体になるという「仕事」をしているが、観光客がいなくなる夕方五時頃以降、彼らの生活は一変する。村人たちはそれぞれに小さな集団になり、酒を酌み交わし、おしゃべりを始める。広場では子どもたちばかりでなく、大人までたわいのない遊びに熱中している。二〇〇七年のフィールドワーク中[6]は、ちょうど年一回おこなわれる村祭り（三つの村の住人が一カ所に集まる）の準備期間中であったため、観光客がいなくなった夕方から夜間にかけて、踊りやバレーボール（三つの村の対抗戦がおこなわれるという）の練習をしていた。彼らは、祭りは断じて観光客のためにおこなわれるものではないと言う。したがって、踊りの練習もけっして観光客に見せることはない。

カヤン族の村のフィールドワークをとおして明らかになったことは、彼らの日常は観光に売り渡すための「死んだ」日常と、それ以外の「生きる」日常とに分裂しているということである。彼らの生活のなかでは「観光用」の文化と「本来」の文化が分裂している。いや、むしろ「観光用」の文化を否定しつつ（しかし、それに規定されつつ）、「本来」の文化を創り上げていると言った方がよい。ミャンマー側のカヤー州に住むカヤン族では、首にコイルを巻く女性はほとんど見られなくなっていると言う。タイ側のカヤン族がミャンマーを離れて長くても三〇年であるが[7]、その間に「伝統」はそれぞれ創り変えられているのである。それにしても、である。「観光用」文化は彼らの誇りを表現することはない。「まなざし」の力の非対称性が明白だからである。

現在、カヤン族の三つの観光村が、「エコ・文化・ツーリズム」の村として、一つの村に統合されようとしている。フラワーガーデンと名付けられた村の外れの高台には、ステージを取り囲むように、観光用コテージが設けられ、宿泊者トイレやシャワーもあった（この村には日本のNGOが水道やトイレを設置していた）。ステージの前には、ここは「コミュニティに立脚した観光施設 community based tourism」でありエコ・ツーリズムである旨の看板が掲げられていた。首に真鍮のコイルを巻く奇習を持つ「難民」という「観光資源」は、サステイナブル・ツーリズムの味付けをされ、新しい「テーマパーク」のアトラクションになろうとしている(8)。

カヤン族の文化の観光化は、極端な例ではあるが、観光者と地域住民が持っていた〈他者性〉の贈与交換の可能性を観光の産業化が奪っていることを教えてくれる。そして、それは観光が元来持っていた魅力をすり減らすことにもつながってゆくのである。カヤン族の村に見られる観光対象の〈客体化〉とその非対称性という構造は――これほどあからさまではないにしても――先進国の観光地にも存在している。先進国においても、観光客とそれを後押しする観光業者が観光地に持ち込む文化と、観光地で生活をする住民の文化とでは、基本的にその「文脈」が異なることは、観光地を旅すれば誰でも気づく。

ただし、カヤン族の例では、「伝統」文化と、現代の消費文化としての「観光文化」との対立がはっきりしており、「伝統」文化とそれを支える人的、物質的基盤がすでに失われている他の観光地の例とは明らかに違う側面を持っていることも指摘しておく必要があろう。一般的には、観光文化が「伝統」から離床し、自律的なものになるにつれ、伝統社会の観光化とは違った構造を持つようになる。現代では観光の領域が市場に覆い尽くされつつあるなか、観光地の「伝統」文化と観光が持つ消費文化との差異は明確ではなくなりつつある。「伝統」文化のなかにあった〈他者性〉の交換は、「サービス」という形で、市場をとおしておこなわれるようになる。ここでは〈他者性〉の交換は、〈シミュレーション〉として、強化され生き残る。すなわち、「伝統」という「自然」の内にあった〈他者性〉の相互交換が、人工性を帯びた環境のなかで繰り返し作られ消費されるようになるのである。

このような現代の文化状況のなかで、観光文化の〈客体化〉の問題は複雑な様相を呈するようになる。作為的要素を増すとともに、創造的にもなるという意味において、再帰性を持つものとなる。すなわち、観光業者主導の人工的観光文化制作が観光権力の非対称性をより強化するという場合もありうるが、観光地住民を中心に観光文化創造がなされる例によく見られるように、観光文化がより主体的に表現され、その非対称性が解消されると見られる場合もありうる。しかしながら、その場合においても、観光文化の表現は前近代の「伝統」文化のそれとは明らかに違ったものとなろう。観光における〈他者性〉の交換が市場をとおして表現される場合でも、行政が政治的に表現する場合でも、住民のボランタリーな意志から表現される場合でも、現代において観光文化は、人工的な「作為」から離れることは基本的にはできない。次に、現代文化のポストモダン的あり方を反省的に考察しながら、「再帰的」になった観光文化の限界と可能性について考えてみたい。

3　ポストモダニズム観光文化と消費社会

観光が求めるリアリティ

前節では近代観光が持つ観光対象の〈客体化〉について、現代文化全体をも睨みつつ反省的に考えてみた。この節では、前節におけるテーマをも一部に含みながら、ポストモダニズム文化や消費社会化といったキーワードをもとに、そこから現代の観光文化および現代文化全体を見たときに何が問題となるのかを考えてみる。アーリが言うように「ポストモダンの様々な姿が、すでに現在の観光行為の中に予示されている」のであり「観光のまなざしは本質的に、現代の経験の一部であり、ポストモダンの一部」なのである（Urry 1990＝1995: 147）。観光現象に伴う観光者、あるいは地元住民のリアリティのあり方の特徴が、ポストモダン文化が持っている再帰的な特徴と重なること、また観光が持っている文化の多くがポストモダニズムの文化そのものを消費するものであることからも、ポストモダニズム文化の特徴から観光文化について考察することが有効であると思われる。

観光が作り出すリアリティ感覚には、常に〈本ものらしさ authenticity〉とそこからの距離が含まれている。前節で焦点を当てた観光対象の〈客体化〉と観光地の「リアリティ分裂」の問題も、〈本ものらしさ〉の〈客体化〉と「分裂」の問題として理解できる。観光社会学は、観光が持つ表象が「本もの」であるかどうかという議論に、批判的にであるが、常に注目してきた。文化は一般に〈本ものらしさ〉の感覚を含むが、社会学は通常、その感覚が真であるか偽であるかを問うのではなく、対象の〈本ものらしさ〉が人々の間にどのようにして生まれ、どのようにして消失してきたのか（またはどのように再創造されようとしているのか）といった問題設定をする。観光社会学もまた、観光が持つ記号という〈虚構〉がオリジナルを正しく代理しているかどうかを〈本ものらしさ〉の基準にするのではなくて、オリジナルと記号との対応関係が人々にどれくらい「信じられ」ているのかを〈本ものらしさ〉の基準とし、さらにその信憑性がどのように変容するのかを問おうとする。

観光には「本もの」が求められているのではなくて、〈本ものらしさ〉が求められているのである。このことは実は、現代文化の問題一般にも通底している。〈本ものらしさ〉の信念や自明性の揺らぎ、〈虚構性〉の前景化は何も観光だけに限られるわけではない。これらは〈ポストモダニズム〉と言われている文化現象に共通するものである。観光は〈ポストモダニズム〉の文化現象が持つ特徴をはっきりと示してくれる。そしてそれらは、我々の文化のある種の病理でもあり、また敢えて言えば可能性でもある。

この節では、現代文化の特徴を色濃く持つポストモダニズム文化を、批判的に分析するなかで、観光文化について反省的に考察しようと思う。すなわち、それは現代文化の特徴と現代の観光文化の特徴を重ねて見てゆくことである。

ポストモダン文化と人工的なリアリティ

前近代において〈本ものらしさ〉を裏から支えていたのは、伝統の権威や宗教が持つ「摂理」であった。近代においては、権威や宗教に代わって、理性や進歩の「摂理」が〈本ものらしさ〉を担保した。一九八〇年代以降のポストモダンの状況とは、〈本ものらしさ〉を保証する前提を失った状況を言う。〈本ものらしさ〉の後ろ盾を失った、移ろいやすい、あるいは多種多様な表象作用は、我々の経験を、分類カテゴリーが不明確で、多義的なリアリティへと導く。

アーリやラッシュが言うように、伝統や理性といった後ろ盾を失い、自明の真理という基準点を失ったポストモダン文化は、「その構造的特性が〈脱分化〉であるような意味制度」(Lash 1990=1997: 149)たらざるを得ない。こうして世界の「分け方」が自明ではなくなったポストモダン文化は、近代が前提として持っていた「進歩」や「発展」や「正義」といった「メタ物語(大きな物語)」(リオタール)を暴き出すことによって、かえってそれらを宙づりにしてしまう。同時にそれは、それの出自であるモダニズムの理性主義に対抗して、表象によるリアリティの「創造性」に注目するようになる。こうして、近代における表象のあり方――代表性や一義性――を超え出ようとするポストモダン文化は、総じて、リアリティの〈脱分化〉、そして〈メタ物語〉の否定と同時に、「人工性（あるいは〈虚構性〉）」や「多義性」を強調するようになる。

ポストモダン文化におけるリアリティの人工的「創造性」の強調は、前述したような意味作用のあり方そのものから導き出されたものである。ポストモダン文化においては、モダニズムが、その典型であるリアリズムをとおして問題化した――ラッシュはリアリズムをモダニズム文化の到達点であるという――表象がいかに実在を代表（代理）するのか、といったようなことはもう問題とはならない。ポストモダン文化の関心事はただ、指示対象でもありシニフィアンでもあるという「表面的」な表象が、多義的なリアリティをいかに構成するのかにある。

ギデンズがポストモダン文化のことを「モダニティの特性に対する〈美学的省察〉の諸様相と関係している」と言うように、この表現運動は建築デザインに始まり、文学、絵画、映画等芸術の表現様式へと伝播していった。総じて言えることは、モダニズムの美学が指示対象の本質を表象しようという「美的合理性」（アドルノ）の追求を目指したのに対し、ポストモダンの芸術作品は、オリジナルなきコピーの意味作用が構成する、人工的で多義的なリアリティの世界を切り開いたということである。

特にここでは、リアリティの自明性を崩壊させるポストモダン文化が、消費社会の進展という背景を持っていることも強調しておこう。F・ジェイムソンによれば、消費社会においては、商品化された文化は次第にその実在そのものから遊離し、差異化を繰り返しながら多様な形へと変化してゆくという

(Jameson 1983=1987: 229)。フェザーストーンも同様に、消費社会の文化の特徴である記号の過剰生産と指示対象の消滅が、文化を社会生活の中心へとおしやり、人工的で表出的なライフスタイルを作ることを強調している (Featherstone 1991=2003: 39-62)。これは、J・ボードリヤールが〈シミュラークル〉と呼んだ世界とほぼ同一である (Baudrillard 1981=1984)。ここではオリジナルをシミュレートしたはずの表象が自立し、〈シミュレーション〉こそが「本もの」とされる。消費社会のなかで購入した商品に張り付いた記号が作り出す「美」が、他人との差異、あるいは今までの自己との差異を浮き立たせ、それが「価値」となって流通する。我々はそれが「〜のようなもの」(=〈シミュレーション〉)であることを知りつつ、その価値をその時々において断片的に信じる他はない (Baudrillard 1981: 1-20)。〈礼拝的価値〉(ベンヤミン) を失うことによって自由になったこの意味作用の体制は、近代のなかにすでに含まれていた〈再帰性〉の徹底化と共に、消費社会化の進展によって方向づけられてもいる。

実在と表象を対応させていた権威 (〈アウラ〉と言ってもいいだろう) の喪失、その結果としての実在のなかに特定の指示対象を持たない表象の増殖、〈シミュレーション〉の普遍化、文化の〈脱分化〉(=〈内破 implosion〉) といったポストモダン文化が持つ意味作用の特徴は、現代の観光文化の中にも色濃く見られる。現代の観光文化も、ポストモダン文化同様、〈シミュレーション〉へと向かう消費文化の可能性と限界を、あるいは権威 (〈アウラ〉) から自由になった表象作用の可能性と、逆に権威 (〈アウラ〉) を失ったが故の限界を持っている。次に、ポストモダン文化の一つとして、現代の観光文化の特徴に立ち入ってさらに考察してみよう。

観光文化の意味作用

江戸時代の伊勢参りから現代の海外旅行に至るまで、観光とは元来、表象が先行する現象である。ただ、先に述べたように江戸時代の伊勢参り、四国遍路、善光寺や金比羅参りのような巡礼観光は、濃厚な民間信仰の権威に基づく熱狂が背景にあり、旅の「現実」に対するリアリティの濃さは現代の観光の比ではなかったのではないか。前近代の旅の非日常空間はもう一つの集合的リアリティを構成していたのである。

現代の観光はどうか。我々はそれが「本もの」ではなく、いや「本もの」であったとしても、記号の演出が人工的に施されていることを薄々（いや明確に）知っている。そうであるからこそ、悲惨な戦争がおこなわれた戦跡でさえ、気軽に観光できるし、本来危険な自然にさえも、近代的な交通機関や装備の元で、気軽にアクセスすることができる。したがって、こう言うことができる。観光はいつでも表象が実在に先行するのであるが、前近代社会の観光現象においては、習俗や宗教の権威が表象のリアリティを担保していた。また、「お蔭参り」のような熱狂的な観光ブームのなかで膨張した表象は、超越的な〈他者性〉のリアリティを持ち合わせていた。一方、現代の観光現象においては、権威が霧散した分自由になった表象が人工性を増殖させ、その「濃い」リアリティを信じなくても、それが示す快楽は人工的環境のなかで成立するようになる。すなわち、我々が観光で見ているのは〈シミュレーション〉の観光空間なのであり、表象と実在との対応関係は、ポストモダニズムの表象のあり方と同じように自明性をすでに失っている。

例えば、先に触れた由布院温泉は「癒しの里」と言われているが、それが「本当」であるかどうかは、「ホスピタリティ」も含めた、その〈シミュレーション〉のあり方にかかっているし（由布院はそれが比較的成功している）、また、観光者もそのことをよく知っている。数年にわたる筆者の調査によれば、「癒しの里」という表象が持つべき「濃い」リアリティは、一般的に言えば、初めから期待されてはいない――つまり「本もの」かどうかは問題にされないが、「本ものらしい」かどうかが問題とされている。それらしく、空間と人間のサービスが演出されることが求められるのであり、けっしてそれ以上のものが求められている訳ではない（須藤、遠藤 二〇〇五、須藤 二〇〇八）。

自立した表象が作り出す現代の観光の典型がディズニーランドである。G・リッツァが言うように、ここの原理は近代の合理性であり、予測可能性と計算可能性、コントロール技術により無菌化されたビジネスなのである（Ritzer 2005=2009: 138-172）。ディズニーランド（リッツァはディズニーワールドについて語っているのだが、ここでは一般的にディズニーランドとしておこう）についてリッツァが強調するのは、脱魔術化を推進する消費社会の官僚制的システムと技術が、非日常の魔術的な領域をも取り込んでしまうということである。脱魔術化された魔術、コントロール技術による魔術化こそがディズニーの世界なのである。〈脱魔術化〉（ウェーバー）の〈魔 Zauber〉の意味に〈聖〉なる世界からの〈顕現〉（エリアーデ）という意味が含まれているという見田宗介の説を借りて言えば、〈脱魔術化〉を前提に〈再魔術化〉されたディズニーの世界においては、前近代の旅が持っていた日常性の外部が持つ〈他者性〉との〈交換〉の可能性は予め閉め出されている（見田 二〇〇六：五〇―六八）。

さらに、リッツアやブライマンは、シミュレートされたスペクタクルが、テーマパークばかりではなく、ショッピングモール、カジノ、クルーズ船、レストラン、博物館等、現代の〈消費手段〉を覆い尽くすと言う（Ritzer 2005，Bryman 2004）。ディズニーランドの原理とは、シミュレーションによる、空間と人間における〈非日常性〉や〈他者性〉のコントロール技術なのである。観光文化は表象が作り出す現代の意味作用の体制にあって、〈シミュレーション〉による〈アウラ〉なき「アウラ」の再創造（＝〈再魔術化〉）に向かっている。

4　他者性へと開かれた観光へ

2、3節をとおして我々は、観光における他者性の摩耗と、そのことが引き起こす観光地のリアリティの消耗について、現代の観光のあり方を反省的に分析してきた。そのことを踏まえ、この節においては、現代における観光文化の限界に少しでも風穴をあける道筋について考えてみたい。

前節においてリッツアの消費社会論を取り上げる中で、日常生活の〈脱魔術化〉によって排除された〈他者性〉への渇望は、市場のなかでコントロールされた形で復活することを指摘した。リッツアは、市場外の〈魔術〉が市場内化されることを強調したが、実際には〈魔術〉がすべて市場化し尽くされることはない。再生産領域の担い手がいなくなり、生殖や子育てさえ誰もが拒絶したときに、生産領域そのものが終了してしまうのと同じように、市場の外部がなくなったとき市場そのものも消失してしまうからである。これを観光に言い替えれば、コントロールが隅々まで行き届き、観光に〈外部〉がなくなる時が「観光の終わり」（アーリ）を意味するからである。

「観光の終わり」を遠ざけるために、すなわち、観光文化にリアリティ創造を促す、観光参加者（生産者と消費者）の対等なコミュニケーションと〈他者性〉を復活させるためには、二つの道が可能性として存在する。一つは市場内に〈他者性〉を引き入れ続けることであり、もう一つは市場内化された〈他者性〉を市場の外側に出すこと――実際には、両者の混合形が多いのであるが――、である。

前者の性格が濃いものに〈サステイナブル・ツーリズム〉の運動がある。「エコ・ツーリズム」や「グリーン・ツーリズム」等のサステイナブル・ツーリズムの運動は、「市場化」から遠ざかる後者の道であるようにも見えるが、むしろ筆者は前者の性格が強いと考える。

後者は観光化を批判する運動としてのパラドキシカルな「観光地」づくりである。筆者が、二〇〇三年から二〇〇六年までフィールドワークをおこなったハワイのモロカイ島における「観光化」反対運動は後者の性格が強いものの一つである。

高級観光地として有名なマウイ島のすぐ隣、朝晩のみ連絡船が通うこの島は、一九八〇年代までは観光開発から取り残されていた。このことは、ネイティブ・ハワイアンが中心の伝統的なコミュニティの存続には大いに役立ってもいたが、一九八〇年代末から始まった急激な観光開発は、住民の反発を生むことになる。この島において、観光開発業者と地元住民との対立を作り出している第一の原因は土地問題である。この島では観光開発が完全に、島の三分の一の土地を所有するモロカイ・ランチ（パイナップル産業が使っていた土地を引き継いだ外資が所有する）の意志で決まる。もちろん、失業率が一〇％を超えるこの島では、観光による雇用はのどから手が出るほど欲しいことは言うまでもない。観光で得た収益の多くは外部の業者に持って行かれてしまうにしても、雇用は魅力なのだ。それを知っているモロカイ・ランチは開発賛成派の従業員のバックアップも受けつつ、生態系を破壊しかねないサファリ・パークの事業なども強行していった。

しかし、水源が限られているモロカイ島では水不足がネックとなった。一九八〇、九〇年代には、リゾートのいくつかのエリアが、観光開発反対運動家のグループによって、水の供給を妨害されている。また、観光開発に合わせて呼び込んだクルーズ船への水の供給も妨害される事件があったという。したがって、現在では、開発業者が、観光開発をおこなうためには、住民と開発業者の委員会（Enterprise Community、ECと呼ばれている）で話し合いをする取り決めになっている。

何回かのフィールドワークをとおして明らかになったことは、ネイティブ・ハワイアンの島民にとっては、観光開発はそれから得る雇用という利益よりも、彼らの誇りと土地が奪われる損害の方が大きいということである。特に、島外の業者による開発が進むエリアには、彼らが伝統的に「神聖な」場所として守ってきた場所が多くある。島民たちは聖なる土地が「ハオリ haole（白人を指す逆差別用語）」たちに奪われることを何より嫌悪していた。島民たちの土地に対する執着には二つ理由がある。一つは土地の値上がりである。彼らの子どもたち（子沢山家族が多い）は、家を借りている場合が多く、その家賃もまた急速に値上がりしている。結局、土地の値上がりでネイティブ・ハワイアンたちが島から追い出されているのである。もう一つは、彼らが、土地には先祖の魂が存在している、土地とそこに生育するタロは同一であると信じていることである（特に株分けをするタロイモの元株 huli は先祖そのものであり、タロの水田には先祖の魂が宿っていると信じている）。彼らにとって、そもそも土地は売り買いするモノではないのだ。このようなことから、一九八〇年代より、この島では数々の開発反対運動が繰り広げられており、ゴルフ場開発をおこなった日本のデベロッパーも撤退を余儀なくされ、サファリ・パークも閉鎖された。また、二〇〇三年には島の観光化の起爆剤だったシェラトン・ホテルも撤退し、モロカイ・ランチが自らホテル経営を始めたが、二〇〇八年にはそのホテルも営業を停止している。

こうした状況のなか、ネイティブ・ハワイアンを中心とするモロカイ島の島民のいくつかのグループは、大規模な観光開発に反対し自らの土地を守るため、独自の文化観光の取り組みを始めた。そのなかの一つ、ハラヴァ谷（Halawa Valley）の自然を保護し、タロパッチ（タロイモの水田）を再興し、エコ・文化観光を創造する運動を筆者は調査した。筆者は、この運動のリーダーのローレンス・アキ氏の元に何度か通い、また、二〇〇六年の冬には二週間、彼の家に居候しながらフィールドワークをおこなった。

文化観光プロジェクトのリーダーでネイティブ・ハワイアンのアキ氏は、一九六〇年代まで電気も通わない谷で、三世代同居の伝統的な暮らしをしていたという。彼はこの谷に九歳まで住み、フラ（hula）やメレ（フラに伴う歌 mele）等を祖父から習った。二〇〇三年、アキ氏は数十軒にも及ぶこの谷の土地の所有者の内の一六軒をまとめ上げ、共同組織（Halawa Valley Cooperative）のリーダーとなった。

それまで彼は、前述したシェラトン・ホテルで働いていた。彼はこのホテルに勤めながら、ハラヴァ谷でネイティブ・ハワイアンの文化を紹介する文化ツアーを手伝っていたのである。二〇〇三年にシェラトンがモロカイ・ランチから撤退してから、彼は谷を再興する運動に専念することを決心した。伝統的生活から一度抜け出したアキ氏はここで再び、伝統――ここではすでに一つの〈虚構〉である――を再興する道を再帰的に「選んだ」のである。共同組織はＮＰＯ（Halawa Taro Restoration）として、国や州の補助金を得ながら運営している。補助金とタロイモの収益はあまり安定した収入とは言えない。最も安定した収入が文化ハイキング・ツアー（ネイティブ・ハワイアンの生活の跡や宗教的な場所を紹介しながら谷の最も奥にある滝まで歩く Cultural Hike）によるものであり、農地の開墾の方は、他のメンバーにまかせ、アキ氏はハイキングガイド中心の生活を送っている。

この事業は、元来シェラトン・ホテル（モロカイ・ランチ）がおこなっていたエコ・ツーリズムをホテルから独立させ、ネイティブ・ハワイアンの文化復興運動として始めたものである。この意味においては、この観光は、従来市場内にあったものを一部市場の外に出し、観光化反対運動と文化復興運動のために利用したものと言える。しかしながら、ツアーの予約を自宅だけで受けるわけには行かず、町にあるアウトドア・ショップ等にもコミッションを払い依託していることからわかるように、実際には、市場も一部利用してはいる。しかしながら、この事業が島民の熱い支持を受けたものであり、一つの伝統創造（復権）運動であることは明白である。モロカイ島にはこの他、観光化反対運動で有名なウォルター・リッティ氏のグループが運営する教育用フィッシュポンド（ネイティブ・ハワイアンの伝統的な養魚法）がある。彼も島外の小学生から大学生までを対象とした文化ツアーをおこなっている。観光「サービス」から再帰的な「運動」へ、それが、彼らが「選んだ」観光のあり方（＝〈虚構〉の作り方）である。

国内においても、先に取り上げた由布院において、外部からの来訪者を巻き込み（旧来の意味で観光者とは言えないが）、高齢化によって放置されている農地を、「ボランティア観光」者の手を借りて、アイガモ農法で復興させようとするグループもある。また、由布院の隣の安心院（宇佐市）では、農業を体験しながら、農家に宿泊するグリーン・ツーリズムが（問題を孕みつつも）軌道に乗っている。観光が作り上げたものを市場外の運動として利用するもの、市場内の観光に交流運動的要素を取り入れたものも、実際には混在しているため、両者を明確に区別することは難しい。どちらの要素が強い場合にも、そこには〈虚構〉としての現代観光文化の特徴を持ちながら、市場の限界を超えた「相互作用」や〈他者性〉を多少なりとも持ちうる。どの方向が最も可能性を持ちうるのかは実践で試すしかない。

もう一度強調しておこう。一連のフィールドワークをとおして明らかになったことは、産業としてであれ、文化運動としてであれ、〈他者性〉を解放する観光には、現代の観光文化には表象の人工性、すなわち演出や演技という〈虚構〉がつきまとうということである。ポストモダニズムの文化運動に代表されるような、〈虚構〉を伴った表象作用が、不安定ながらある種のリアリティを作為的に創造する文化パラダイムを、良くも悪しくも観光は持っている。観光による文化創造の実践のなかでは、〈虚構〉が表象するリアリティが「生きて」いるかどうか、そして〈他者性〉へと開かれているかどうかが、問われているのである。

【注】

（1）一九三〇年代にはL・フォン・ヴィーゼらドイツの研究者の間で観光の社会学的研究がなされていたという。（Cohen 1996: 51）

（2）ハワイの観光文化の文化客体化を問題にした山中速人や、沖縄の観光文化の政治性を論じた多田治のように、文化の政治に注目した社会学者もいた。
（3）「湯治場」から「温泉地」へと変容したときの温泉観光における関係の変質も同様。
（4）東京ディズニーランドのコアなファンが、キャストのファンになり個人的なコミュニケーションを持っている等、「枠付けられた楽しみ方」を超えている例を筆者はいくつか確認している。
（5）この他にチェンマイ、チェンライ近郊にもいくつかの観光村があるが、そこに暮らすカヤン族の多くは難民ではなく、ミャンマーからの出稼ぎである。
（6）フィールドワークは二〇〇六、二〇〇七、二〇〇九年の三回おこなっている。
（7）ミャンマー側への密入国、逆にミャンマー側からの密入国も日常的におこなわれている。
（8）二〇〇九年七月末現在、この観光用宿泊施設はほとんど使用されていないようであり、水道は止められ廃墟のようになっていた（それでも泊まっている外国人を筆者は見たが）。また、ナイソイからフアプーケンへの移住、フアプーケンへの観光集中計画も、一時は成功したように見えたが、移住した家族の多くは再びナイソイへ、あるいは難民キャンプへと帰還してしまった。フアプーケンの「エコ文化ツーリズム」計画は頓挫しているように見えた。

【参考文献】

上野千鶴子、一九八二、『セクシー・ギャルの大研究――女の読み方・読まれ方・読ませ方』光文社
――、一九九八、『発情装置――エロスのシナリオ』筑摩書房
神崎宣武、二〇〇四、『江戸の旅文化』岩波新書
菅康弘、二〇〇七、「田舎暮らし――住を〝選択〟することの意味とは」小川伸彦・山泰幸『現代文化の社会学入門』五九―七八頁、ミネルヴァ書房
国土庁大都市圏整備局編、一九九二、『商業機能によるまちづくり戦略』大蔵省印刷局
佐藤誠、一九九〇、『リゾート列島』岩波書店
重信幸彦、二〇〇〇、「春はバスに乗って――昭和初期・別府における交通と、遊覧の空間の成立に関する一考察」『叙

説XX』花書院
須藤廣、二〇〇八、『観光化する社会――観光社会学の理論と応用』ナカニシヤ出版
須藤廣・遠藤英樹、二〇〇五、『観光社会学』明石書店
多田治、二〇〇八、『沖縄イメージを旅する』中央公論社
新潟日報報道、一九九〇、『東京都湯沢町』潮出版社
橋本和也、一九九九、『観光人類学の戦略――文化の売り方売られ方』世界思想社
松田忠徳、二〇〇七、『江戸の温泉学』新潮社
見田宗介、二〇〇六、『社会学入門――人間と社会の未来』岩波書店
安福恵美子、二〇〇六、『ツーリズムと文化体験』流通経済大学出版会
山下晋司、二〇〇九、『観光人類学の挑戦――新しい地球の生き方』講談社
若林幹夫、二〇〇三、『都市への／からの視線』青弓社
Baudrillard, Jean, 1981, *Simulacres et Simulation*, Éditions Galilée, Paris.（＝一九八四、竹原あき子訳『シミュラークルとシミュレーション』法政大学出版局）
Boorstin, Daniel J., 1962, *The Image; or, What happen to the American dream*, New York: Atheneum.（＝一九六四、星野郁美・後藤和彦訳『幻影の時代――マスコミが製造する事実』東京創元社）
Bryman, Alan, 2004, *The Disneyization of Society*, London: Sage Publications.（＝二〇〇八、能登路雅子・森岡洋二訳『ディズニー化する社会――文化・消費・労働とグローバリゼーション』明石書店）
Desmond, Jane C., 1999, *Staging Tourism*, Chicago: The University of Chicago Press.
Doxey, George V., 1975, "A causation theory of Visitor-Resident Irritants: Methodology and Research inferences", *6th Annual Conferences Proceedings of the Travel Research Association*, San Diego 195-198.
Featherstone, Mike, 1991, *Consumer Culture and Postmodernism*, London: Sage Publications.（＝二〇〇三、小川葉子・川崎賢一編訳『消費社会とポストモダニズム下巻』厚生閣）
Graburn, Nelson H. H., 1989, "Tourism; The Sacred Journey", Valene L. Smith eds., *Host and Guest: The*

Anthropology of Tourism, 21-36.

Hobsbawm, Eric and Ranger, Terence, eds., 1983, *The Invention of Tradition*, Cambridge University Press.（=一九九二、前川啓治・梶原景昭他訳『創られた伝統』紀伊國屋書店）

Jameson, Fredric, 1983, “Postmodernism and Consumer Society”, Foster, Hal eds., *The Anti-Aesthetic: Essay on Postmodern Culture*, Bay Press, 111-125.（=一九八七、室井尚・吉岡洋訳「ポストモダニズムと消費社会」『反美学』勁草書房、一九九一三〇）

Lash, Scott, *Sociology of Postmodernism*, London: Routledge, 1990.（=一九九七、田中義久・須藤廣・佐幸信介・清水瑞久・宮沢昭男訳『ポスト・モダニティの社会学』法政大学出版局）

MacCannell, Dean, 1973, “Staged Authenticity: Arrangement of Social Space in Tourist Settings”, *The American Journal of Sociology*, Vol. 79, No. 3, Chicago: University of Chicago, 589-603.（=二〇〇一、遠藤秀樹訳『演出されたオーセンティシティ――観光状況における社会空間の編成』奈良県立商科大学「研究季報」第一一巻第三号）

――――, 1999, *The Tourist A New Theory of The Leisure Class*, Berkeley: University of California Press.

Mead, George Herbert, 1934, *Mind, Self, and Society*, ed. C. W. Morris, University of Chicago.（=一九七三、稲葉三千男・滝沢正樹・中野収訳『精神・自我・社会』青木書店）

Ritzer, George, 2005, *Enchanting a Disenchanted World*, Thousand Oaks: Pine Forge Press.（=二〇〇九、山本徹夫・坂田恵美訳『消費社会の魔術的体系――ディズニーワールドからサイバーモールまで』明石書店）

Urry, John, 1990, *The Tourist Gaze: Leisure and Travel in Contemporary Societies*, London: Sage Publications.（=一九九五、加太宏邦訳『観光のまなざし――現代社会におけるレジャーと旅行』法政大学出版局）

――――, 2002, *The Tourist Gaze: Leisure and Travel in Contemporary Societies Second edition*, London: Sage Publications.

第5章　カミングアウトするCDとカミングインするTS
日本におけるトランスジェンダー現象の社会学的一考察

鈴木健之

1　はじめに

本稿は日本における「トランスジェンダー現象 transgender phenomena」について社会学的考察を試みようとするものである。トランスジェンダー現象とは、一方で、男性から女性へ、あるいは女性から男性への性別の越境、すなわち性転換（male to female transsexual = MTFTS, female to male transsexual = FTMTS）を意味するが、他方で、男性による女性的文化への越境、あるいは女性による男性的文化への越境を意味する。ここで議論したいトランスジェンダー現象は、「男性」から「女性」への方で、男性から女性への性転換、いわゆるMTFという現象と、男性による女装、いわゆるクロスドレッシング（crossdressing = CD）という現象である。

まず、性転換という現象あるいは性転換者（transsexual = TS）であるが、こうした現象・人びとは、MTF、FTMのいずれかを問わず、非当事者にとっては理解がひじょうに困難である。一般的な男性は、生まれの性別が男性ならば、男性としての自覚をもち、男性としての社会的役割を果たしていくことを期待され、実際にその役割を果たす。同様に、一般的な女性は、生まれの性別が女性ならば、女性としての自覚をもち、女性としての社会的な役割を果たしていくことが期待され、実際にその役割を果たす。この社会的な期待を裏切るのがTSという存在であるからだ。TSの人びとは、生まれの性別(sex)と性別の自覚(gender identity)が異なり、生まれの性別とは異なった社会的役割(gender role)を果たそうとする人びとである。彼・彼女にとって、重要なのは、身体的かつ社会的に性を変えること、そして、生まれの性別とは異なった性で生きることである。そして何よりも重要なことは、彼・彼女が「彼」、「彼女」にしか見えないこと、そして社会に「自然に」溶け込むことである。TSの人びとにとっては、「カミングアウト coming out」よりもむしろ、「カミングイン coming in(生まれの性別とは異なった性別の世界に入り込むこと)」が、さらに非当事者に「違和」や「当惑」を感じさせずに、生まれの性とは異なった性別で社会的に通用すること、社会学者ハロルド・ガーフィンケルの言葉を借りれば、「パス」し続けること(passing)が求められるのだ。[1]

これに対して、CDという現象であるが、これは〈おもしろい〉「パフォーマンス」として理解される社会的現象である。この意味においてのみ、男性の女装は許されるのである。TSが日常的にカミングインする現象であるのに対して、CDは非日常的に「カミングアウト」する(目立とうとする)現象である。わたしたちの社会では、日常的・社会的に、女性による男装が許容されているのに対して、男性による女装は社会的に許容されていない。女性はスカートもズボンもはけるが、男性がスカートをはくことは許されない。しかし、CDは、それを「パフォーム(演じる)」空間=舞台があり、見せる側（パフォーマー）と見る側（オーディエンス）の関係が成立すれば、女装は許されるのである。[2] CDの本質は「笑える」、あるいは「おもしろい」というところにあると言ってよい。したがって、日常的な空間にCDが「常時」入り込むことは許されないのである。男性による女装が無限定的に、日常的に許されるのは、女性による女装と同等のものかそれ以上の場合である。女性による女装と同等で、かわいく女の子にしか見えない男の子（例えば、二〇〇八年『学校へ行こう！MAX』[3]の「女装パラダイス」に登場した男子中高生、大学生たち）や、女性よりも美しい「男性」（例えば、芸能界では、美輪明宏、ピーター）はCDの世界を超えているのであり、一方で「世俗的」、他方で「超越的」、ある意味、「宗教的」で「究極的」な美を体現しているのである。[4]

2　カミングアウトするCD

CD者は非日常的な時空間で「カミングアウト」する。否、彼らは非日常的な時空間でしか、カミングアウトできない。したがって、CD者は「クローゼット」の中で（in the closet）、そして今、「インターネット」というサイバースペースにおいてCDを実践するのである。

あるCD者の場合を考えていこう。彼の年齢は現在、五〇歳少し前。彼のCD歴は、変声期まえ、小学生の時からだというから、その歴史も長い。彼の最初の女装は「クローゼットの中」の母親のワンピースであった。下着もつけてみた。経験したことがない満ち足りた気分になった。当時、「女装」という言葉はすでにあった。しかし、「女男」はすべて「おかま」であった。以来、彼はおかまかそうでないのか、いわゆるセクシュアリティ、そしてジェンダー・アイデンティティに悩み続けることになった。本人いわく、そのころの女装はかわいかったとのこと。しかし、第二次性徴を迎え、中学生になると、すね毛が濃くなり、声も低くなり、身体が男性化してくる。ひどく絶望したのは、小学生の時に着られた例のワンピースが着られなくなってしまったときだった。彼は、中学に入ると、部活一筋となり、女装をしなくなった。というよりは、女装したい気持ちを抑圧した。しかし、抑圧された気持ちは必ずと言って解放を求めるものだ。高校の時、女装したい気持ちが抑えきれなくなり、ときどき女性用下着=パンティをはいて学校に通った。ブラは透けて見えたりするため、リスクが高く、所有はしていたが、学校にしていくことはなかった。CD者の中には、〈日常的な〉「インナー女装者」[5]がいることは当時の彼には知る由もなかった。彼は「止むに止まれず」インナー女装を実践した。彼がインナー女装者の存在を知ったのはずいぶん後になってからである。[6]当時の彼は、自分が「変態」、「変質者」の類に入るのではと思い悩んだ。今で言う「セクシュアリティ」についても思い悩んだ。男性が好きで女性として愛されたいのか。だから女装をしたいのかというと、彼の場合、そうではなかった。彼は言う。第二次性徴を迎えて、声変わりし、体毛が濃くなり、男性化する体がいやだった、と。かといって、女性になりたいわけではなかった。ただ、男性的ではない体のままでいたかった。彼が始めたCDという行為は、男性化する身体への抵抗として始まった。しかし、身体がすっかり男性化してしまうと、彼はあきらめざるをえなかった。男性化してしまった身体、顔、声はもうどうしようもない。CD者は、非日常的な空間で、限られた時間で女装する。それでよしとするのがCD者なのだ。当然、日常的に許されるのは、隠された、このような「インナー女装」でしかない。[7]

CDが社会的に許されるのは、非日常的な舞台が設定され、パフォーマー（女装者）とオーディエンス（観客）との相互作用が成り立つときでしかない。オーディエンスがCD者に対して「おもしろさ」を求めるとき、CD者は明らかに男とわかる不完全な女装者として、舞台に上がる。それとは対照的に、オーディエンスがCD者に対して「かわいらしさ」や「うつくしさ」を求めるとき、CD者は女性と同様に「かわいく」、あるいは女性以上に「うつくしい」完全な女装者として、舞台に上がる。CDが一方で「お笑い」の対象となり、他方で「尊敬」の対象となる。この点に関連して、教師でもある上述の彼は、「授業」で二種類のCD実験を行った。ひとつがクリスマス間近に行った「サンタミニ女装」、もうひとつが学生には何の前触れもなく突然行った「地味な女装」である。クリスマス女装は、サンタミニ、白タイツ、赤のブーツ、ロングのウィッグに赤い帽子、今時のメイクアップで、ある意味、完璧な女装である。しかし、男性が演じているのは火を見るより明らかである。女子学生には大いに受けた。しかし対照的に男子学生の反応は二つに分かれた。一方、地味な女装は、大学の女性事務員を完璧に演じるべく、それ風の格好をし、地味な黒髪ストレートボブのウィッグをつけ、年相応のメイクをし、授業の開始前に教室に登場し、「先生の到着が遅れています。三〇分ほど遅れるかもしれませんが、休講ではありませんので、このまま教室でお待ちください」とアナウンスするというパフォーマンスである。学生の反応はどうだったかというと、「地味」だった。地味な女装は、カミングアウトするCD本来のベクトルではなく、カミングインするTSのベクトルであったからだろう。ほんとうに事務の人が先生の遅刻を告げに来たと思ったという学生も少なくなかった。「お母さんに似ている」、「高校の英語の先生にそっくり」といった感想が多く、地味な女装は〈予期せざる結果〉となったようだ。

繰り返せば、男性による女装は「不完全」で「不安定」であるがゆえに、おもしろいし、楽しい。たとえて言えば、女装はモノマネに似ている。モノマネ芸人が本物の歌手を誇張して笑わせてくれるのと同じで、男の女装は誇張して女を装うから見ていておもしろいし、やっていて楽しい。だから「パフォーマンス」なのだ。ステージ、パフォーマー、オーディエンス。たとえば、日本の「宴会芸」。女装はうける宴会芸の定番である。これをさらに誇張したものがアメリカの「ドラァグ・クイーン drag queen」と言ってよいだろう。度派手なメイクとドレスは男も女もはるかに超越している。これに対して、日常的に、開かれた場所での男性による女装は、女性よりも美しく、でなければ、かわいくなければならない。頭の先からつま先に至るまで、完璧な女装でなければならない。こうしたCD者は稀有である。こうした完璧なCDを作り上げることができるのは、「テレビ」や「雑誌」でしかない。二〇〇八年はマスメディアがCDをカジュアル化し、一種の「女装ブーム」が作り出された年であった。上述した「女装パラダイス」や、「アニコレ」[8]では、CD者ではない男子学生やお笑い芸人の女装が大評判になり、大人気のコーナーとなった。番組に登場した男子学生は、ふつうの女の子よりもかわいかった。一方のお笑い芸人は、かわいい完璧な女装者から笑える女装者までバラエティに富んでいた。しかし、これは、スタジオという舞台、女装させるスタッフ、盛り上げ役のオーディエンスがいて初めて許され可能となる世界なのだ。いずれにせよ、完璧な女装には、何よりもまず、高度なファッションセンスとメイクアップ技術が必要とされる。これを一人の男性が習得するのは容易ではない。「かわいい」女にはなれない。かといって「美しい」女にもなれない。だから上述の彼は年相応の女装をしてみた。そうしたら、まさに年相応の地味な女になっていた。[9]

現在、ＣＤ者の世界は劇的な変化を遂げつつある。インターネットの登場である。インターネットという依然として閉じた世界であるが、密接で、濃密な世界が作り出されている。すべてインターネットを通じて、ウィッグ、洋服、靴、下着、メイクアップ用品等々、ＣＤに関するものはすべて手に入れることができる。動画のサイトでは、ＣＤ者のためのメイクアップ講座なる動画をアップしているＣＤ者もいる。ここ一〇年、こうした技術の進歩によって、ＣＤ術とＣＤ者は確実に進化した。しかしこうした女装もインターネットという「閉じられた空間」においてのみ許されているという点を強調しておかねばならないだろう(10)。

3　カミングインするＴＳ

いつの時代にも、どんな社会にも、男と女がいる（誤解を恐れずにいえば、男と女しかいない）。そして男は男らしくあること（男として男の役割を果たすこと）、女は女らしくあること（女として女の役割を果たすこと）を期待されており、わたしたちはその期待にこたえるべく、日々生活している。もちろん、性役割は固定的・絶対的なものではなく、流動的・相対的なものである。しかし、今・ここの性役割は「男は○○、女は○○」としてあらかじめ決定されている。でなければ、男である、女であることの根拠はなくなり、男であること、女であることが困難になるからである。

男性から女性への性転換者は、男として生まれたが、女としての自覚を持ち、女としての役割を果たそうとする。女性から男性への性転換者は、女として生まれたが、男としての自覚を持ち、男としての役割を果たそうとする。傍から見れば、性転換者は「異常」である。しかし当事者にしてみれば、男の体に生まれたが、女としての自覚がある限り、女として生きたい。そして女として愛されたい。女の体に生まれたが、男としての自覚がある限り、男として生きたい。そして男として女を愛したい。ここに至って初めて、性転換手術（sex reassignment surgery）が行われるのである。それは「人工的な行為」であるが、性転換者本人にしてみれば、本来の性に戻るために「不可欠な作業」なのである。[11]

目立とうとする、カミングアウトするCD者とは対照的に、TS者はできるだけ目立とうとはせず、カミングインしようとする。TS者にとって何よりも重要なのは、移行した先の性で「自然に」〈社会的〉生活が営めることなのである。しかし、これは、FTMよりもMTFの場合にその困難が大きい。外見の問題があるからだ。FTMは「ボーイッシュ」で通るのに対して、MTFは十把一絡げで「おかま」である。MTFTS者はふつうに女性として通ることが要求される。「クローゼット」の中にいて、情報と技術が欠けているMTFにとって、その問題は「ハードル」が高すぎるのである。多くのMTFTS者はTSであることを抑圧して、生まれた性で生きることを余儀なくされたのである。一時の解放を求めて、「女装クラブ」に行ってみたMTFTSもいるという。しかし、その方にとって、そこはCD者の非日常的な世界であり、TS者の世界ではなかったようだ。

「性同一性障害」という言葉がまだこの世に存在しない時代、かつてMTFの生きられる世界は唯一、「ニューハーフの世界」であった。ニューハーフの方々には失礼かもしれないが、社会学的にみてひじょうに興味深い点を指摘しておきたい。彼女たちは、完璧な女装を実践しており、ふつうの女性以上に美しく（あるいは、かわいらしく）、女性としての立ち居振る舞いをする。まさしく「超越的 trans」な存在である。彼女らは、「性を越えた人 "transsexual"」であると同時に、「社会（男の世界・女の世界）を超越した人 "transsocial"」である。二重の意味で〈TS〉なのだ。こうして彼女たちは、「ニューハーフ」であることを「カミングアウト」し、メディア（テレビや雑誌）に登場することになる。彼女たちはよく「女性以上に女性らしい」と言われることがある。それは、まさしく二重の意味でTSであるからだ。しかし、ニューハーフにとって「悲劇」なのは、男から女へ性を移行するプロセスの中で、美を追求すればするほど、女をも超えてしまうという点である。彼女たちの「目指すところ」はどこだろうか。あるニューハーフにとって、それは究極の美、ナンバーワン・ニューハーフかもしれない。

しかし、ニューハーフとして働き、身体を「改造」したら、あとは一般の女性として、生活したいと考えているニューハーフは少なくないのではないか。この疑問に答えてくれたのが、性同一性障害者であり、ニューハーフであった（ある）Aである[12]。彼女は、かつてニューハーフとして働き、身体を「改造[13]」し女性になった。その性の移行のプロセスにおいて、戸籍の性別の変更を認める法律（正式には『性同一性障害者の性別の取り扱いの特例に関する法律』という。以下、『特例法』と略記する）が制定された。彼女は身体的にも法的にも「女」になった。彼女のブログには「目標は○○〔彼女の名前が記されている〕であること」と書いてある。彼女は、ニューハーフであることを、いわば「手段」として、本来の性に戻るということを目的として、それを達成したのである。彼女は「女になりたいのではない。本来の性に戻る」のだと言う。そして、今、彼女は本来の性に戻り、身体的にもメンタル的にも法的にも社会的にも「女」になった。しかし彼女はこうも言う。「ニューハーフであることは忘れない」とも。

ニューハーフの世界に劇的な変化をもたらしたもの。それは上述の彼女も言うように、「特例法」の施行である。かつて、ＭＴＦＴＳの生きられる世界は「ニューハーフの世界」であった。彼女たちは、ニューハーフの店に出向き、先輩ニューハーフから「性の移行の手続き」について、そして「女磨きの術」を教えてもらった。しかし、彼女も言うように、インターネットの発達により、例えば、かつては入手が困難であった、身体の女性化に必要な女性ホルモン剤は、今や「ネット」を通じて簡単に入手できるようになっている。性の移行の手続きは、「お姉さん」ではなく、「ネット」を通じて知ることができるようになっているのだ。そして「特例法」の施行である。「ポスト特例法」の世代は、ニューハーフにならずに、「性同一性障害者」になろうとする。けれども、「人体改造」と「美容整形」には多額のお金がかかる。ニューハーフとして仕事をしてお金をため、人体改造等の作業が終了したら、「特例法」によって「女」になるというのがニュー・ジェネレーションなのだ。しかし今は、この性の移行に関わる費用を親が出すという時代に移行しつつあるようだ。自分の本来の性を自分の力で取り戻した彼女は言う。「ニューハーフがいたからこそ、あなたがいるということを決して忘れないで」と。

ＭＴＦＴＳは、女であり続けなければならない。そして、性同一性障害者とならねばならない。ふうに女として通り（パスし）、性同一性障害をもつとされて初めて、性別の変更が可能になり、法的な性別の移行が完了する。特例法は、すべてのＴＳを救うものではなかったけれども、確実にヤンガー・ジェネレーションのＴＳを救ったのである。この意味で、画期的な法律なのである。彼女は、現在、ニューハーフの仕事をやめ、女性としてふつうに暮らしている。今や、ＴＳは、ニューハーフとしてカミングアウトせずに、「性同一性障害者」となり性別を移行した後、カミングインすることが可能になったのだ。

4　CDとTSの社会学的考察

ここで、CDとTSに関して、若干の社会学的考察を試みたいと思う。第一に、CDとTSはわたしたちに「アイデンティティ」と「セクシュアリティ」の問題を提起する。わたしたちはふつう、男に生まれれば男らしく、女に生まれれば女らしく、育てられ、育っていく。これを裏切る存在がCD者であり、TS者であるからだ。わたしたちのジェンダー・アイデンティティは安定しているように見えて、実は不安定で、流動的なものではないのか。この点を彼・彼女らは示してくれている。上述したCD者の彼の場合はどうだろう。彼は物心ついたときから、CD者であったと言う。しかし、こうも彼は言う。もしもはじめての親密なパートナーが同性（男）で、そのパートナーの彼に女としての自分を愛したいと言われたならば、TS者になったかもしれないであろう、とも。彼のはじめての親密なパートナーは女性であった。以来、彼は、ヘテロセクシュアルであるが、仮に彼の初めての相手が男であったならば、ホモセクシュアル（あるいはバイセクシュアル）を自覚したかもしれない。CD者の多くはホモセクシュアルではなく、TSに移行する人も多くはない。しかし、彼のようなCD者の存在は、男性のセクシュアリティ、ジェンダー・アイデンティティが表面上は強固に見えても、実はひじょうにもろいものであることをわたしたちに教えてくれる。かくいう筆者は、CD（TS）には関心があるものの、CD者ではないと思う。しかし、実はCD者、あるいはTS者であるのかもしれない。わたしたち（この場合、一般の男たちの）セクシュアリティやジェンダー・アイデンティティは安定しているように思われる。しかし、例えば、CDする（女装する）ことで、たちまちセクシュアリティとジェンダー・アイデンティティは不安定になる。別の言い方をすれば、男性のセクシュアリティとジェンダー・アイデンティティは、CDすることで、「液状化」するのだ。もっと正確に言えば、男性のセクシュアリティとジェンダー・アイデンティティは、CDすることで、固形化したかと思えば液状化し、液状化したかと思えば気化し、気化したかと思えばまた固形化したり、固形化したかと思えば今度は一気に気化したり、気化したかと思えば今度は逆に一気に固形化したりを繰り返すのである。

しかし、CD者とTS者の境界線ははっきりと引かれているように思う。多くのCD者がMTFとならないのは、今、女として男に〈愛されたい〉と思わないからではないだろうか。[14] これとは反対に、FTMTSが、自らの性の移行を決断するのは、男として女を〈愛したい〉と思うからではないだろうか。上述したとおり、CD者は非日常的な、ときに超越的な存在であるのに対して、TS者は日常的な、社会的な存在である。その一つの証左として、ここ日本において、女装クラブ[15]はあるにはあるがそのほとんどは都市にしかなく、女装者のコミュニティはひじょうに限定されたスポット（たとえば、新宿二丁目）に点在するのみである（三橋　二〇〇八）。現在、CD者の多くは「一人」で、あるいは「ネット上」、さもなければ「女装系コミュニティ」で、「女装」している。これに対して、TS者がTS者であるのは、そのパートナーとの関係においてなのである。この相違点はきわめて重要である。つまり、「超越的なCD者」とは異なって、TS者は今・ここにいるその親密なパートナーとの関係があるからこそ、外面的・身体的な移行を、人工的ではあるが、自然な行為として理解し、実践していくからである。TS者とパートナーの親密性は、ホモセクシュアリティとヘテロセクシュアリティが絶えず反転しながら、作り上げられていくといってもよいのかもしれない。

こうしてCD者は〈閉じられた空間〉において「カミングアウト」し続け、一方、TS者は〈開かれた空間〉において「カミングイン」し続けるのである。CD者がTS者になることは理論的にも現実的にもありうるが、TS者がCD者になることは理論的にはありうるが現実にはありえない。TS者はすでにCD者なのだから。

第二に、カミングアウトするCD、カミングインするTSという現象は、きわめて日本的な特徴である点を指摘しておかねばならない。アメリカの場合、人権（自由と公正）を求めて、一九六〇年代には「公民権運動」、七〇年代には「女性解放運動」、八〇年代には「同性愛者解放運動」が展開された。そして九〇年代には遂に「TS者解放運動」が展開されるに至った。今、まさにアメリカは「TS」の時代であり、TSあるいはトランスジェンダー（TG）はアメリカ社会を相対化するときの重要な視点となっている（鈴木 二〇〇二）。アメリカでは、TS者はTSであることを「カミングアウト」し、TS者に対するあらゆる差別の撤廃を求めて連帯している。これに対して、日本の場合、多くのTS者はTSであることを隠して生活しており、まさしく「カミングイン」し続けている。この点に関して、アメリカでは人権意識が高いが、日本ではそれが低いと指摘してもあまり意味がないであろう。カミングアウトはお祭りの時だけで、つねに目立たずカミングインする社会、これが日本社会、日本文化なのだというべきなのだろう。アメリカ社会・アメリカ文化の際立った特徴は、絶えず「変化（change）」し続けていることにある。アメリカは人造国家である。だからこそ、アメリカ人は意識的にか無意識的にか「誰のためのアメリカか？」を自問自答してきたのである。だからこそ「カミングアウト」し、今・

ここにいるわたしが行動することで、仲間との連帯を築き上げてきたのである。これに対して、日本社会の際立った特徴は、「変わらない」ことにある。しかし、こうした日本において、たとえば、自らTS者であることを「カミングアウト」し、「性同一性障害」を日本社会に認知させた上川あや[16]と虎井まさ衛[17]の貢献はひじょうに大きい。アメリカにおいて、カミングアウトしたTSアクティヴィストのお陰で、TS者が社会にカミングインできるようになってきたように、日本においても、上川や虎井といったアクティヴィストのお陰で、TS者が社会にカミングインできるようになったからである。しかし、アクティヴィスト以外のTS者は目立ちたくない人たちであり、性を移行した後は、「ふつう」に暮らしたいと思っている人たちである。[18]「性同一性障害」という言葉が日本に定着し、「性別」が変えられるようになって以降、MTFTS者は〈「ニューハーフ」になる〉必要がなくなったかわり、〈「性同一性障害者」になる〉[19]必要が出てきた。戸籍の性別変更を認めたこの法律に対して、批判もあるようだが、この立法化は画期的であった。すべてのTS者を救えないのは問題であるかもしれないが、少なくとも、これからのヤンガー・ジェネレーション（アンダー25世代）のTS者は確実に救えるからだ。

アメリカでは、ホモセクシュアル、トランスセクシュアルの人びとはヘイトクライム（憎悪・嫌悪感が引き起こす犯罪――誹謗中傷に始まり、暴力、殺人に至るまで）の標的とされており、犯罪に巻き込まれる場合が少なくない。それに対して、日本では、人びともマスメディアも（そして宗教も）CD、TSに対してはひじょうに寛容である。たとえば、上述したように、CDは二〇〇八年には「ブーム」となり、はるな愛や椿姫彩菜といったTSの「アイドル」が登場するなどした。ここで特筆すべき番組は、CD者、ゲイの「おもしろさ」、「楽しさ」を見せつけて、わたしたちを魅了することで大人気を博し、人気絶頂の時に放送を終了させた『おネエ★MANS』[20]であろう。同様に、アメリカでも、ストレートなカップルの男性の方に女装をさせて、美を競い合うバラエティ番組や、ファブ・ファイブ（イケメンのゲイ五人組）が〈イケテイナイ男〉を改造するといったバラエティ番組、『クィア・アイ』（Queer Eye）[21]が大人気である。[22]日米問わず、CD、ゲイは「おもしろい」し、「うける」。しかし、アメリカにはTSのアイドルは存在しない。

5　まとめ

カミングアウトするCD、今まさにCDはブームである。女の子を超えた男の子のカワイイCDはテレビの中の世界で、日常の中の非日常的な空間の中で繰り広げられている。しかし今後、カワイイ男の子たちがテレビの中から出てきて日常的にCDを実践するとき、新しい関係性が築かれていくのかもしれない。クロスドレッシングし、かわいくなった彼は、ジェンダー・アイデンティティが揺さぶられると同時に、ホモセクシュアルな関係を築いていくかもしれない（もちろん、トランスセクシュアルとなり、ヘテロセクシュアルな関係に反転する場合もあろう）。カミングインするTS。それを逆手にとって、ポスト「特例法」時代において最初のアイドルとなった椿姫彩菜。彼女より年下のジェネレーションは「性同一性障害者」として社会的に認知されるようになってきており、雇用等（就職活動等）においても不当に差別されることはなくなってきているようだ。あるいは、ホモセクシュアル（この場合、男性同性愛者）が皆「オネエ言葉」で話すと誤解している方も少なくはないが、ゲイ＝変態という偏見はとくにヤンガー・ジェネレーションにおいてなくなってきている。日本でも開催されるようになった「レズビアン・ゲイ・バイセクシュアル・トランスジェンダー・プライドパレード」の主体はヤンガー・ジェネレーションである。また「セクシュアル・マイノリティ」と向き合い、対話し、理解することで、連帯するといった「イベント」も行われるようになっている。

今・ここにいる人との大切なつながりから始めること。これが社会であり、社会学の出発点はここにある。CDとTSはこの点をあらためて思い起こさせてくれる重要な論点なのである。

【注】

（1）日本における「性同一性障害者」のパッシングの実践については、鶴田（二〇〇九）の優れた研究がある。鶴田は、MTF・FTMがいかにして性別移行先の性であり続けようとするのかをエスノメソドロジーの手法を用いて記述・分析している。

（2）「女装家」三橋順子は、女装の文化史的研究『女装と日本人』（二〇〇八）において、女装の社会文化史的意味をあざやかに解釈してみせた。しかし三橋は、非日常的で、限られた（limited）時間、閉じられた（closed）空間において、例えば、お祭り、宴会、文化祭、テレビ番組などでの女装しか社会的に許容されないという点を見逃しているように思われる。

（3）TBS系列で火曜二〇時に放送されていたバラエティ番組。

（4）三橋が言うように、「日本人は女装が好き」なのだろう。しかし、その主張とは裏腹に、日本人は、非日常的な空間で行われる女装は好きではあるが、日常的な空間で行われる「かわいくない」「美しくない」女装を許してはいないのである。

(5) アウター(洋服)による女装ではなく、インナー(下着)による女装者をこう呼ぶ。

(6) 青山まりは、『ブラジャーをする男たちとしない女』(二〇〇五)の中で、「ブラジャーをする男たち」、言い換えれば、「インナー女装者」という〈セクシュアル・マイノリティ〉を初めて取り上げて話題になった。その本の帯には、精神科医の香山リカの「自由に下着が買えるようになって、女性性の部分が開花したのかもしれない」という推薦の言葉がある。しかし、この本の内容はともかくとして、香山のコメントは的を外していると言わざるをえない。自由に下着が買えない時代でも、男はブラをつけ、パンティをはいたのであり、インナー女装は、非日常的なCDを日常化するためのやむにやまれぬ選択なのだから。

(7) この点に関して、森岡正博が『感じない男』(二〇〇五)で行っている議論は興味深い。たとえば、森岡は、彼自身が、「女」そのものではなく、「セーラー服」に、あるいはミニスカートの「脚」に感じてしまうのはなぜなのかを自問し、その答えを、第二次性徴以降、失われていく「少女」の身体への強い憧れ(ノスタルジーといってもよいのかもしれない)に求めているからだ。森岡は男女問わず、つまり女装者のミニスカート姿であっても、ミニスカートからのびた美脚に強く惹かれるという。一方、多くのCD者は「きれいな脚」であることを実践したくなる衝動が繰り返し起こるという。脚から脛毛がすっかりなくなると、安心すると同時に、不安になってしまうらしい。その理由は、脛毛が生え揃うまで、見えないにもかかわらず、社会の目を気にしてしまうことにある。こうして見えないにもかかわらず、CD者は、腋毛を剃ったり、脛毛を剃ったりし、安心すると同時に、不安にさいなまれたりする。しかし、それは深刻な「悩み」でなく、一時的な「楽しみ」であるともいう。

(8) 二〇〇八年四月一四日よりテレビ朝日系で月曜二三時一五分から火曜〇時一五分に放送されている『お試しかっ!』の一コーナー。男性のお笑い芸人、役者が女装し、会場のオーディエンスが採点し、その美を競うというもの。

(9) わたしたちの社会では「男装」は問題にならない。もともと男は装うことを期待されていないからだ。女性がひげをつけて、男性のタキシードをまとい、踊りだせば、「宝塚の世界」になるのだが、女性が男性の衣服をまとっても何も問題にならない。男性の衣装はみせない(見せない、魅せない)ように作ってあるからだ。それに対して、女性の衣装はみせる(見せる、魅せる)ように作ってある。したがって、「女装」は誰よりも先に「女」に要求されるのである。女は、男に見せ、そして魅せるために、化粧をし、衣装を身にまとうのである。この性役割は、今・ここの社会では「普遍的」である。フェミニストがいかに異議を申し立てようと、これは真理である。女は「美しく」あろうとする。ここに男性が越境（トランス trans）してきたらどうだろうか。一般男性による女装は「ふつう」ではないので、傍から見て「気持ちわるい」だけである。しかし、女性による女装以上に、「美しく」、あるいは「カワイイ」男性による女装は尊敬されるのである。確かに、さまざまな文化・習俗において、男性による女装が見て取れ、女装文化の普遍性も読み取れる（三橋　二〇〇八）。しかし、男性による女装が許されるのは、日常的な水準では、女性以上に「カワイイ」、「美しい」場合に限られるのであり、大部分が非日常的な宗教的・儀礼的行為としてだけなのである。多くの男性女装者は「女」であり続けようとはしない。「祭り」が終われば、男の世界に戻っていくのである。

(10)　ここでCDに関して社会学的な問題を一つ指摘しておきたい。CDは、きわめて非日常的な、「閉じられた（closed）」空間で行われるものであるにもかかわらず、CD者（この場合、男性女装家）が（何を思ったか）自分たちの女装を社会的に認めろと主張したり、「性同一性障害」を自称したりして、日常的な、そして「開かれた（open）」空間に出てしまったり、挙句の果ては、「性別の自己決定権」までも主張したりしている。これは誤解を生じさせてしまう。私見であるが、CDは、非日常的で、閉じられた空間で行われるがゆえに、許されるのであり、かつ楽しいのである。フルタイムで（パートタイムでもよいが）パーフェクトなCDを実践できる人は、繰り返しになるが、稀有であり、超越的であり、神的である。それは、誰が見ても、パーフェクトであらねばならない。性別の自己決定権を主張することは正しい。しかし、社会的な性別は誰が決めるのか。それは、自分ではなく、他人（社会）ではないのか。

(11)　上述した彼のCDは「パートタイム」であり、「フルタイム」にはならなかったという。多くのCD者は「パートタイム」であり、「祭り」という非日常的空間においてのみ「公開（coming out）」するに留まる。しかし中には、例えば、三橋順子のように「女装家」として「男」から「女」への転換を図ったり、たまたまCDしてみたら、女の子以上にかわいくて、「トランスセクシュアル」として「男性」から「女性」へ性転換したりという人もいる。

(12)　以下の記述はAさんとのインタビューに基づくものである。Aさんからは実名を出してもよいとの承諾を得ているが、プライバシーに配慮し匿名とした。

(13) 彼女自身による命名。彼女いわく「わたしは科学＝医学の子」である。

(14) しかし、こうしたセクシュアル・オリエンテーションですら、絶対とは言えない。たとえば、たまたま、筆者は、ストレート（ヘテロセクシュアル）であるが、最初の性体験が同性であったならば、ゲイ、さもなければ、バイセクシュアルになったと思う。上述のAも指摘するように、トランスセクシュアルの問題は、セクシュアリティや親密性、最初のパートナーとの性的関係がきわめて重要なのである。

(15) 女装の館「エリザベス」は老舗中の老舗である。東京を中心に大都市圏に店舗を展開している。女装のためのインナー、アウターはもとより、ウィッグ、化粧品、靴、ハンドバッグ等に至るまで、女装ためのグッズは何でも揃う。プロによりメイクをしてもらえ、写真も撮ってくれる。また自力でメイクできる人のためにメイクルームがあり、「集いの広場」では女装者同士の〈おしゃべり〉ができる。筆者の世代のCD者には「夢のような」場所であった。

(16) 上川は自伝的エッセー『変えてゆく勇気』（二〇〇七）において、TS者であることをカミングアウトし、TS者の視点から社会を相対化するべく政治活動に入っていたことを披露している。

(17) 虎井まさ衛は、日本におけるFTMTSのさきがけであり、セルフヘルプ・グループを立ち上げたり、戸籍の性別変更を可能にする法制化に向けての活動を組織したりと、アクティヴィストとして活躍してきた。彼の初めての著作『女から男になったワタシ』は、上川とは逆のTS者としてのカミングアウトの書である。

(18) ふつうにOLをしている暮らしぶりをブログに公開しているTS者である能町みね子（二〇〇九）はその代表であろう。

(19) 「性同一性障害」という言葉に対して、例えば、上述のAは「これは障害ではない」としながらも、「女である」ことを物語ればよいのであり、そしてその障害を取り除くために、（彼女の場合、女であることの決断をするために）「性転換手術」があるのだから、「性同一性障害」になるのは「本来の性を取り戻す」ための通過儀礼だと考えればよいと言う。

(20) 二〇〇六年一〇月七日から二〇〇九年三月一〇日まで日本テレビ系列で放送されたバラエティ番組。

（21）アメリカのケーブルテレビ「ブラヴォー（Bravo）」が放送しているリアリティ・ショー。日本でもケーブルテレビのFOX TVで観ることができる。

（22）しかしその一方で、アメリカでは、日本とは比較にならないほど、TS者に対するフォビア（phobia，嫌悪）もひどく、TS者の暴力事件も頻発している。TS者に対しては、アメリカの「保守的」な人びとはひじょうに厳しい。言うまでもなく、宗教上の理由によるものである。アメリカの場合、CD者もTS者も共に、アクティヴィスティックではあるのだが、日本と同様に、保守的なTS者も少なくない。

【参考文献】

青山まり、二〇〇五、『ブラジャーをする男たちとしない女』新水社

Garfinkel, H., 1967, *Studies in Ethnomethodology*, Englewood Cliff., NJ: Prentice-Hall.

上川あや、二〇〇七、『変えてゆく勇気——「性同一性障害」の私から』岩波新書

三橋順子、二〇〇八、『女装と日本人』講談社現代新書

森岡正博、二〇〇五、『感じない男』ちくま新書

能町みね子、二〇〇九、『オカマだけどOLやってます。完全版』文春文庫

佐倉智美、二〇〇六、『性同一性障害の社会学』現代書館

須藤廣編、二〇〇二、『高校生のジェンダーとセクシュアリティ』明石書店

鈴木健之「トランスジェンダーの社会学」須藤廣編『高校生のジェンダーとセクシュアリティ』所収。

虎井まさ衛、一九九六、『女から男になったワタシ』青弓社

鶴田幸恵、二〇〇九、『性同一性障害のエスノグラフィ——性現象の社会学』ハーベスト社

矢島正見編、二〇〇六、『戦後日本女装・同性愛研究』中央大学出版部

第6章　記憶としての「終戦」と天皇

メディア天皇制批判序説

小林直毅

1　敗「戦後」六〇年の歴史認識と言説

戦争の犠牲者と「平和と繁栄」の礎

アジア太平洋戦争の敗戦から六〇年が経過した二〇〇五年九月、「郵政選挙」とよばれた総選挙で自民党は圧勝した。小泉純一郎を首相としたこの国の在り様が一つのピークを迎えた時期と、敗「戦後」六〇年との符合は、さまざまな重要な問題を示唆して余りある。そのなかでも、戦争、敗戦、敗「戦後」をめぐるある一定の歴史認識と言説が、ごく「当然」なものとみなされようとしていたことは、この時期に顕在化した問題の一つといえる。そこでは、敗「戦後」の日本社会のめまぐるしい変容の背後で命脈を保ちつづけてきたこの国の在り様が、批判的な問いを封殺するかのように、ごく「当然」のものとなってその姿を露わにしていた。そうした敗「戦後」六〇年には、いったいどのような歴史認識と言説が、どのようにして「当然」視されていたのだろうか。

小泉は、首相就任時の公約の一つとして、八月一五日の靖国神社公式参拝を掲げていた。歴代首相の靖国神社公式参拝それ自体が少なからぬ議論を巻き起こしてきたが、とりわけ八月一五日の靖国参拝は、それまでにも大きな問題となった(1)。内外からの強い批判を受け、就任直後の二〇〇一年には日程を八月一三日に変えて、小泉は靖国神社を参拝した。その際、彼は「総理大臣である小泉純一郎が心を込めて参拝した」と語った。そして、首相として最後の夏となった二〇〇六年には、ついに八月一五日に公式参拝を行い、記者会見でつぎのように語っている。

日本は過去の戦争を踏まえ反省しつつ、二度と戦争を起こしてはならない。そして今日の日本の平和と繁栄というのは、現在生きている人だけで成り立っているのではないと。戦争で尊い命を犠牲にされた、そういう方々の上に今の日本というのは今日があると。戦争に行って、祖国の為、また家族の為、命を投げ出さなければならなかった犠牲者に対して、心からなる敬意と感謝の念を持って靖国神社に参拝しております(2)。

ここでは、たしかに不戦の決意が語られている。みずからの靖国参拝を、「心を込めた参拝」、犠牲者にたいする「心からなる敬意と感謝の念」をもった参拝であるともいう。そして、「心からなる敬意と感謝の念」を捧げられるのは、「戦争に行って、祖国の為、また家族の為、命を投げ出さなければならなかった犠牲者」であると規定する。しかし、そのような犠牲者をもたらした戦争は、特異な規定のされ方をしている。

小泉は、ただ漠然とした「戦争」を一方の極端に定位する。そして、「今日の日本」とその「平和と繁栄」を他方の極端に定位して、それをみずからの立ち位置とする。一方には、一切の具体像を捨象した「戦争」がある。他方には、具体的なさまざまな問題を捨象した「今日の日本の平和と繁栄」がある。この「戦争」と「平和と繁栄」との振幅のなかに、「戦争の犠牲者」が位置づけられる。たとえどのような「戦争」であれ、それは否定されなければならない。だから「日本は過去の戦争を踏まえ反省しつつ、二度と戦争を起こしてはならない」ともいう。たとえさまざまな問題があるにせよ、ともかくも「平和と繁栄」は望ましい。否定されるべき「戦争」と望ましい「平和と繁栄」との間の振り子の運動が、「戦争で尊い命を犠牲にされた、そういう方々」、「戦争に行って、祖国の為、また家族の為、命を投げ出さなければならなかった犠牲者」を意味する。「今日の日本の平和と繁栄」を導いた「戦争の犠牲者」だからこそ、「心からなる敬意と感謝の念」を捧げる。これが、小泉の靖国神社公式参拝の「論理」にほかならない。

一見してわかるように、二度と起こしてはならない「戦争」も、「今日の日本の平和と繁栄」との振幅を描くことで、「平和と繁栄」を導いた「戦争」という意味あいを帯びる。戦争とその犠牲者も、「今日の日本の平和と繁栄」をもたらしたものとして意味づけられる。靖国問題の一つの位相を、高橋哲也はつぎのように指摘している。「『戦後日本の繁栄の礎となった尊い犠牲者』といった儀式の言葉」によって、「靖国神社の背後にはそこに合祀された約二五〇万の戦死者の『血の海』が存在したのだというこ と、そしてこれらの人びとを含む数百万の日本軍将兵がつくりだしてしまった数千万のアジアの死傷者たちの『血の海』が存在したのだということが、とかく忘れられがちなのである」（高橋 二〇〇五：

一九)。小泉の発話は、まさに靖国問題のこうした位相において、戦争の具体的現実を隠蔽し、戦争とその犠牲者を「今日の日本の平和と繁栄」から意味づけようとしている。

当然視される「心の問題」

靖国問題とは、戦争をめぐる感情の統制、捏造の歴史でもある。靖国神社は「戦死に対する『懐疑煩悶』を、そして悲哀の感情を抑圧」(高橋二〇〇五:三三)する装置である。そこでは、戦死による「悲哀の感情が頭をもたげるが、ただちにそれは『お国のため』の死、『天子様』のための死を喜ぶ感情によっておしやられてしまう」(高橋二〇〇五:三三―三四)。この抑圧装置では、「遺族が感涙にむせんで家族の戦死を喜ぶようになり、それに共感した一般国民は、戦争となれば天皇と国家のために死ぬことを自ら希望するようになる」、「感情の錬金術」(高橋二〇〇五:四三)が営まれてきたのだ。

こうした問題にまったく無頓着な小泉の発話は、杜撰な歴史認識を意味している。東アジアの歴史にたいする眼差しを欠いたまま、「今日の日本の平和と繁栄」という立ち位置から戦争とその犠牲者を語る発話は、首相公式参拝のポリティクスさえ考えられない、粗雑な政治的見識を意味している。それは、つぎのような発話によって一層際立つ。

憲法違反だから靖国神社参拝しちゃいかんという人がいます。これもね、憲法第一九条、第二〇条、これを良く読んで頂きたい。私は神道奨励するために靖国神社に行っているんじゃありません、今説明したように。また過去の戦争を美化したり、正当化したりするために行っているんじゃありません。また軍国主義を称揚する、そういうような気持ちで行っているのではありません。今申し上げたように、二度と戦争を起こしてはいけないと、戦没者に戦争に行って斃れた方々、こういう方々の犠牲を片時も忘れてはいけないと、そういう気持ちでお参りしているんです。そして、第一九条の思想及び良心の自由はこれを侵してはならない。これどう考えますか、正に心の問題でしょ(3)。

ところが、こうした杜撰な歴史認識、粗雑な政治的見識を意味する発話が、けっして少なくはない国民の間で、当然のものとして受け止められた。二〇〇六年の小泉の参拝についての読売新聞の世論調査によれば、それを「支持する」のは、「どちらかといえば支持する」も含めると五三％と過半数にのぼっている。「支持」の理由としては、「首相が戦没者を慰霊、追悼するのは当然」が三五％でもっとも多く、「不戦の誓いになる」が三一％、「中国や韓国の反発でやめるのはおかしい」が二五％となっている。この調査では、参拝についての小泉自身の説明を、(1)中国、韓国の反発で中止するのはおかしい、(2)A級戦犯ではなく、戦没者の追悼が目的、(3)政教分離を定めた憲法二〇条違反ではなく、「心の問題」という三点に要約して、これに納得できたかどうかを問うている。結果は、「納得できる」が五九％で、「納得できない」の三五％を上回っている(『読売新聞』二〇〇六年八月一七日)。

首相が靖国神社で不戦を誓い、「平和と繁栄」の礎となった戦争の犠牲者に心からの敬意と感謝の念を捧げているのだという発話が、ごく「当然」な「心の問題」を語る言説として編制されてしまう。その理由は、さまざまに考えられる。敗「戦後」世代が国民の多くを占めるようになり、戦争体験が風化し、戦争、敗戦、敗「戦後」の歴史のリアリティが乏しくなったことは、たしかに一因といえる。そうしたなかで、靖国問題も、必ずしも十分な議論がなされなくなっているのかもしれない。だとするなら、首相の靖国神社公式参拝という問題と同時に、そもそも、どのような戦争と敗戦の記憶が形成され、それがどのように共有され、継承されているのかという問題に向き合う必要があるだろう。

2　敗戦の経験と「玉音放送」の国民的記憶

アジア太平洋戦争の終結過程

不戦を誓い、「今日の日本の平和と繁栄」の礎となった戦争の犠牲者に、心からの敬意と感謝の念を捧げるべき場所として、小泉は靖国神社にこだわった。そして、それをするのにもっとも適切な日として、八月一五日にこだわりつづけた。いうまでもなく、八月一五日は、一九四五年にアジア太平洋戦争が日本の敗戦で終わった日として広く国民の間で記憶され、今日では一般に「終戦の日」とよばれている。この日を選んで首相が靖国神社を公式参拝することを、ごく「当然」の「心の問題」として語る言説が編制されるようになったのである。日本の敗戦の日を一九四五年八月一五日と定め、「終戦の日」とよぶことで、いったいどのような戦争とその「終わり」が記憶されるようになったのだろうか。

日本の敗戦を決定づける意思として、「ポツダム宣言の受諾」が決定され、その後、軍事行動が停止され、降伏文書の調印によって戦争が終わるまでの経過を確認しておこう。「吾等ハ日本国政府カ直ニ全日本国軍隊ノ無条件降伏ヲ宣言シ且右行動ニ於ケル同政府ノ誠意ニ付適当且充分ナル保障ヲ提供センコトヲ同政府ニ対シ要求ス右以外ノ日本国ノ選択ハ迅速且完全ナル壊滅アルノミトス」。最後の項目にこう記された、アメリカ、イギリス、中国によるポツダム宣言は、一九四五年七月二六日に発せられた。ところが、日本政府は、七月一三日にソ連に講和の仲介を依頼し[4]、その結果を待つ状態にあったことを理由に、ポツダム宣言を「黙殺」する態度をとった。これより前の段階で、政府内部には、直接アメリカとイギリスに講和を申し入れるべきだとする意見があった。しかし、とくに天皇がソ連の仲介に固執していたという(小森 二〇〇三:一六―二〇)。

「直ニ全日本国軍隊ノ無条件降伏ヲ宣言」せず、ポツダム宣言を「黙殺」するという「日本国ノ選択」は、「迅速且完全ナル壊滅」の言葉どおりの結果を招くことになった。ポツダム宣言以前に原爆実験に成功していたアメリカが、八月六日、広島に原爆を投下したのだ。その後もポツダム宣言受諾の意思決定がなされないまま、八月九日には、講和の仲介を当てにしていたソ連の参戦が知らされ、長崎に二発目の原爆が投下される。ことここに及んで、ようやく、同じ日の深夜から翌一〇日未明までつづいた御前会議で、「聖断」とよばれる天皇の決断によってポツダム宣言受諾の意思決定がなされた。

ポツダム宣言の発表から二週間、空襲による多くの非戦闘員の犠牲、広島、長崎の原爆による三〇万人以上の犠牲者を顧みさせないほどの、いったい何が、この宣言の受諾を躊躇させていたのか。それは、八月一〇日午前に米・英・中・ソ各国に打電された[5]、「ポツダム宣言受諾の用意がある」という公式通告のなかの、つぎのような一文から明らかになる。「天皇ノ国家統治ノ大権ヲ変更スルノ要求ヲ包含シ居ラサルコトノ了解ノ下ニ受諾ス」。戦争指導者たちにとって、「天皇ノ国家統治ノ大権」を護持すること、すなわち「国体護持」こそが、おびただしい犠牲者よりも優先される最大の課題であったのだ。

この通告にたいする連合国からの正式回答は八月一二日に行われた。しかし、ここでも「国体護持」

の可能性の解釈をめぐって紛糾し、八月一四日の最高戦争指導会議と閣議との合同御前会議における二度目の「聖断」によって、ようやくポツダム宣言の受諾が決定された。その後直ちに、日本の敗戦を決定づける意思と論理を述べた、「終戦の詔書」の原案が起草された。原案にいくつかの修正が施され(6)、この「終戦の詔書」に天皇が「御名」とよばれる「裕仁」の名を記し、「御璽」とよばれる天皇の公印を押したのは、八月一四日午後八時であった。午後一一時には、各国務大臣の署名がなされた「終戦の詔書」が渙発《かんぱつ》された。ほぼ同時に政府から公電が発信され、米・英・中・ソ各国政府にポツダム宣言の受諾が伝えられたのは、それぞれの現地時間で八月一四日であった。

天皇がみずから「終戦の詔書」を読み上げる声をラジオ放送で聴くことによって、国民は日本の敗戦を知った。天皇の声をラジオで放送することは、側近たちの提案によって準備されていた(佐藤 二〇〇五：一五〇)。ただ、天皇がマイクの前に立って、「終戦の詔書」そのものをみずからの声で放送することは、天皇自身の提案であったようだ(小森 二〇〇三：七六)。八月一五日正午、録音された天皇の声を伝える「玉音放送」とよばれるラジオ放送によって、「終戦の詔書」は発表されたのである。

翌八月一六日から二二日にかけて、大本営から段階的に戦闘停止命令が出された。そして九月二日、天皇は「降伏文書調印に関する詔書」を発し、午前九時、東京湾に停泊する戦艦ミズーリの艦上で「降伏文書」が調印された。

天皇の声による敗戦の経験

「ポツダム宣言受諾」の意思によって敗戦が決定づけられ、軍事行動が停止され、「降伏文書」が調印されるにいたるプロセスを、公文書に記された日付でたどると、そこには一九四五年八月一五日はない。「ポツダム宣言受諾」の二度の「聖断」は、それぞれ八月一〇日と一四日である。「終戦の詔書」にも八月一四日の日付が記されている。戦闘行為の停止命令は八月一六日以降、そして「降伏文書調印に関する詔書」の発表と「降伏文書」の調印は九月二日である。佐藤卓己によれば、「終戦とは外交事項なので、相手国への通告（八月一四日）より自国民向けの告知（八月一五日）を優先することはグローバル・スタンダードではありえない」（佐藤 二〇〇五：七九）。また、近代戦争の終結の伝統からすれば、「全面的な休戦の後に戦争が再開される可能性はほとんどないため、休戦が降伏的性格を帯びている」ので、日本の「終戦」は「休戦文書調印の九月二日ということになる」（佐藤 二〇〇五：七九―八〇）。それでは、八月一五日とは、どのような日と考えればよいのだろう。

ラジオから流れる天皇の声によって人びとが日本の敗戦を知った、その日こそが一九四五年八月一五日であったのだ。このとき、人びとがラジオで聴いた天皇の声は、「終戦の詔書」を読む声であった。まちまちな時間に届けられた新聞を、それぞれの時間で読むのではなく、ラジオから流れる天皇の声を、同時に聴くことで日本の敗戦を知る。まさに、このような出来事として、日本の敗戦は経験されたのである。

日本のラジオ放送の歴史は、ラジオを聴くことによって人びとをリスナー（聴取者）として構築するだけではなく、国民（the nation）として構築する歴史であった。一九三六年の二・二六事件では、反乱部隊の兵士に向けた「今からでも遅くないから原隊に帰れ」、「お前たちの父母兄弟は国賊となるので皆泣いておるぞ」という戒厳司令部の勧告を読むアナウンサーの声を人びとは聴いた。同じ年、ベルリン・オリンピックの女子競泳でゴールド・メダリストになった前畑秀子選手の活躍を、「前畑がんばれ！」と絶叫、連呼するアナウンサーの声を聴くことによって人びとは経験した。一九四一年一二月八日、チャイム音が鳴り、「臨時ニュースを申し上げます」につづいて、「大本営陸海軍部、一二月八日午前六時発表。帝国陸海軍は、本八日未明、西太平洋においてアメリカ、イギリス軍と戦闘状態に入れり」と語るアナウンサーの緊張した声によって、人びとは対米英戦争の始まりを知った。その後も、戦意高揚のための「国民歌謡」も、相次ぐ空襲警報も、人びとはラジオで聴きつづけた。ラジオを聴くことによって、人びとはそれぞれの出来事を「国民的」出来事として経験し、共有しながら、国民として構築されてきたのだ。そして、このような歴史のなかで、ラジオはナショナル・メディアとして確立されたのである。

「玉音放送」では、日本の敗戦という出来事を、天皇がみずから「終戦の詔書」を読むことによって語っている。一九四五年八月一五日の正午に、ラジオから流れるこの天皇の声を同時に聴くことによって、人びとは日本の敗戦という出来事の経験を共有した。竹山昭子は「玉音放送」を、「日本国内ばかりではなくアジア全域に広がる日本の植民地・占領地をラジオで結び、放送空間を式場として執り行われた終戦の儀式であった」（竹山 二〇〇二：二七二）ととらえる。また、佐藤卓己は、ラジオで天皇が語り、その声を人びとが同時に聴くことによる、「儀式への全員参加の直接的な感覚こそが忘れられない集合的記憶の核として残った」と述べている（佐藤 二〇〇五：一四九）。そう考えると、この儀式は、敗戦を共有する国民を構築するのと同時に、そこで天皇の声を聴くことによって敗戦を経験したという集合的＝国民的記憶を形成する儀式であったといえるだろう。

3 「終戦の詔書」の言説と天皇の戦争責任

歴史の改竄《かいざん》と民族と文明の救済

「玉音放送」となってラジオから流れた天皇の声は、何を語っていたのだろうか。いうまでもなく、そのときの天皇の声は、八月一四日にみずから署名した「終戦の詔書」を読む声である。「終戦の詔書」を、みずからの声で読むこととは、日本の敗戦を決定づけた意思と論理を語る天皇の言説実践にほかならない。したがって、一通の公文書としての「終戦の詔書」も、そのような実践によって編制された天皇の言説とみなすことができる。そこからは、どのような戦争とその「終わり」が語られているのかという問題が見えてくる。それはまた、一九四五年八月一五日に、天皇の「玉音放送」を聴くことによって敗戦を経験したという集合的＝国民的記憶が孕む問題でもある。

「終戦の詔書」の全文を次頁に掲げた。句読点もなく、カタカナ表記の漢語調のこの公文書の言説を分析する試みとしては、すでに、豊富な資料を駆使した小森陽一のすぐれた成果がある（小森 二〇〇三）。ここでは、それを参照しつつも、あくまでも語られ、聴かれた言説としての「終戦の詔書」それ自体に見出される、言説編制の規則をとくに解明してみたい。なぜなら、天皇の声が読み、広範な人びとがそれを聴くという、ラジオに固有の方法で表象された「終戦の詔書」は、それ自体をメディア言説として分析し、その権力作用を明らかにすることも必要だからである。

言説は、みずからが語るべき対象を構成、変形し、発話（énoncé）の配分を支配し、さまざまなテー

朕深ク世界ノ大勢ト帝国ノ現状トニ鑑ミ非常ノ措置ヲ以テ時局ヲ収拾セムト欲シ茲ニ忠良ナル爾臣民ニ告ク

朕ハ帝国政府ヲシテ米英支蘇四国ニ対シ其ノ共同宣言ヲ受諾スル旨通告セシメタリ

抑々帝国臣民ノ康寧ヲ図リ万邦共栄ノ楽ヲ偕ニスルハ皇祖皇宗ノ遺範ニシテ朕ノ拳々惜カサル所曩ニ米英二国ニ宣戦セル所以モ亦実ニ帝国ノ自存ト東亜ノ安定トヲ庶幾スルニ出テ他国ノ主権ヲ排シ領土ヲ侵スカ如キハ固ヨリ朕カ志ニアラス然ルニ交戦已ニ四歳ヲ閲シ朕カ陸海将兵ノ勇戦朕カ百僚有司ノ励精朕カ一億衆庶ノ奉公各々最善ヲ尽セルニ拘ラス戦局必スシモ好転セス世界ノ大勢亦我ニ利アラス加之敵ハ新ニ残虐ナル爆弾ヲ使用シテ頻ニ無辜ヲ殺傷シ惨害ノ及フ所真ニ測ルヘカラサルニ至ル而モ尚交戦ヲ継続セムカ終ニ我カ民族ノ滅亡ヲ招来スルノミナラス延テ人類ノ文明ヲモ破却スヘシ斯ノ如クムハ朕何ヲ以テカ億兆ノ赤子ヲ保シ皇祖皇宗ノ心霊ニ謝セムヤ是レ朕カ帝国政府ヲシテ共同宣言ニ応セシムルニ至レル所以ナリ

朕ハ帝国ト共ニ終始東亜ノ解放ニ協力セル諸盟邦ニ対シ遺憾ノ意ヲ表セサルヲ得ス帝国臣民ニシテ戦陣ニ死シ職域ニ殉シ非命ニ斃レタル者及其ノ遺族ニ想ヲ致セハ五内為ニ裂ク且戦傷ヲ負イ災禍ヲ蒙リ家業ヲ失ヒタル者ノ厚生ニ至リテハ朕ノ深ク軫念スル所ナリ惟フニ今後帝国ノ受クヘキ苦難ハ固ヨリ尋常ニアラス爾臣民ノ衷情モ朕善ク之ヲ知ル然レトモ朕ハ時運ノ趨ク所堪ヘ難キヲ堪ヘ忍ヒ難キヲ忍ヒ以テ万世ノ為ニ太平ヲ開カムト欲ス

朕ハ茲ニ国体ヲ護持シ得テ忠良ナル爾臣民ノ赤誠ニ信倚シ常ニ爾臣民ト共ニ在リ若シ夫レ情ノ激スル所濫ニ事端ヲ滋クシ或ハ同胞排擠互ニ時局ヲ乱リ為ニ大道ヲ誤リ信義ヲ世界ニ失フカ如キハ朕最モ之ヲ戒ム宜シク挙国一家子孫相伝ヘ確ク神州ノ不滅ヲ信シ任重クシテ道遠キヲ念ヒ総力ヲ将来ノ建設ニ傾ケ道義ヲ篤クシ志操ヲ鞏クシ誓テ国体ノ精華ヲ発揚シ世界ノ進運ニ後レサラムコトヲ期スヘシ爾臣民其レ克ク朕カ意ヲ体セヨ

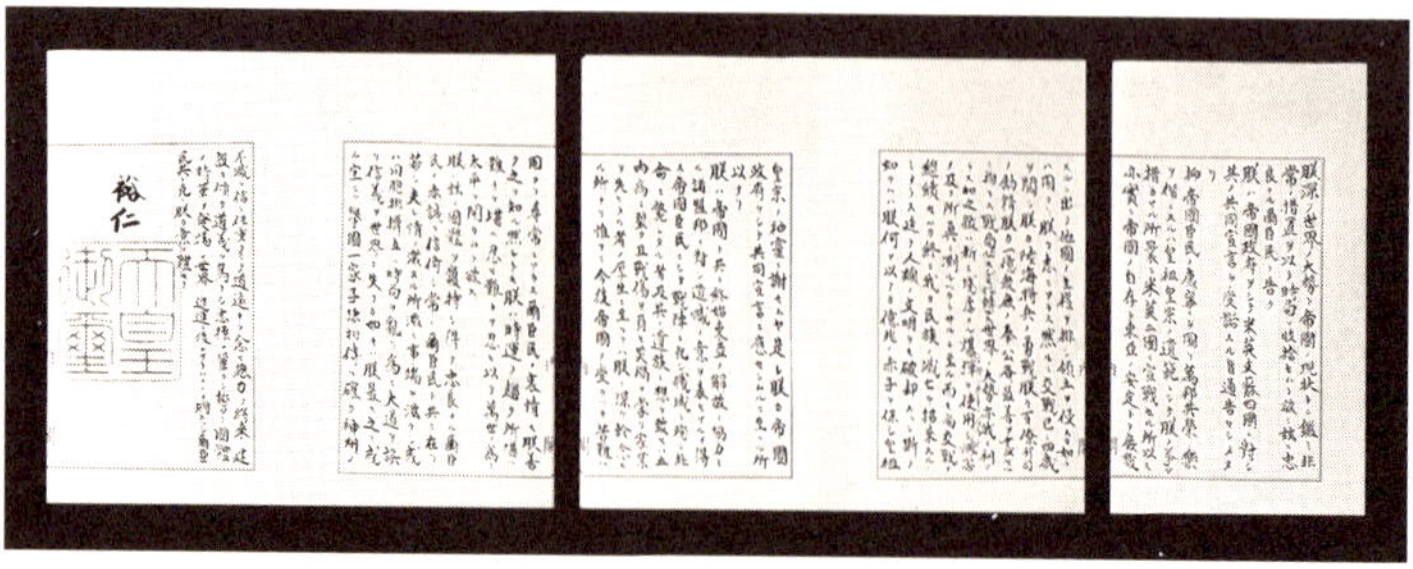

終戦の詔書（写真にはその一部を示す）

マを活性化させ、いくつかの概念の働きによって、さまざまな部分を働かせている。しかも、対象の構成、発話の配分、テーマの活性化、概念の発動をめぐる規則、すなわち言説編制の規則が成立している(Foucault 1969: 46-51)。もちろん、「終戦の詔書」の言説にも、このような言説編制の規則を見出すことができる。

まず、みずからを「朕」という一人称でよぶ天皇が、ここで語るべき対象としての戦争を、言い換えるなら、「終わらせる」べき戦争を、どのような戦争として構成しているのかを見てみよう。それは、一九四一年一二月八日に「米英二国ニ宣戦セル」戦争として構成されている。「終戦の詔書」において天皇が語るべき対象としての戦争からは、関東軍が南満州鉄道を爆破した一九三一年九月一八日の柳条湖事件を発端とする、満州事変以来の中国にたいする侵略戦争の歴史が除外されているのだ。

一方では、ポツダム宣言の受諾が、「米英支蘇四国ニ対シ其ノ共同宣言ヲ受諾スル」と述べられている。しかし他方では、語るべき対象＝「終わらせる」べき戦争の交戦国からは「支」、すなわち中国が削除されて、「米英二国ニ宣戦セル」戦争へと矮小化されているのだ。(7) このような重大な矛盾こそが、天皇が語るべき対象としての戦争を、「十五年戦争」とよばれる侵略戦争から、「帝国ノ自存ト東亜ノ安定トヲ」めざしたという戦争に変形していることを如実に示している。

「終戦の詔書」で天皇が語る言説は、語るべき対象＝「終わらせる」べき戦争を一九四一年以降に縮減しながら、いくつもの特徴的な発話の配分によって編制されていく。つぎのような発話は、天皇の現状認識を意味するものといえるだろう。「交戦已ニ四歳ヲ閲《けみ》シ朕カ陸海将兵ノ勇戦朕カ百僚有司ノ励精朕カ一億衆庶ノ奉公各々最善ヲ尽セルニ拘ラス戦局必スシモ好転セス」。「交戦已ニ四歳ヲ閲シ」という発話によって、語るべき対象としての戦争が、対米英戦へと変形されていることが、より一層明確になる。そして、四年におよぶ対米英戦では、「朕カ陸海将兵」も、「朕カ百僚有司」すなわち官僚も、「朕カ一億衆庶」すなわち庶民も最善を尽くしているが、戦局は好転しないというのだ。

こうした現状認識に立って、ポツダム宣言受諾の意思と論理を語る発話が配分されていく。「敵ハ新ニ残虐ナル爆弾ヲ使用シテ頻《しきり》ニ無辜《むこ》ヲ殺傷シ惨害ノ及フ所真ニ測ルヘカラサルニ至ル」。つまり、最善を尽くしても戦局が好転しないなかで、アメリカは広島と長崎に残虐な原子爆弾を投下し、罪のない多くの人びとが殺傷され、痛ましい損害ははかりしれないものになっているというのである。「而モ尚交戦ヲ継続セムカ終ニ我カ民族ノ滅亡ヲ招来スルノミナラス延《ひい》テ人類ノ文明ヲモ破却スヘシ」と天皇は語る。このまま戦争をつづけると、「我カ民族」が滅亡するだけではなく、「人類ノ文明」も破壊されてしまうというのだ。そして、これを引き取る「朕カ帝国政府ヲシテ共同宣言ニ応セシムルニ至レル所以ナリ」という発話によって、「我カ民族」と「人類ノ文明」を滅亡と破却から救うことが、ポツダム宣言受諾の意思を固めた理由として意味されるのである。

「無条件降伏ヲ宣言」しなければ「迅速且完全ナル壊滅」を招くと述べているポツダム宣言を戦争指導者たちと天皇が「黙殺」し、「国体護持」に汲々とする間に、広島、長崎に原爆が投下されたことはすでに確認した。また、小森陽一は、「国体護持」をめぐって天皇が繰り広げていた言動を、具体的かつ詳細に明らかにしている（小森 二〇〇三：二〇―二八）。ところが、敵は「残虐ナル爆弾ヲ使用シ」、なおも「交戦ヲ継続」するなら、「民族ノ滅亡ヲ招来スル」だけでなく、「人類ノ文明ヲモ破却」してしまうがために、「共同宣言ニ応セシムルニ至レル」と天皇は語る。そう語ることで、天皇自身も含めた戦争指導者たちの判断と意思決定の重大な誤りは隠蔽され、その責任も霧消してしまう。そればかりか、こうした天皇の発話が、ポツダム宣言受諾を決定したみずからの意思と論理を、「我カ民族」の滅亡と「人類ノ文明」の破却から救うものにしていることを見逃してはならない。

犠牲者への心情と「平和」と「国体」

天皇は「戦陣ニ死シ職域ニ殉シ非命ニ斃《たふ》レタル者及其ノ遺族」への心情を、「五内《ごだい》為ニ裂ク」、つまり五臓の裂ける思いだという。また、「戦傷ヲ負イ災禍ヲ蒙リ家業ヲ失ヒタル者ノ厚生ニ」に「深ク軫念《しんねん》スル」、つまり「天子」として深く心を痛めているともいう。このような心情を意味する発話につづけて、今日では「玉音放送」のフレーズとしてだれもが知っている「堪ヘ難キヲ堪ヘ忍ヒ難キヲ忍ヒ」という、やはり心情を意味する発話が配分される。さらに、それにつづけて、「以テ万世ノ為ニ太平ヲ開カムト欲ス」と語る。つまり、戦死者、殉職者、戦禍による死者、その遺族、戦争で傷ついた人びとや戦災の被災者、そうした人びとにたいする「堪ヘ難キ」思いにも堪え、「忍ヒ難キ」心痛も忍んで、永遠に穏やかな世の中を作りたいというのである。

こうした一連の発話は、犠牲者や被災者への心情とともに、それを乗り越えて平和な世の中を作りたいという天皇の思いを意味することになる。そこでは、「堪ヘ難キ」、「忍ヒ難キ」心情は語られても、侵略戦争を推進し、無謀な作戦行動を繰り返し、講和の意思決定もできないまま、いたずらに犠牲者、被災者を生み出してきた天皇も含めた戦争指導者たちの責任は言及すらされない。むしろ、そのような指導者たちがもたらした犠牲者、被災者が、「平和」の礎として位置づけられようとしている。

最後の段落で、天皇は「国体ヲ護持シ得テ」、「常ニ爾臣民ト共ニ在リ」という。「情ノ激スル所濫《みだり》ニ事端ヲ滋《しげ》クシ或ハ同胞排擠《はいせい》互ニ時局ヲ乱リ為ニ大道ヲ誤リ信義ヲ世界ニ失フカ如キハ朕最モ之ヲ戒ム」ともいう。「国体ヲ護持」することができ、天皇はつねに「臣民」とともにあるのだから、「情ノ激スル」ままに時局を混乱させて「大道ヲ誤リ」、「信義ヲ世界ニ失フ」ようなことをしてはならないと天皇は戒めている。そして、「総力ヲ将来ノ建設ニ傾ケ」、「誓テ国体ノ精華ヲ発揚シ世界ノ進運ニ後レサラムコトヲ期スヘシ」と語る。その意味するところは、「国体」のすぐれた真価を発揮させることで「世界ノ進運ニ後レ」をとらないようにせよという、日本が今後進むべき道筋にほかならない。このように、天皇の語る言説としての「終戦の詔書」の結部では、天皇たちが膨大な犠牲も顧みずに護持しようとした「国体」という特異な概念が発動されているのだ。

　天皇がみずからの声で読んだ「終戦の詔書」には、敗戦を語る言説は編制されていない。天皇は、日本の敗戦にいたった戦争を、一九四一年以降の戦争に限定してしまうことで、中国をはじめとする東アジアへの侵略戦争の歴史を消し去って、四年にわたる戦争を、日本の自存と東アジアの安定のための戦争と規定する。そして、ポツダム宣言を受諾するのは、原爆による民族滅亡と人類文明の破壊から救うためであると説明する。さらに、戦争の犠牲者や被災者を思うと身も張り裂けそうになるが、それを堪え忍んで、平和な世の中を作りたいと語る。最後に天皇は、「国体」を維持することができるのだから、けっして激情にまかせて社会を混乱させるようなことをせずに、国民の総力を傾けて「国体」のすぐれた真価を発揮させ、世界の進歩に後れをとらないようにせよと諭す。これこそが、語るべき対象としての戦争を変形し、ポツダム宣言受諾の理由や戦争の犠牲者への心情を意味する発話を配分し、「平和」

というテーマを活性化し、「国体」という特異な概念を発動する、「終戦の詔書」の言説編制の規則である。

敗「戦後」、今日に至るまで、昭和天皇の戦争責任を免責する物語が流布しつづけている。それは、「天皇は平和主義者で戦争など望んでいなかった。ポツダム宣言の受諾も、これ以上の犠牲を食い止め、人類の文明を破壊から救った文字どおりの『聖断』であった」といった類の物語である。「終戦の詔書」を見ると、そこには民族と文明の救済のために戦争を終結させ、平和の実現と「国体」の発展を求める言説が編制されている。そう考えると、「終戦の詔書」を天皇がみずからの声で読むことは、この種の物語の言説の原型をみずから形成する言説実践であったといえるだろう。一九四五年八月一五日を「終戦の日」とみなす国民的記憶を形成するにいたった「玉音放送」の天皇の声は、このような「終戦の詔書」の言説を編制する言説実践の声であったのだ。

4 「終戦の日」の記憶と「終戦の詔書」の言説

選択された記憶としての八月一五日

日本では、アジア太平洋戦争が終結した日を八月一五日と定め、一般には「終戦の日」とよび、制度的には「戦没者を追悼し平和を祈念する日」としている。この制度化は、八月一五日の「玉音放送」によって人びとが敗戦を知ったという集合的＝国民的記憶を拠りどころにしたものである。たしかに、公文書の日付ではなく、ラジオを聴いたというポピュラーな経験とその記憶に依拠して、「終戦の日」は制度化されたといえるのかもしれない。しかし、八月一五日の「終戦の日」としての制度化が、敗戦後のある時期からの、いわば時代の文脈のもとで進められたことに注目する必要がある。

敗戦直後の段階では、「玉音放送」が敗戦の集合的＝国民的記憶になっていたにしても、戦争の個々の記憶はまだ生々しかったに違いない。有山輝雄が指摘するように、戦争の「体験と記憶が各人にそれぞれ個別的なものとして」あり、「一人一人がそれぞれ独自の体験を持ち、それをそれぞれの仕方で記憶して」（有山二〇〇三：一二）いたと考えられる。個別的で、生々しく、痛苦をともなう重い戦争の記憶が「社会のなかに充満していたが、表面で公然と語られることのない時期、いわば記憶の潜伏期」（有山二〇〇三：一二）が、一九五二年四月のサンフランシスコ講和条約発効の頃までつづいていた。

講和条約発効によって占領が終わるとともに、「戦前・戦時とは違った新しい日本国民というアイデンティティの形成が大きな課題として意識」されるようになり始める。つまり、占領期には、もっぱらアメリカによって「他律的に日本国民が枠づけられて」いたが、占領が終わるころからは、「自立した新しい日本国民の形成ということが緊急の課題として浮上してきたのである」。このような課題と向き合おうとするなかで、「新しい日本国民のアイデンティティの核として、潜伏している過去の記憶を呼びだし、表面化させる必要が生じてきた」（有山二〇〇三：一三）。

そこで、呼びだすべき記憶が選択されることになる。それは同時に、何を忘却すべきかの選択でもある。この選択が、「記憶すべき日」、すなわち「記念すべき日」の選択なのである。「占領の末期からメディアが過去を記念すべき日として徐々に提示しだしたのは、八月六日と八月一五日であった。それ以外の記念日、例えば満州事変の始まりである柳条湖事件の九月一八日、日中戦争の始まりである盧溝橋事件の七月七日、真珠湾攻撃の一二月八日、長崎に原爆の落とされた八月九日、降伏文書に調印した九月二日は、ほとんど取りあげられることはなかった」(有山二〇〇三：一四)。

「新しい日本国民のアイデンティティの核」として選択された記憶の一つが、「玉音放送」によって日本の敗戦を経験したという集合的＝国民的記憶であったことはいうまでもない。それにしても、「記念すべき日」の選択と、「終戦の詔書」において改竄された戦争の歴史との見事なまでの符合をどのように考えればよいのだろうか。

「記念すべき日」に八月一五日が選択され、「玉音放送」で敗戦を経験した記憶が呼びだされることによって、天皇の声の集合的＝国民的記憶に依拠した「新しい日本国民というアイデンティティ」が形成されるだけではない。「玉音放送」の記憶を呼びだすことは、集合的＝国民的に記憶されている天皇の声が語る言説によって日本国民が枠づけられ、構築されていくことにもなる。だからこそ、「終戦の詔書」の言説が変形する戦争の歴史からは削除された、侵略戦争の記憶に結びつく柳条湖事件の九月一八日、盧溝橋事件の七月七日は、天皇の声が語る言説による国民の構築には不都合な、忘却すべき日とされる。広島の原爆と同じ「残虐ナル爆弾」の犠牲でありながら、ポツダム宣言受諾の理由を「民族と文明の救済」と語るには不都合な、長崎の原爆の八月九日も背景化されていくのである。

「終戦」の記憶と言説による国民形成

敗「戦後」一〇年の一九五五年八月一五日には、全国紙がこぞって「終戦一〇年」をめぐる社説を掲げた。その多くは、与えられた平和と民主主義を、いかにして国民のものとしていくのかという課題を論じている。『朝日新聞』の社説「終戦十周年」は、「民主主義も、自由も、その有難味がわかるほど、われわれのものになっていない」という。だからこそ、「何人からも強いられないで自ら一致した国民意識が生れ」なければならないと主張する。『読売新聞』の社説「終戦十年の回顧と反省」も、つぎのように述べている。「日本の民主主義は、この意味で危険に直面している。というのは制度によって人間性を変えることが至難であり、つねに血の中にある国民感情が理性を眠らす危険をはらんでいるからである」。だからこそ、「われわれを救うものは遂にわれわれ自身でしかない事を徹底的に知り、世界の平和と自由に向かって積極的な協力者たらんとする決意をかためなければならない」と主張する。占領下の与えられた平和と民主主義ではなく、それらをみずからのものとして獲得しようとする「新しい日本国民」の形成をめざすことが、講和条約発効後の日本にとっての時代の文脈であったといえるだろう。

しかし、平和と民主主義をみずからのものとして獲得すべき国民を形成しようという主張が、「終戦の日」の八月一五日の社説として展開されていることを見逃してはならない。そこで主張される「新しい日本国民」とは、「終戦の日」の八月一五日の記憶、「玉音放送」の天皇の声によって敗戦を経験したという国民的記憶に依拠して、そのアイデンティティが形成される国民なのである。そのような国民とは、国民的に記憶されている天皇の声が語る「終戦の詔書」の言説の権力作用を免れるものではありえない。八月一五日に、天皇の声の記憶が呼びだされる。その声が語っていた「終戦の詔書」は、侵略戦争の歴史を消し去り、「民族と文明の救済」のために「終戦」を導き、平和を希求するという言説にほかならない。敗「戦後」一〇年という時代にその形成が主張された「新しい日本国民」とは、八月一五日の社説となって現れたジャーナリズムの言説とともに、国民的に記憶されている天皇の声が語るこうした言説によっても構築されようとしていた。

各社説では、「新しい日本国民」を「われわれ」という言葉で言い表している。しかし、その「われわれ」とは、いかに戦争を反省して平和をみずから獲得しようとしたところで、当の反省すべき戦争から侵略戦争の歴史を消去した言説によって構築される「われわれ」なのである。そのような「われわれ」には、侵略された他者への眼差しがあらかじめ取り除かれている。坪井秀人は敗「戦後」一〇年の八月一五日のジャーナリズムの言説状況を指して、「〈われわれ〉〈われら〉という主体を立ち上げるのに急がしく、他者へとまなざしを送る余裕はみられない」という。そして、「自主的自発的に獲得された自由や民主主義のヴィジョンに向けて〈反省〉が自己目的化されていく過程で、〈われわれ〉は償い贖うことを忘却させたナルシス的な自問自答＝モノローグへと陥っていったのではないか」（坪井 二〇〇五：一八〇）と指摘している。

経済の戦後復興が完了した一九五〇年代には、日本経済の脱「戦後」化が進められようとしていたことも、当時の時代の文脈として確認しておかなければならない。一九五六年の『経済白書』が、「もはや『戦後』ではない」というフレーズで、日本経済の脱「戦後」化を鮮明に主張したことはあまりにも有名である。そこでは、「もはや『戦後』ではない」につづけて、「われわれはいまや異なった事態に当面しようとしている。回復を通じての成長は終わった」と述べられている。そして、この『経済白書』の結部では、「世界技術革新の波に乗って、日本の新しい国造りに出発することが当面の喫緊の課題ではないであろうか」とも述べられている。まさに、こうした課題に応えるべく、「回復を通じての成長は終わった」後の「日本の新しい国造り」が、高度経済成長となって展開されていったのである。

東京オリンピックの開催を翌年に控えた一九六三年、政府主催の「全国戦没者追悼式」を八月一五日に国民的行事として開催することが閣議決定され、官房長官談話でこの日の正午に全国民の黙祷が求められた(8)。ここに、「玉音放送」によって敗戦を経験したという集合的＝国民的記憶が制度化されたのである。「回復を通じての成長」後の「世界技術革新の波」に乗った「日本の新しい国造り」が、この時期には、高度経済成長によって明瞭な姿で現れ、オリンピックの開催にまでこぎつけていた。そうした時代の文脈のもとで、天皇の声の集合的＝国民的記憶が、「終戦の日」として制度化されたことになる。

このようなかたちでの「終戦の日」の制度化は、経済発展を遂げた日本国民のアイデンティティを、「終戦の詔書」を語る天皇の声の集合的＝国民的記憶に依拠して形成しようとするものであった。同時にそれは、高度経済成長を邁進してきた日本国民を、天皇の声が語った「終戦の詔書」の言説によって枠づけ、構築しようとするものでもある。「総力ヲ将来ノ建設ニ傾ケ」、「国体ノ精華ヲ発揚シ世界ノ進運ニ後レサラムコトヲ期スヘシ」という発話を配分した「終戦の詔書」の言説が、高度経済成長の只中にあった「新しい日本国民」を構築しようとしていたのである。

「先の大戦において、戦陣に散り、戦禍に斃れた数多くの人びとを悼み、またその遺族を思い、常に胸の痛むのを覚える。終戦以来、全国民とともに、わが国の経済復興と世界の平和を祈念してここに十有八年」。一九六三年八月一五日、最初の「全国戦没者追悼式」に参列した昭和天皇は、このような追悼の言葉を語っている。「これを言い得たのには、経済・文化発展、平和の現状に対して深い自己満足が共有されているという確信があったことは間違いない」(有山 二〇〇三：二一)。

敗戦後には対外的な戦争を直接的に経験していないという意味での日本の平和がつづき、高度経済成長による繁栄が実感され始めていた状態を立ち位置として、天皇のこの発話はなされている。そしてそれは、「終戦の日」に語られたがゆえに、「総力ヲ将来ノ建設ニ傾ケ」、「誓テ国体ノ精華ヲ発揚シ世界ノ進運ニ後レサラムコトヲ期スヘシ」という発話を配分した「終戦の詔書」の言説と容易に連接していく。こうして一方では、高度経済成長を遂げた日本国民が、「総力ヲ将来ノ建設ニ傾ケ」、「国体ノ精華ヲ発揚シ世界ノ進運ニ後レ」ることなく、「今日の日本の平和と繁栄」を築き上げた国民として構築される。同時に他方では、戦没者が、「今日の日本の平和と繁栄」の礎として構築されるのである。

戦争、敗戦、敗「戦後」の物語の言説

敗「戦後」の日本では、毎年やってくる八月一五日に、「玉音放送」の天皇の声で敗戦を経験したという集合的＝国民的記憶が反復されてきた。たとえ、そのようなかたちで日本の敗戦を経験したことがなくとも、集合的＝国民的記憶としての天皇の声は、敗戦の告知を意味するものになりえている。しかし、この記憶は、毎年八月一五日頃のマスメディアの「終戦の日」の特集企画や、「英霊」の「顕彰慰霊祭」から「全国戦没者追悼式」へといたる、儀式的なパフォーマンスをともなうものになっていった（佐藤 二〇〇五：一一一―一一七）。そうしたなかで、「パフォーマンスの性質とそれを取り巻くコンテクストによって、一見、同じように見受けられる儀式の『意味』が、根本的に変容することもありうる」(Cannadine 1983: 106 = 1992: 169)。「八月一五日、終戦の日」の記憶と儀式の意味も、敗「戦後」日本におけるいくつかの時代の文脈（コンテクスト）によって、変容を遂げている。

「新しい日本国民」の形成が目指されていた時代の文脈のもとでは、敗戦を告げる天皇の声の国民的

記憶に依拠して、平和と民主主義をみずからのものとして獲得する国民の形成を主張するジャーナリズムの儀式が繰り広げられた。そのような「終戦の日」の記憶と儀式は、「終戦の詔書」の言説に忠実に、侵略戦争の歴史を忘却し、侵略された他者への眼差しを欠いた「新しい日本国民」を構築することにつながっていく。

高度経済成長期という時代の文脈のもとでは、経済発展をつづけてきた日本国民のアイデンティティを、「玉音放送」の国民的記憶に依拠して形成しようとする「全国戦没者追悼式」が開催されるようになった。こうした「終戦の日」の記憶と儀式もまた、かつて天皇の声が語った「終戦の詔書」の言説に忠実に、「今日の日本の平和と繁栄」を築き上げてきた国民を構築することにつながる。同時にそこでは、戦争の犠牲者が、「今日の日本の平和と繁栄」の礎として位置づけられる。

「全国戦没者追悼式」は、今日まで毎年開催されつづけているが、一九八二年には八月一五日そのものが、「戦没者を追悼し平和を祈念する日」として制定された。天皇は毎年「全国戦没者追悼式」に参列し、戦没者の霊の前で追悼の言葉を語りつづけてきた[9]。そこでは天皇は、いつも戦没者と遺族にたいする心情を述べ、今日のわが国の平和と繁栄を確認する。そして、戦争の惨禍が繰り返されないことを切望する。毎年同じように繰り返される八月一五日の天皇の言説実践が、「終戦の詔書」の言説と連接しながら、アジア太平洋戦争と敗「戦後」の日本をめぐる、つぎのような物語の言説を作り出してきた。

「かつて日本は戦争をしたが、民族と文明の滅亡から救うために『終戦』が決断された。戦争の犠牲者とその遺族にたいする心情は、堪えがたく、忍びがたいものであったが、永遠に平和な世界を作ることが強く望まれた。『国体』も護持され、国民は戦後の世界の趨勢に遅れをとることなく、『国体』の真価を発揮することを誓った。戦争の犠牲者と遺族にはいつも胸が痛むが、国民のたゆみない努力によって、今日の日本の平和と繁栄が築きあげられた。そうした歴史を顧みて、『終戦の日』の八月一五日には、尊い犠牲者に心からの追悼が捧げられ、戦争の惨禍が繰り返されないことが切望されようになった」。

戦争、敗戦、敗「戦後」をめぐるこのような物語の言説が、国民的に記憶されてきた「玉音放送」の声が語った「終戦の詔書」の言説を核として紡ぎだされていることは、もはやいうまでもない。「玉音放送」による「終戦」の記憶は、共有された集合的＝国民的記憶である。そしてその記憶は、八月一五日を「記念すべき日」とすることによって選択された集合的＝国民的記憶でもある。それゆえに、天皇の声が語った「終戦の詔書」の言説も、そこから紡ぎだされた物語の言説も、国民的に共有されていく。同時に、これらの一連の言説には、みずからにとって不都合なアジア太平洋戦争をめぐる記憶や言説を、忘却すべき記憶、抑圧、排除すべき言説とする力学が働いているのである。

5　敗「戦後」天皇制のイデオロギー的主体

戦争の経験と記憶の抑圧

具体的、現実的な戦争の経験と記憶を、「戦争の否定」という当然視される価値によって封印し、犠牲者の遺族の感情を、容易には抗えない当然の心情へと回収しようとする。これが、「終戦の詔書」と、それを核として、戦争、敗戦、敗「戦後」の日本を語る物語の言説である。それはまた、天皇の戦争責任を免責し、日本の平和と繁栄を「国体の精華の発揚」として言祝ぎ、戦争の犠牲者をその礎として意味づけてきた、敗「戦後」日本の天皇制のイデオロギー的言説にほかならない。

昭和天皇が逝こうとしていた一九八八年一二月、長崎市議会で共産党議員の質問に答えて、当時の長崎市長本島等は、天皇の戦争責任を明確に指摘する発言をした。

長崎市の本島等市長は七日開かれた定例市議会の一般質問で、「天皇に戦争責任はある」と発言した。自治体の首長が、公の場で、天皇の戦争責任を認める発言をしたのは異例。

市が設けている天皇陛下のご病気回復祈願記帳所や天皇の戦争責任問題などについて、柴田朴議員（共産）が市長の見解をただしたのに答えた。同市長は「外国や日本の歴史家の記述を見ても、そうだし、私が軍隊生活で教育関係の仕事をしたことからも、天皇の戦争責任はあると思う。しかし、日本人の大多数と連合国側の意志によって、それが免れて、新しい憲法の象徴となった以上、（記帳所開設などは）そういう解釈で対応しなければならない」と述べた。

議会後、同市長はさらに説明を求める記者に「天皇が、重臣らの上奏に応じて、終戦をもっと早く決断していれば、沖縄戦も、広島、長崎の原爆投下もなかったのは、歴史の記述などからも明らか。私自身、軍隊時代、西部軍管区教育隊におり、天皇のために死ね、と教えていた。友人は『天皇陛下万歳』といって死んでいった」（と語った）。（『朝日新聞』一九八八年一二月八日）

この後も何度となく本島が繰り返した、昭和天皇に戦争責任があることを認める発言は、「自分があの戦争を生きた時点、部下に死ねと教育し、自分もまた永久に罪を負わなければならなくなった時点に、執拗に立ち帰ってゆく」（Field 1991＝1994: 224）。彼のアジア太平洋戦争の経験とその記憶をめぐる発話が、天皇の戦争責任を明確に認める言説となって編制されていったと考えることができる。しかし、本島自身が、「『ボソボソ言うた』と幾度となく形容しているこの発言は、電撃のように日本を走った」（Field 1991＝1994: 215）。そして彼は、右翼や保守派の政治家ばかりではなく、数多くの国民からの非難にさらされることになった。[10]『朝日新聞』の「声」欄には、つぎのような投書が見られる。

今日の平和を享受できるのは、何百万人の戦争犠牲者のお陰であることはもちろんだが、陛下が耐え難きに耐えられ忍び難きを忍ばれて、世界の大多数の国々から信頼を取り戻されたたまものだろう。天皇のため死ねと教えられたのは、祖国日本のため死ね、と教えられたのではないだろうか。天皇陛下一人に戦争の責任を負わすのは酷ではなかろうか。我々、国民一人ひとりも負わねばなるまい。

陛下のご心労は我々には察しはつくまい。ご平癒を祈る。（『朝日新聞』一九八八年一二月一三日）

こうした言説には、「今日の平和を享受できるのは、何百万人の戦争犠牲者のお陰である」という、戦争の犠牲者を今日の日本の平和の礎とする発話が配分されている。また、本島のもとへ送られた非難の手紙にも、「戦後は全国民の総力を揚げての並々ならぬ御努力により、古きことば（負けるは勝ち）の如く世界最大の経済大国まで発展する事が出来ました日本です」と書かれていた（Field 1991＝1994:

245）。「終戦の詔書」における「総力ヲ将来ノ建設ニ傾ケ」、「国体ノ精華ヲ発揚シ」と同様に、「全国民の総力を揚げ」、「世界最大の経済大国まで発展する事が出来ました」という発話を配分した言説もまた、天皇の戦争責任を認めることを非難する。

さらに、別の手紙には、「原爆を落としたのはアメリカであり、天皇ではない」とか、「日本を対米開戦へ誘導したルーズベルトや、原爆投下を認め数多くの民間人を虐殺したトルーマンはどうして罪を問われないのですか」と書かれていた（Field 1991＝1994: 249）。「終戦の詔書」では、「敵ハ新ニ残虐ナル爆弾ヲ使用シテ頻ニ無辜ヲ殺傷シ」と語り、「交戦ヲ継続セムカ終ニ我カ民族ノ滅亡ヲ招来スルノミナラス延テ人類ノ文明ヲモ破却スヘシ」という発話が配分されていた。そうすることによって、敗戦の意思と論理を説明し、天皇を免責する言説の編制が可能となったのである。天皇の戦争責任を否定する言説には、あたかも「終戦の詔書」を引き取るかのように、「残虐ナル爆弾ヲ使用」し、民族と文明の危機を招いた者として、アメリカの指導者を語る発話が配分されている。

「終戦の詔書」では、語るべき対象としての戦争が対米英戦に変形されていた。本島を非難する言説でも同様に、アジア太平洋戦争の歴史が、「日本を対米開戦へ誘導」した歴史に変形されている。逆に、「市長に反対する人たちの手紙がけっしてもちださない話題が一つある。日本のアジア侵略の結果についてである」（Field 1991＝1994: 249）。

物語の言説の主体とキャラクター

天皇の戦争責任を認めることを非難する言説は、「終戦の詔書」を核とする戦争、敗戦、敗「戦後」

の日本を語る物語の言説、すなわち、敗「戦後」天皇制のイデオロギー的言説と見事に重なり合っている。そして、「イデオロギー的言説は、なんらかの主体の効果、すなわち、なんらかの主体を『産出』し、あるいは『誘導』する」(Althusser 1993: 131)。人びとが、アジア太平洋戦争の歴史を消し去って「戦争の否定」を語り、具体的、現実的な戦争の経験と記憶への眼差しを欠いたまま犠牲者にたいする心情を語り、犠牲者を平和と繁栄の礎と語ってしまう。そのとき人びとは、意識するとせざるとにかかわらず、敗「戦後」天皇制のイデオロギー的主体として「産出」され、「誘導」されることになる。

アジア太平洋戦争の歴史を改竄し、歴史的規定を取り除いて語られる「戦争の否定」は、それによって意味されるものが特定されないために、具体的、現実的な戦争の経験と記憶を隠蔽する。それだけではなく、侵略戦争による犠牲者や被害者という他者の具体的、現実的な戦争の経験と記憶にたいする眼差しも失わせる。どのような戦争の犠牲者なのかを明らかにしないままに語られる「胸の痛み」や「堪え難く、忍び難い」心情も、それによって意味されるものが特定されないために、国内外の犠牲者の遺族の具体的、現実的な戦争の経験と記憶を排除する。今日の日本の平和と繁栄の礎として語られる戦争の犠牲者も、それによって意味されるものが空疎にされているがために他者化され、犠牲者とその遺族の具体的、現実的な経験や記憶と向き合うことができなくなる。

「終戦の詔書」以来の、戦争、敗戦、敗「戦後」の日本をめぐる物語を語るとき、人びとは、こうした意味されるもの、すなわちシニフィエ (signifié) を空欄にして、意味するもの、すなわちシニフィアン (signifiant) を語っているのだ。敗「戦後」日本の天皇制の「イデオロギー的主体とは、それ自体がイデオロギー的言説に従属する特定のシニフィアンであるがゆえに、人格的にその言説の一部をなし、そのなかに人格的に現前している」(Althusser 1993: 131) のである。

天皇の声によって敗戦を経験したという国民的記憶に依拠した「終戦の日」に、天皇は「終戦の詔書」の言説を核とした、戦争、敗戦、敗「戦後」の日本をめぐる物語を語りつづけた。その間、天皇の声は、ラジオに代わるナショナル・メディアとしてのテレビによっても反復され、「終戦」をめぐる集合的＝国民的記憶を再生産しつづけてきた。まさに、そのような「終戦の日」に、天皇の声が語りつづけた「終戦の詔書」以来の物語の言説が、敗「戦後」日本の天皇制のイデオロギー的主体を産出し、誘導してきたのである。

戦争を否定し、戦争の犠牲者と遺族への痛切な思いを語りながら、今日の日本の平和と繁栄を称揚し、その礎となった戦争の犠牲者への心からの追悼を捧げる。しかし、アジア太平洋戦争の今なお生々しい記憶、東アジアの人びとにとっての侵略戦争の経験と記憶は、それを語ることさえ排除され、天皇の戦争責任が免責される。繰り返すなら、これが、「終戦」の集合的＝国民的記憶として再生産されつづけてきた天皇の声が、「終戦の詔書」以来語りつづけてきた物語の言説とその力学なのだ。

昭和天皇は、こうした物語の言説を生産する言説実践の主体であった。と同時に彼は、戦争の犠牲者と遺族に胸を痛め、日本の平和と繁栄を築いた国民の努力を愛でながら、その礎となった戦争の犠牲者を追悼し、戦争のない平和な世界を希求する物語の登場人物、すなわちキャラクターでもあった。このような物語とそのキャラクターとしての天皇は、皇統神話とその登場人物からは大きく変貌を遂げ、当然視されるストーリーのなかの、「平和主義者で、国民を愛する『人間』天皇」となって、同時代的な衣装をまとっている。そして、国民的記憶に依拠した「終戦の日」に、国民的に記憶された声が語りつづけた、『『人間』天皇』をキャラクターとする物語であるだけに、ともすると人びとは、この戦争、敗戦、敗「戦後」の日本をめぐる物語を当然のものとして語ってしまう。[11] しかしそのとき人びとは、アジア太平洋戦争の具体的、現実的な経験と記憶に応答する責任を負うこともなく命脈を保ちつづけてきた敗「戦後」日本の天皇制の、そのイデオロギー的主体として産出され、誘導されていくことになるのだ。

【注】

(1) 一九八五年八月一五日に、当時の中曾根康弘首相が敗「戦後」の首相として初めて靖国神社を公式参拝した。しかし、マスメディアにおける取り扱いは、八月一二日に起きた「日本航空ジャンボ機墜落事故」の衝撃がつづくなかで、相対的に小さなものになった。

(2) http://www.kantei.go.jp/jp/koizumispeech/2006/08/15interview.html

(3) 同上。

(4) この年の五月にドイツが降伏して以降、ソ連が満州国境に兵力を集中させ、対日参戦の準備を整えていたなかで、ソ連に講和の仲介を依頼したこと自体が重大な問題を含んでいる。「ソ連の満州侵入を防止するためにも、和平の仲介をソ連に依頼することが得策だという」陸軍の判断があったともいわれている。「しかし、なによりヒロヒト自身が、ソ連の仲介の可能性に、いまだに強く固執していたために、陸軍の意向に即した形で、鈴木貫太郎首相はポツダム宣言を『黙殺する』と表明してしまったのだ」(小森 二〇〇三：一二〇)。

(5) ポツダム宣言は、当初はアメリカ、イギリス、中国の共同宣言であったが、ソ連が対日参戦後、これに加わった。

(6) なかでも、阿南惟幾陸軍大臣が、原案の「戦勢日ニ非ナリ」の文言に強硬に反対したため、「戦局必スシモ好転セス」と改められた。これによって、「現状は戦争に敗けてしまったのではなく、戦局が現在において『好転』していないだけだ」という表現になる。『敗戦』を認めず『終戦』と言いつづけてきた戦後の日本政府の言説には、こうした阿南のような詭弁の思想が脈々と受け継がれていたのである」（小森二〇〇三：四一―四二）。

（7） 一九四一年一二月八日の「開戦の詔書」では、「米国及英国ニ対シテ戦ヲ宣ス」と述べている。ソ連の対日参戦は、一九四五年八月八日（それが日本政府に知らされたのは九日午前六時）であったため、「開戦の詔書」には交戦国としてソ連が記されていない。

（8） 八月一五日正午の黙祷は今日までつづいていて、この日の新聞朝刊には戦没者への黙祷を求める政府広報が掲載され、全国高等学校野球選手権大会が開催されている甲子園球場でも黙祷が行われる。

（9） 現在の天皇も、毎年「全国戦没者追悼式」に参列して追悼の言葉を述べている。昭和天皇に比べて「です、ます調」の言葉遣いへの変化はあるが、その骨子に大きな変化はない。

（10） 「市長の身辺警護は税金の無駄遣いだ」とする自民党市議の批判によって警察の警備が緩和された直後の一九九〇年一月一八日、本島は右翼団体の男に狙撃されて重傷を負った。

（11） このような物語を、けっしてみずから語ることなく、みずからの戦争の経験と記憶から、あるいはそうした経験と記憶に向き合うところから本島の発言を支持し、天皇の戦争責任を認める人びとの言説も、少なからず編制されている。そこには、「平和主義者で、国民を愛する『人間』天皇」という物語のキャラクターを解体する、つぎのような発話が配分されている。「何よりも驚いたことは、それまで『朕はなんじ等の大元帥なるぞ』と、第一種軍服に身をかため、開戦の詔勅をはじめ幾多の勅語――夫等は今でも私がそらんじることが出来ます――を御璽を押して発していた天皇が、セビロを着て、ソフト帽をかぶり、平和の象徴である白鳩を愛でる姿に変身して国民や占領軍にアッピールを始めたことでした」（Field 1991＝1994: 233）。

【引用文献】

Althusser, L., 1993, *Écrits sur la psychanalyse: Freud et Lacan*, Éditions STOCK/IMEC.（＝二〇〇一、小倉孝誠・石田靖夫訳『フロイトとラカン――精神分析論集』人文書院）

有山輝雄、二〇〇三、「戦後日本における歴史・記憶・メディア」『メディア史研究』第一四号

Cannadine, D., 1983, 'The Context, Performance and Meaning of Ritual: The British Monarchy and the

“Invention of Tradition”, c. 1820-1977’. In E. J. Hobsbawm, and T. Ranger (eds.), *The Invention of Tradition*, Cambridge University Press.（＝一九九二、辻みどり・三宅良美訳「コンテクスト、パフォーマンス、儀礼の意味——英国君主制と『伝統の創出』、一八二〇—一九七七年」、前川啓治・梶原影昭他訳『創られた伝統』紀伊国屋書店）

Field, N., 1991, *In the Realm of a Dying Emperor*, Pantheon Books.（＝一九九四、大島かおり訳『天皇の逝く国で』みすず書房）

Foucault, M., 1969, *L’archéologie du savoir*, Gallimard.（＝一九九五、中村雄二郎訳『知の考古学』河出書房新社）

小森陽一、二〇〇三、『天皇の玉音放送』五月書房

佐藤卓己、二〇〇五、『八月十五日の神話——終戦記念日のメディア学』筑摩書房

高橋哲也、二〇〇五、『靖国問題』筑摩書房

竹山昭子、二〇〇二、『ラジオの時代——ラジオは茶の間の主役だった』世界思想社

坪井秀人、二〇〇五、『戦争の記憶をさかのぼる』筑摩書房

第7章　多文化社会におけるメディアと公共性

伊藤　守

はじめに

メディアの役割とはなにか。とりわけ、デジタル化といわれるメディア技術の革新によるメディア環境のダイナミックな変動の中で、これまで社会の情報過程において中心的な位置を占めてきたテレビや新聞は、そして新たに登場したインターネットは、どのような役割を担い、いかなる役割を担うべきなのか。また地球規模で人間やモノそして情報が移動するグローバル化のなかで、これまでの情報発信のあり方や情報流通の構造はどう変化し、情報を受容し消費するオーディエンスの意識や行動はどのように変容するのか。

この章では、メディア環境の構造的な変化にかかわる問題を、小さなコミュニティFM局に焦点を当てながら考察する。

このように述べると、なぜ、と思う読者が多いかもしれない。グローバル化さらにデジタル化が進む現代社会の歴史的な転換期において、既存のメディアや新しいインターネットがいかなる機能を担うのかという課題を考察するのであれば、今日でも大きな影響力をもつテレビやさまざまな可能性を秘めたインターネットを考察すべきではないのか。それなのに、なぜ小さなメディア、しかもいまではメディア研究者でさえ注目することの少ないFMラジオ局に注目するのか、という疑問を多くの読者が抱くだろうからである。こうした疑問や感想にはこの章全体を通じて答えていくしかないが、本章の考察を通じて、多文化状況が進展するなかでのメディアの役割について、さらにメディア研究にとって長年にわたり中心的なテーマであった「メディアの公共性」という問題をあらたな視点から考えることの必要性が理解できるのではないか、と考えている。

1　多言語コミュニティFM局「FMわぃわぃ」の誕生

大震災直後の避難生活から

メディア研究者の間ではかなり知られているとはいえ、神戸の長田区にある多言語コミュニティFM局「FMわぃわぃ」を知る人は多くないと思う。ベトナム語、タガログ語、英語、韓国・朝鮮語、ポルトガル語、スペイン語、タイ語、中国語、アイヌ語そして日本語を加えて一〇の言語で放送している、日本では数少ない多言語コミュニティFM放送局である。この局の特徴を、設立の過程から見ておこう(1)。

一九九五年一月一七日、阪神淡路大震災が発生する。死者六〇〇〇人を超える大災害であった。「FMわぃわぃ」がある長田区は、地震による直接の被害のみならず、木造の家屋が密集していることもあって、多くの民家や建物が火災に見舞われ、神戸市の中でももっとも被害が集中した地域である。避難場所の一つである南駒栄公園には震災直後から、崩壊した家や火災で焼け焦げた家から逃れてきた人たちが集まり、避難生活が始まる。その数、約二九〇名近くだったという。この二九〇名の内、約一九〇人がベトナム人、残り一〇〇人の中で三〇人がコリアンの人たちだ。当時から、一〇万人の人口を抱える長田区には、その一〇％、つまり約一万人の定住外国人が生活していた。彼らもまた家を失い、公園に避難したのである。この南駒栄公園以外にも、鷹取中学、兵庫高校など数多くの場所に、住む家を失った在日外国人が集まった。ところが、この避難生活でさまざまな問題が生まれる。まずなによりも二九〇人の人たちの間でコミュニケーションがとれない。震災の被害状況や救援情報も日本人以上に韓国・朝鮮人やベトナム人には伝わらない。

震災前の時期、在日韓国・朝鮮人や日本人が経営するケミカルシューズの工場で多くのベトナム人が働いていた。したがって、長い間、ケミカル工場でこの地区の産業を支えてきた韓国・朝鮮の人々と日本人やベトナム人との間で深いつながりを持った人々も数多く存在した。しかし、地域の中で日本人、ベトナム人、韓国人が、家族同士であるいは共に生活する地域住民として相互に関わり合うことはほとんどなかったという。お互いに出身国が違い、文化が違う人たちが居住していることは感じながらも、面と向かってコミュニケーションを取り合うことはなかった。そうした彼らが、緊急避難のために一つの箇所に集まり、共同生活を始めるようになったからといって、急にコミュニケーションができるようにはならない。もっともなことだ。そこには、「言語の壁」そして「心の壁」があった。そしてまた差別意識もある。たとえば、些細なことであるとはいえ、食文化の違いも対立や差別的感情を誘発するきっかけとなる。ベトナムの人たちにとって、大量の食品を買い溜めすることは普通の日常生活のありかたである。ベトナム戦争を通じていつ戦禍に巻き込まれてしまうかもしれない生活を余儀なくされた経験をもつ定住ベトナム人にとって、多くの食料品を保存することは「生きること」そのものに結びついた生活習慣だからである。そのため、震災の直後、彼らは破壊された家の中の冷蔵庫から食料品を運び出して、公園で焼肉パーティーをはじめることもあった。そうなると、「あいつら、どこからか肉を盗んできたんとちゃうか」といった発言が飛び交い、対立が表面化する。断水状態が続き、飲料水の確保が困難になれば、その取り合いでまた対立が生じる。皮肉にもこうした葛藤や対立が沈静化していくのも、食料の分配を通じた共同作業からなのだが、いずれにしても震災を通じてはじめて、異なる文化や歴史を背負った、日本人、ベトナム人、在日韓国・朝鮮人が正面から向き合い、相互に接触し、コミュニケートする必要性に迫られたのだ。

「FMヨボセヨ」と「FMユーメン」そして「FMわぃわぃ」へ

在日外国人や日本人がテント生活や学校・公民館での共同生活を強いられた困難な時期に、地元の教会組織やボランティアが「被災ベトナム人救援連絡会」を組織して、援助活動やそのための翻訳作業を始めたのが一月二八日、震災から一一日後である。またその直後には、大阪生野区の在日韓国人が運営していたミニFMの「FMサラン」のスタッフが駆けつけ、同胞に被害救援情報を伝えるためにラジオ放送「FMヨボセヨ」を始める。一月三〇日のことである。どちらのケースも、正確な情報、必要な生活情報が『言語の壁』で届かない状況を打開するために手探りではじまった活動だった。そして「FMヨボセヨ」「FMサラン」の協力で、「カトリックたかとり教会」を拠点とするボランティアの救援基地の中に、ベトナム人向けの放送「FMユーメン」が開局したのが四月一六日のことである。「ユーメン」

とはベトナム語で「友愛」を意味する。ベトナム人向けとはいえ、ベトナム語だけでなく、フィリピン人向けのタガログ語、スペイン語、英語、そして日本語、の五つの言語で伝える多言語放送である。この局の設立に関わったのが、現在「FMわぃわぃ」の代表を務める日比野さんだ。朝、昼、夜、それぞれ一時間の番組を「FMヨボセヨ」と「FMユーメン」が時間をシェアーしながら放送した。救援活動や食料の配給の情報、病院や医療活動にかんする情報、またこうした緊急の救援情報以外にも厳しい生活の中で前向きの気持ちをもってもらうために各国の音楽を流したという。素人による、まさに手作りの放送である。いまは「FMわぃわぃ」の総合プロデューサーを務める金千秋さんは当時の様子を次のように語ってくれた。

日本人と定住外国人との間に感情的な対立が生まれ、時には「ベトナム人が食料を奪っている」といったデマが流れて差別意識が発露することもあった。「だが、人は誰でも人を助ける」、彼女が震災を体験したなかで得た、これが率直な感想である。

震災直後から、定住外国人の多い長田区には大阪の民団（在日本大韓民国民団）の人たちや多くの留学生も駆けつけ、救助作業や炊き出しなどの救援活動に参加する。韓国から来たTVクルーも神戸の災害の悲惨な状況を伝え、そのおかげで韓国からも多くの救援物資が届く。対立や葛藤があるなかでも日本人と在日外国人の人々の間に協力関係が生まれる。こうしたなかで、ボランティア数人が交代ではじめた「FMヨボセヨ」には「外国人が外国人のためにという意識はまったくなかった」という。同胞に向けた韓国・朝鮮語の放送とはいえ、時には日本語も交えた、被災した長田区のコミュニティに住む人びと全員に向けた放送だからである。「FMユーメン」も、五つの言語による放送であることが示すように、一つの特定の民族に向けた放送ではない。民族の境界を越えた、地域社会に住むさまざまな被災住民に向けた、そして被災住民自らが相互に励まし、声を上げるメディアとしてはじまった。こうした多くの人々の姿を、金さんは「人は誰でも人を助ける」という言葉で表現したのである。

日比野さんがボランティアとして駆けつけた南駒栄公園の被災者も同じ思いだったという。すでに述べたように、日本人とベトナム人そして韓国・朝鮮人の間で対立が生まれ、この避難所の運営に関する自治・運営会議で朝まで激論が続くことがあった。それでも皆に共通していたのは、「この避難所で寝泊りできるスペースがある限り、誰でも来てよい、国籍や民族の違いはまったく関係ない」という強い意志だった。

「FMわぃわぃ」は、この二つの小さな局を一つにまとめるかたちで、上記の長田区の救援活動の一つの拠点であった「カトリックたかとり教会」の敷地に仮設のラジオ局を設置して、震災から約半年後、一九九五年七月一七日に放送を開始する。設立の理念は、マイノリティ自身が主体的に参加しかかわるラジオ、それを通じて地域社会の中で多民族・多文化共生の実現をめざすコミュニティFMラジオ局である。大震災という未曾有の事態が生み出した無許可の『海賊放送』、小さな放送局の誕生である。

長田区という東西三キロ南北五キロほどの小さい地区の出来事ではある。しかし、毎日、定期的に、韓国語やベトナム語をはじめさまざまな言語が飛び交い、音楽が流れるメディア空間が開かれたのだ。このほんの小さな出来事、しかしそれは日本のこれまでのメディア空間に新たな頁を開く画期的な出来事だったと言えるのではないだろうか。

2 グローバル化と移民の街＝長田区のコミュニティFM

長田区という街の特徴

神戸と言うと横浜と並ぶ「国際都市」という華やかな印象を抱く。元町の南京町には中華街があり、三宮は関西でも有数の繁華街で、山の手地区の北野には「異人館」と呼ばれる洋館が立ち並ぶ一大観光地がある。この中心部から電車で一五分ほど西に移動したところに長田区がある。北の山の手には長田神社があり、南の海側には明治大正期に栄えた商店街があり、昔から続く街並みがある地区だ。この長田区に、在日韓国人の多くが居住し、一九八〇年代にはベトナム人の多くが住むようになった。このことにはもちろん理由がある。港湾で働く低賃金労働者が住み、「ゴム製品製造業」を中心とした従業員数が「四人〜九人」「一〇人〜一九人」という零細な工場が集中していたこの地区には家賃の安いアパートが多く、在日韓国人が職を見つけて住むには格好の場所だったからである。また、戦前から戦後にかけて、この地区には、奄美諸島や沖縄から遣って来た人たちも居住していた。敗戦の時期には、約二〇万人に上ると言われる人たちがいわば「国内移民」し、本土で暮らしていたという。その中でも関西地区に来た人々の多くがこの長田地区で暮らしていたのである。奄美・沖縄がアメリカの統治下に入った戦後も、彼らは「密航」という手段で本土にわたり、安いアパートが集中していたこの地区に居を構えたのである。難民として日本にやってきたベトナム人にとってもそれは同様だった。

現在、神戸に住む在日外国人の総数は四万三六五一人に上る。その内訳を見てわかるのは、出身国の違いで居住する地区が異なることである。国籍別で見た場合に登録外国人がもっとも多いのは「韓国又は朝鮮」で、その数が二万二〇三二人、その内、長田区に居住する人たちがもっとも多く六〇一七人を占める。「ベトナム」も一二三四人、その内、過半数を超える七九〇人が長田区に住んでいる。ちなみに中央区には「中国」や「インド」の国籍をもつ人が多く、東灘区には「ブラジル」（六〇三人の内、三四二人）、「ペルー」（二〇八人の内、九三人）が多い。長田区の特徴がこの点からもよくわかる。震災が起きた一九九五年の時点でもほぼこれと同様の地域的特徴が存在した。資料を見ると、一九九五年時点の神戸市全体で「ベトナム」国籍が九八五人、「韓国又は朝鮮」の人が二万五三八〇人と記されている。そしてその多くが長田区に住んでいたからである。[2]「FMヨボセヨ」と「FMユーメン」が開局し、その後「FMわぃわぃ」が設立された背景には、昔から低賃金の労働者が居住する地域であったこと、そこに多くの在日韓国・朝鮮人がともに住む街に変化し、さらにその後、その多くが零細なケミカルシューズ工場で働くベトナム人が居住する街へと変貌してきた、長田の歴史が深くかかわっているのである。八〇年代半ば以降の、日本社会が直面したグローバル化によって、このような長田区の地域的特徴がつくりあげられてきたのだ。

東南アジアから、あるいは中東から、さらに南米から日本に来て働く外国人労働者が急増するなかで、東京の大久保地区や池袋そして群馬県の太田市や静岡の浜松市など全国の地方都市でもみられたように、神戸でもアパートの入居を外国人だからという理由で断られるケースも少なくなかった。そのため、ベトナム人の多くは数少ない公営のアパートやようやく入居できた民間アパートに何世帯も集中して居住するケースがほとんどだった。こうした生活環境の中で、ベトナムの人たちは日本人との交流もなく、日本語を学ぶ環境も、学ぶことの必要性を感じることも乏しい生活を送ってきた。唯一、職場の関係を除けば、彼らが日常的に交流できる空間はカトリック教会だったという。ベトナム人が難民として日本に来てからすでに一五年近い年月が経過していたにもかかわらず、そして二世が誕生し彼らが小学校に通う頃になっていたにもかかわらず、震災に直面して本当にはじめて、日本人とベトナム人が同じ地区に住む、同じコミュニティで生活を共にする隣人として出会ったのだ。こうした状況のなかで「FMわぃわぃ」は生まれたのである。

多民族・多文化共生の実現をめざして

「FMわぃわぃ」が開局した当時、専属スタッフの数はわずか三人だった。復興に向けた歩みがようやくはじまるなかで、定住外国人とともにこの地区に住む日本人にも必要な情報を伝えよう、「ふっと安心できる」情報や音楽を伝えよう、という思いで放送は続けられたが、いくら緊急時とはいえ「海賊放送」をこのまま継続するわけにはいかない。とはいえ、その放送を必要としてくれる人たちがいる限り、放送を止めるわけにもいかない。こんなジレンマや悩みを抱えていた時期にやってきたのが旧郵政省の大隅さんである。彼が神戸を訪れたとき、「無許可の放送を停止せよ」と言い渡されるのかと思いきや、彼の口から出てきたのは「一年先のラジオ放送局開設に向けて免許申請を出してくれ」というアドバイスだった。当時は、放送事業をおこなうには株式会社を設立し、最低でも一〇〇〇万円の資金が必要だった。現在では、京都のコミュニティFM「京都三条ラジオカフェ」のように、NPO組織が放送事業の主体となるFM局も設立できるようになったが、一九九六年の時点では株式会社を設立するしか手がなかった。資金集めなど幾多の苦労の甲斐あって、放送を開始したちょうど一年後の一九九六年七月一七日に「株式会社エフエムわいわい」が正式に発足したのである。

当時、これまでにないラジオ局として注目されてはいたものの、スポンサーは少なく、資金繰りも苦しいなかでの船出で、その後の歩みも順調に推移したわけではない。先に紹介した金さんによれば、震災から三～四年が経過した頃は、救援活動の一環として開始されたFM局の活動に対する根本的な問い直しが迫られた時期でもあった。さまざまな問題が山積してはいるものの、緊急の救援にかかわる役割の比重が低下する中で、「何のために放送を使うのか」「たんに外国語を使っているというだけの放送でよいのか」、こうした基本的な問いの前に立たされたのだ。そこから生まれたのは、定住外国人が参加する多言語・多文化の局であることを基本にしつつも、地域に住むさまざまなマイノリティの人たちの声を伝えるメディアであることの重要性をあらためて認識することだった。それは文化や民族の違いを背負う者同士が集まることの楽しさや力を伝え、民族や文化の違いを超えたコミュニティを創ること、街づくりを進めることでもある。あるいはさまざまな障害をもつことや闘病生活を経験することではじめて見えてきた視点を語り合い、伝え、共有するコミュニティを創ることでもある。こうした広い意味での少数派、つまり自分の横にいる普通の、しかしなかなか声を上げることのできない少数派の意見を伝えることとの意義を確認したのである。

とはいえ、株式会社の組織形態をとる限り、リスナーを増やし、スポンサー獲得を重視する必要もある。そのために、音楽番組の枠が増加して、他のFM局との違いが薄れてしまい、経営的にも行き詰まる時期もあった。二〇〇三年頃のことである。その時には、事態を打開するため、再建委員会が組織され、厳しい議論が闘わされたという。その討議から生まれたのは、定住外国人をサポートする局、市民が参加する局、そして長田区に住む市民の多文化共生を実現するコミュニティの形成・維持に資する局、という「FMわぃわぃ」が設立の当初から掲げた三つの原点に立ち戻り、再出発することだった。現在の局の特徴やプログラムの基本はこうした過程を経て形づくられてきたのである。

多文化プロキューブの戦略

ところで、資本金が一〇〇〇万円の小さなFM局が、長期にわたりなぜ経営的に維持できるのか、しかも長田区という人口一〇万人足らずの地域を対象に、しかも一〇の言語を使った局がどうして運営可能なのか。全国の多くのコミュニティFM局が経営的にきわめて厳しい環境におかれ、市民に開かれた局を目指しながらも、スタッフの数の少なさ、わずかな制作費、そして制作するスキルの未熟さなどの要因が絡まりあって自主制作の番組をつくることすら困難な状況にある。そうしたなか、この多言語放送局は、二〇〇名近いボランティアと専属のスタッフを抱えながら自前の番組を創り続け、生き生きとした活気に溢れる活動を続けている。その理由はどこにあるのだろうか。

その最大の理由は、「FMわぃわぃ」という単独の組織で放送事業をおこなっているわけではないという点にある。震災の救援活動から始まったさまざまな組織や団体との多層的なネットワークを基盤にして、放送事業が営まれているのだ。そのネットワークの中核をなしているのが、「コミュニティ放送局FMわぃわぃ」「多言語センターFACIL」「ワールドキッズコミュニティ」「AMARC日本協議会」という四つの団体から形成された「多文化プロキューブPro3」というグループである。言い換えれば、「コミュニティFMわぃわぃ」はこうした団体と密接なネットワークを形成しながら、団体同士が知恵と人材を提供しあう相互関係を土台にして活動しているのである。「FMわぃわぃ」の活発さやポテンシャリティの高さはこのネットワークの厚みから生まれている。

グループの一翼を担う「ワールドキッズコミュニティ」は一九九八年四月から活動を開始、ペルー、ベトナム、ブラジル、韓国など定住外国人家庭にその国の言葉ができる家庭教師を派遣するなどの「学習支援プログラム“MANGO”」の活動や、言語や文化、国籍など異なる背景をもった子どもたちが自分たちらしい表現活動を身につけることを目的にした「表現活動“Re:C”」の活動、さらにスペイン語圏のコミュニティの自立支援とともにスペイン語情報誌「Mujer Latina」の発行（隔月刊のフリーペーパー）などの活動をおこなっている。

グループのもう一つの団体「多言語センターFACIL」は一九九六年六月に多言語通訳・翻訳および企画を主な業務内容にしたコミュニティ・ビジネス組織として立ち上げられた団体である。この活動の歴史も、震災によって生活基盤を失った約八万人に及ぶ外国人被災者に対する多言語による情報提供や相談などのボランティア活動からはじまった。その後はこの経験を生かして、多言語による生活情報の翻訳や災害時用のデータベース構築をおこなうなどの活動を展開、現在は定住外国人や全国の行政機関、医療機関、そして一般の企業などからの多言語翻訳や通訳の依頼を引き受けるコミュニティ・ビジネスとして事業を展開している。この団体に登録している通訳・翻訳者の延べ人数は五六六人に上る。こうした多くの人たちが、上記の「ワールドキッズコミュニティ」の活動や「FMわぃわぃ」の運営にも参加し、それぞれの団体を支えているのである(3)。

「FMわぃわぃ」が単独で放送事業をおこなっているわけではなく、さまざまな組織や団体の人たちとの間の多層的なネットワークを基盤にして事業を展開していると述べたのは、このような有機的に結びついた人的関係が「FMわぃわぃ」の活動を支えているからである。そして逆に、コミュニティFMが存在することで、「ワールドキッズコミュニティ」や「多言語センターFACIL」に参加する人々が情報を交換し、お互いの活動を評価し、さまざまなプランや知恵を出し合う場が形成される。つまり、「FMわぃわぃ」は、多言語の情報を発信するコミュニティFM局であると同時に、この局自体がマイノリティの人たちの声を届けようとする定住外国人と日本人が共に活動する空間、つまりさまざまな団体や組織に参加する異質な文化を持つ人たちが協同するコミュニティ、多文化共生を実践するコミュニティという性格も併せ持っているのである。

小さな局の歴史的な意義

これまで述べてきた「FMわぃわぃ」の特徴を整理しておこう。

第一は、このFM局が自前の記者やパーソナリティといった専門家を擁して、彼らが取材した事件や情報を発信するという、通常わたしたちが想像する放送局ではないということだ。放送の主体は、私たちの隣にいる普通の人、日本で仕事をしているベトナム人二世、ペルーから来てすでに二〇年近く日本で働いている女性、自宅で英会話を教えているアメリカの男性、タイから神戸の大学に留学している女性など、多様な経歴をもつ、定住外国人である。彼らや彼女らが母語で時には日本語で普段の生活で考えていることや感じていることを自分の目線で語ることに徹している放送局である。また、電波の届く範囲が限られ（現在はインターネット放送も実施）、リスナーとして想定されているのが長田区に住む人たちであるという点で見れば、この局は、その地域に住む人が、そこに住む人たちに向けて情報を提供するコミュニティFM局でもある。ただし、語り手は地域のことだけを話すわけではなく、その時々の関心に応じて、国際的な話題や日本全体の問題も自由にテーマとして取り上げ、自分なりの視点でマスコミが伝える情報を批評することもある。一人ひとりの体験や生活に基づいて「一人称」で語るスタイル、これがコミュニティ局であることの中心的な特徴を創り出している。林香里は、一人ひとりの体験や生活から日常生活を批評するスタイルが歴史的に見ればジャーナリズムという活動の原点であることを指摘している。「FMわぃわぃ」に見られる「一人称」の語りはジャーナリズム活動の核心にあることとがらと重なり合うものだとも言えるだろう[4]。

第二は、このFM局の語りの主体が、マジョリティの人びとである日本人に対して、これまで自分の声や主張を十分に伝えることのできなかった定住外国人であるということだ。このことは繰り返し強調されてよい。テレビ番組の中の司会やコメンテータはそのほとんどが日本人で占められている。商業ラジオ放送の場合も同様である。たしかに外国人がパーソナリティを務める番組も一部にはある。しかし、その場合でも、「FMわぃわぃ」とは大きくその性格を異にしている。多くの場合、前者はタレントや芸能人がほとんどであり、マジョリティである日本人のリスナーを対象にしている。それだけに彼らの「語り」の位置はマジョリティの価値観を前提にしがちである。それに対して、後者の「FMわぃわぃ」の場合は普通の生活者であり、その彼女・彼らが自分の視点で、誰の干渉も受けず、一人ひとりの体験や生活から「一人称」で、自分の母語と日本語を交えて話す。このスタイルは前者とは明らかに異なるだろう。つまり、マジョリティが、マジョリティとしての視点から「伝え」「語る」という従来の放送のスタイルとは大きく異なり、マイノリティがマイノリティの視点から「伝え」「語る」という新しいスタイルを提起しているということだ。

その点で見ると、多言語放送局という性格を、たんに韓国語やタイ語やスペイン語で放送している局であると単純に理解してはならないことがわかる。つまり、日本社会に、日本人が多く住むこの国に、異なる文化と異なる言語をもつ人々が暮らしていることを知らせ、彼らの存在を可視化する特別な機能を果たす、そうしたメディアとして理解する必要があるということだ。

第三は、以上述べたことにかかわる。このFM局は、パーソナリティが話す母語、つまりスペイン語、中国語、ベトナム語などを解するリスナーだけを対象にしているわけではない。もちろん、日本語の不自由な定住外国人を主な聴取者と想定してはいるものの、日本語しか解さない人たちにも聞いてもらうことを前提にしている。若いベトナム人二世のパーソナリティはベトナム語とともに、日本語も使い、自分が何を考え、いま何に悩み、何を楽しみにしているか、を伝える。特定の言語を解する人々のコミュニティをゲットー化することなく、日本語を解する人々と日本語とは異なる言語を母語とする人々が同じ街に暮している事実に立って、両者の間に「懸け橋」をかけることが目指されているのである。マイノリティにも、マジョリティにも、受容され消費されること、そのことで両者の間にあらたな「対話」が開かれること、言いかえれば「他者が私に対して現れる空間」が期待されているのである。

このように述べると、アーレントの「現われの空間（the space of appearance）」という重要な概念が思い起こされる。ここでアーレントの言葉を引用しておこう。

「私的」という語が、「奪われている」というそのもともとの意味において重要になるのは、公共的領域の多元的な意義についてである。完全に私的な生活を生きるということは、何よりもまず、真に人間的な生を生きる上で本質的な事柄が奪われていることを意味する。つまり、他者によって見られ、聞かれるという経験……から生まれるリアリティを奪われていることを意味する。私的な生から奪われているのは、他者の存在である。他者の視点からすれば、私的な生を生きる人は現れず、それゆえに存在しないかのようである。（アーレント、一九五八＝一九九四：八七―八八）

「他者によって見られ、聞かれるという経験……から生まれるリアリティを奪われている」という文章でアーレントが思い描いているのは、齋藤純一も指摘するように、戦前に「場所なき者たち」とよばれた人びと、たとえば「ユダヤ人」という集合的表象の暴力によって強制収容所に送られた人びとである（齋藤 二〇〇〇：四〇）。しかし、「場所なき者たち」は、過去のものとなったわけではない。他者として認知されることもなく、「あたかも存在しないかのように」生きることを余儀なくされた人びとは現在においても夥しい。たとえば、障害者、同性愛者、あるいはアイヌ人……。そして、自らの出自を隠して日本名で暮らしてきた在日韓国・朝鮮人の人々を含めて、日本という異郷で暮らす外国人はどうだろう。

「FMわぃわぃ」は、大震災を経験するまでの長い期間、「あたかも存在しないかのように」生きることを余儀なくされた人びとの声を届け、「他者が私に対して現れる空間」、つまり現代的な「公共性」をつくりだす装置＝メディアとして機能しているといえるのではないだろうか。先ほど、多言語放送局であることの意味が、さまざまな言語を放送しているという単純な事実にあるのではなく、アーレントの言葉を使えば「私的な生活」を強いられてきた、多くの定住外国人の存在そのものを「目に見える存在」たらしめることにあると指摘したが、このような性格は「公共」という概念の核心にあることがらとぴったり重なり合っていると考えられるからである。

最後に、もうひとつの特徴を述べておこう。繰り返し強調することになるが、「FMわぃわぃ」が情報の送り手とリスナーを媒介するメディアであるだけではないということだ。すでに指摘したように、「FMわぃわぃ」が置かれている「たかとりコミュニティセンター」には、「カトリックたかとり教会」があり、このセンター内にはさらにさまざまなNGO組織やボランティア団体のネットワークが存在する。「FMわぃわぃ」はこれらの組織や団体を結びつける結節点の役割を担い、日常的に日本人や外国人が共同して活動する場になっている。宗教や人種や国籍や信条の違いによって差別されることなく、誰に対しても開かれたコミュニティの核をなしているのである。そこでは、外国人の悩みや喜びが率直に語られ、同じ悩みを持つ日本人の声が交錯し、それぞれの文化について批評し合い、そのなかから新しいプランや実践が模索され展望される、そして自らが何者か、をつねに問い返される空間が立ち上げられている。多言語メディアがいわば日本人・外国人の境界や垣根を越えたコミュニティとして機能しているのだ。

先ほど、「FMわぃわぃ」の電波に乗った「声」が定住外国人の存在を「目に見える存在」たらしめる触媒としての働きを示すという点で、「公共性」を切り開く機能をもつものであると述べたが、この第四の特徴は、「FMわぃわぃ」が活動する場そのものが実は「公共性」を展望する空間であることを示している。

さて、ここで、これまで概念規定をしないままで使用してきた「公共性」とはなにか、あるいは「メディアの公共性」とはなにか、をあらためて検討することが必要だろう。そのためには、読者にとってやや遠回りの議論と考えられるかもしれないが、メディアと「公共性」とのかかわりを歴史的に跡付けておく必要がある。

3 「公共性」をめぐる社会の構造的変化と二一世紀

市民的公共性とは?

「公共性」という概念について検討しようとするなら、上記のアーレントとともにハーバーマスの『公共性の構造転換』の検討が欠かせない。その骨子を整理してみよう。

やや図式的な説明になるが、あらかじめ指摘しておくなら、「公共性」とは、一八世紀から一九世紀にかけて、イギリス、フランス、ドイツで発達した「市民的公共性」(bürgerliche Öffentlichkeit, public sphere)、すなわち市民社会に特有の「公共的コミュニケーション」を指している。

貿易業者、金融業者、製造業者、マニュファクチュア業者など、「市民層＝ブルジョア(die Bürgerlichen)」と呼ばれる社会層が資本主義の担い手として登場したのは一七世紀から一八世紀にかけての時期である。当時、重商主義政策を掲げる絶対王政は、この社会層が担う自由な商品の生産と交換を中核にした新たな生産様式に対して厳しい規制と統制を加える一方で、王政の利害に合致するかぎりで彼らの生産活動を保護する政策も打ち出していた。そのために、権力や国家から独立した領域として、自由な商品生産と社会的労働の組織化を主張するブルジョアと政府・権力との間で繰り広げられた対立や不断の行政的交渉は、ブルジョア自身が自らの経済的な利害関心を認識するまたとない政治的経験の場でもあった。そして、いまひとつ、彼らの自覚を促す重要な媒体となったのが定期的に刊行された新聞やパンフレットである。

新聞はすでに一七世紀中頃には週刊から日刊となり、災害、租税、貴金属輸送そして国際貿易などの記事を中心に紙面が構成されていた。こうしたなか、行政当局は行政目的のために新聞を活用することに関心をもちはじめ、君主の旅行や祝祭、宮廷の「盛儀」、さらには「臣民の福祉のための国君の公示」といった法律や命令を伝達するために、資金を提供して政府系新聞を育成した。『ロンドン・ガゼット』などに代表される「政治新聞」の登場である。新聞による法律や規則の公示は、原理的には、すべての臣民に宛てられるとはいえ、実際には識字能力と財産をもった「教養ある身分」にしか届かない。しかし、いまや「教養ある身分」となった新興のブルジョアは、これら新聞の購読と論議を通じて、政府権力が公示することがらの正当性を「審議する」主体として立ち現れることになる。「読書する公衆(publicum)」の成立である。さらに、彼らは、政府に対する批判的解読や公然たる反対論を正当な地位に引き上げた独立系のジャーナリズムも創出していく。『ジェントルマン・マガジン』に代表される多くのこうした独立系の新聞が当時（一八二〇年代）ロンドンで三〇〇〇軒ほどあったと言われるコーヒーハウスで購読され、活発な論議の空間をつくりだした。「新聞は本当に、政治的に論議する公衆の批判的機関」となったのである。

一八世紀の市民社会に特有の、こうした活字メディアと「論議する公衆」による「公共的なコミュニケーション」の成立という歴史的な事態を、ハーバーマスは「市民的公共性」と概念化したのである。

ところで、「市民的公共性」の成立と特徴を理解する上で見過すことができない重要なことがらがある。ひとつは「市民的公共性」の成立に先行し、その成立の母体ともなった「文芸的公共性」の役割である。

「文芸的公共性」とは、商品形態をとって普及し始めた絵画や音楽や文学などの作品を討議の対象としながら、ブルジョアが自らの私的存在の経験にかんしておこなう自己啓蒙の圏を指している。そこでは、社会的地位の平等性、「万人に開かれた自由な討議」という「非閉鎖性」、そして教会や国家の権威による上からの解釈の独占を打破して作品を自由に批判的に読解する「批判性」という原則が暗黙の制度的基準をなしていた。この原理を基盤にして、ブルジョアは自らを「自由で平等な人間」の概念と重ね合わせ、私人（個体性）たる自己を人間一般（普遍性）と同一視することができたのである。この「文芸的公共性」なかで獲得された私人たちの自己理解から政治的機能をもつ「市民的公共性」が生まれる。つまり、私人と人間一般とを同一視する視点は、ブルジョア＝私人の特殊利害と人間一般の普遍的利害との一致という政治的主張へと接続され、この連結の下で公権力に対する批判が展開されたのである。

ここで「市民的公共性」の特徴を考える上でもうひとつの重要な問題がみえてくる。当然のことながら、「財産主としてのブルジョアの利害」と「人間一般の利害」との一致・同一視は擬制にすぎない。すでに示唆したように、公共圏への参加は万人に開かれているわけではなく、財産と教養をもつブルジヨアに限られている。ブルジョアの利害が無産者階級の利害を代表するわけではないし、彼らの政治的解放が万人の解放を意味するわけでもない。マルクスをして「政治的解放」と「人間的解放」の峻別に導いた事態である。「市民的公共性」は、その理念に反して、当初から自己矛盾を抱え込んでいたのである。

このような「市民的公共性」の矛盾と限界を乗り越える対抗モデルのひとつは、財産処分権と私的自律の基盤を欠く集団すなわち労働者階級が、彼らのおかれた社会的位置ゆえに、経済的政治的問題を焦点として市民的公衆の代わりに新たな公共性の主体に昇進し、開放性と批判性という理念を現実化する「対抗的公共性」(ハーバーマス自身の言葉を使えば「人民主義的公共圏」)を構築するという構想であった。だが、その構想が実現することはなかった。一九世紀後半、「公共性の圏そのものの構造的変化」が引き起こされたからである(5)。

公共性の構造変化

イギリスにおける事態の推移に即して見ておこう。一八六七年の第二回選挙法改正、七一年の労働組合法の制定は労働者階級の政治的パワーの強化を物語るものだった。だがそれは、公共性のなかから形成されてきた政党が公共性の上位に地歩を占め、政治的意思疎通の回路を集約する過程でもある。また、労働組合や各種の団体など、「集団的に組織された、私的利害を直接に政治的に表現しようとする諸団体」の組織化は、これらの諸機関が公的管理当局と直接交渉する過程の制度化を促進した。政党や民間の諸団体のような「国家装置との共同の中で部内的に権力行使と権力均衡を運営する諸機関」の手中に

「公共的コミュニケーション」が引き渡され、公共圏内部の公衆による討議と決定のプロセスの弱体化が引き起こされたのである。政治行政的政策が民間の諸団体との交渉の回路をもつこと、つまり「国家の社会化」と「社会の国家化」という事態は「再政治化された社会圏」を造形することで、国家と社会を媒介する「市民的公共性」の機能を大幅に解除してしまったのだ。

活字メディア自身にも大きな変化が現れる。労働者階級の識字率が向上し、彼らの政治的発言力が高まるなかでラディカルプレス（一八一〇年代そして三〇年代）が登場し、「人民主義的公共圏」が成立したかに見える時期もある。だが、ラディカルプレスは一八五〇年代以降一気に衰退する。印紙税廃止（一八五五年）の後、廉価で娯楽やゴシップなど大衆受けする記事を掲載する新聞が増大したからである。新聞が巨大なマーケットを形成し、それが「論議のための媒体」から「消費のための媒体」へと変貌する中で、ラディカルプレスは息の根を止められてしまう。さらに政府や政党や各種団体が活字メディアを通じた「広報活動」を強化し、自らが主張する利害を普遍的な利害であるかのごとく宣伝して公衆から同意あるいは黙認を取り付けようとする動きが生まれる。

さらに二〇世紀に入り登場したラジオとテレビは、番組のなかで組織された専門的な対話やビジネスとしての公開討論の「受け手」、あるいは管理行政機関の操作の対象としての「受動的市民」の位置に公衆をおくことになる。「公衆は、公共性なしに論議する専門家たちからなる少数派と、娯楽を受容する一方の消費者たちの大衆へと分裂し、公衆としての特有なコミュニケーション形態を喪失」したのである。

「再政治化された社会圏」の成立、それと連動した各種団体の広報活動の拡大とメディアの娯楽化・

商業化は、公衆自身による批判的な討議を縮減し、「市民的公共性」を「操作的公共圏」へと転換した。ハーバーマスは、「現代」の社会的コミュニケーションの構造をこのように特徴付けるのである。

「公共性」を特徴づける「介入」という契機

ハーバーマスの議論を本章の視点から整理しておこう。まず重要なことがらは、一八世紀にあらたな主体としてブルジョアが、既存の経済的・政治的利害関係に「介入」するかたちで、登場したという事実である。よく知られるように、当時の生産活動は絶対王政とそれに保護されたギルドという職人組合との利害関係に制約されていた。ブルジョア＝市民階級はこの両者の利害関係を打破し、自由な生産活動を主張する主体として登場した。政治的にも、同様のことが言える。これまで政治的発言力を奪われ、「あたかも存在しないかのように」見なされていた市民階級が、新聞というメディアの登場によってはじめて「論議する主体」として成立するとともに、自ら新聞を発行し自らの主張を展開する主体として歴史の前景に現れたのである。

ここで理解されるのは、「公共性」とは、これまで存在してはいても「存在しないかのように」不可視の状態に置かれてきた主体が、その不可視の状態に押しとどめてきた構造に「介入 intervene」して、自らを歴史的な主体へと押し進めるプロセスの中に成立する概念であるということだ。すでに述べたように、アーレントが指摘する「現われ」という概念もこのプロセスに照準したものと言える。「他者によって見られ、聞かれるという経験……から生まれるリアリティを奪われている」存在が、既定の社会構造に裂け目を入れ、敵対性を顕在化するプロセスによって（あるいはそのプロセスにおいて）「公共性」

が切り開かれる。「公共性」あるいは「公共的空間」の生成という事態には、既存の秩序や枠組みに異議を申し立てる「介入」という契機が深く結びついているということである。

こうした「公共性」の特徴は、「公共性」がつねに変化にさらされ、その内実が歴史的に変容することを意味する。ハーバーマスが考察したように、従来の経済的政治的関係から排除されてきたブルジョア＝市民階級が打ち立てた「市民的公共性」は、誰もが自由に参加できる公共的なコミュニケーション空間を標榜するものであったとはいえ、実際には非市民階級つまり労働者階級や女性には閉されていた。したがって、彼らが「市民的公共性」の閉鎖性に「介入」し、それを打破しようとするとき、あらたな「公共性」が構成される展望が開けてくる。歴史的に見れば、メディアの産業化が進むなかで、労働者階級が主体となる「人民的公共性」が構成されることはなかった。しかしながら、「公共性」を一八世紀に成立した一回性の歴史的概念と考える必要はなく、自らの存在と権利を主張できず、他者による承認を受けずに来た存在が、既存の社会関係に「介入」して自らの存在と主張を可視化するプロセスとして「公共性」を考えるならば、それはいかなる時代にあっても生成可能な事態と想定されねばならないということだろう。

「公共性」は、誰もが自由に参加するという規範性を梃子にしながら、それを担うあらたな主体の登場と彼らの主張に応じて、ダイナミックに変化する未完のプロジェクトとでも言うべき性格をもつということだ。そして実際に、私たちの前で起きつつある変化は、後述するように、未完のプロジェクトを現在進行形のプロジェクトに現実化させているのではないだろうか。

現代的な「公共性」の創出とその歴史的根拠

ハーバーマスの議論の中のもう一つの重要な点は、著書のタイトルにもある「公共性の構造転換」と言われる一九世紀後半から二〇世紀全体を貫く社会構造の変容である。

彼によれば、上述したように、一九世紀後半以降、共通の利害にかかわって人びとが相互に論議する「公共的コミュニケーション」の過程は、政党を通じた選挙と間接民主制の制度化、労働組合の制度化や左派政党との連携による政治的発言力の拡大、さらに政府の福祉国家的な施策の下で各種の行政機関が担う福祉や医療や労働分野の利害調整機能が拡張・制度化されたことなどを通じて、その役割が大幅に縮減された。さらに二〇世紀のラジオやテレビの登場は、新聞というメディアを媒介にして共通の利害にかかわる問題を「論議する公衆」から、必要な情報を受容し消費する大衆への変化を招来することになる。ハーバーマスにとって、二〇世紀は「市民的公共性」の終焉の時期となる。

しかしながら、私たちの前にある現在の変容は、「市民的公共性」を終焉に向かわせた社会的条件自体の変化であり、現代的な「公共性」の創出への可能性と必要性の高まりなのではないだろうか(6)。

たとえば、各国における選挙の投票行動が低下し、しかも投票行動自体が政治的関与度という点では「貧しい関与の度合い」しか示していない、という深刻な現状認識がある。政党への不信、政党への投票行動によるだけでは自分たちの政治的判断を託せない、という間接議会制度への根本的な批判が生まれている。そしてこの現状を打開するためには、市民がさまざまな政治的争点に対して「熟慮」するシステムや空間や場所が組織される必要があるし、政党本位の選挙という従来の制度のみならず、より民主的な制度の設計が欠かせない、というのである。

「民主的制度は、投票という形態で権力の配分を行うだけではない。それはまた、集合的な判断が必要とされる状況において、種々の決定や平等な参加をつくりだすために、諸パワーのコネクションを構成することをサポートし、かつそれを保障する制度でなくてはならない。したがって、そこでは、コミュニケーションの過程、つまり議論、チャレンジ、論証、シンボライゼーション（象徴化の実践）、そして交渉の過程が、投票と同じくらいにデモクラシーの中心に位置づけられねばならない。このコミュニケーションを通じて、多様な意見が啓発され、理性がより展開し、より有効な判断が提出されるのだ。」(Barren 2002: 128)

マーク・バーレンが主張するのは、複雑化し、社会的に分化した現代社会において、人々の熟慮を可能とするメカニズムを構成することは、「デモクラシーをより民主主義化する」ために不可欠なことがらなのだということにある。それを、彼は、一般の人たちの平等な参加と討議、さまざまな決定過程への関与と参加、そしてなによりも政治的な論議が保障される公共的コミュニケーション過程の構成として構想する。そこで決定的に重要な位置を占めるのが、これまでさまざまな政策決定過程から排除されてきた女性であり、アメリカに移民したマイノリティの政治的・文化的な参加のプロセスを進めることであるという。ここで指摘されているのは、現代版の「市民的公共性」のあらたな組織化への展望である。

あるいは、政府の福祉国家的な施策の下で推し進められてきた福祉や医療や労働分野の利害調整機能が、この二〇年近い期間の間に浸透してきたネオリベラリズム政策の下で危機的な状況に直面していることも見逃せない構造的な変化である。医療崩壊や雇用不安や失業問題を解決するためには、政党や行政そして第三者機関に問題の解決を委ねるのではなく、当事者が声を上げ、政策の決定プロセスに参画し、課題を解決する具体的な政策を提起することの必要性が叫ばれている。

さらに言えば、「市民的公共性」から「操作的公共圏」への転換を決定づけたとされるラジオやテレビに代わって、双方向の情報伝達機能を格段に高めたインターネットの登場は、バーレンの指摘する、「多様な意見が啓発され、理性がより展開し、より有効な判断が提出される」ためのメディア空間を準備するものとしてその潜在力が十分期待される。

つまり、私たちが見るべきは、「市民的公共性」から「操作的公共圏」への転換を決定づけた諸制度の「ゆらぎ」と変容の下で、二一世紀の「公共性」を担う新たな条件と環境が生まれつつあるということだ。

4　結びにかえて——小さなコミュニティFM局が切り開く公共性

長田区を事例に述べてきた定住外国人や、それ以外の短期就労を目的にした人や研修生としてやってきた人たちを含めて、日本で暮らす多くの外国人労働者が存在する。その二〇〇万人という数は、人口一〇万人の都市が二〇個もできるほどの、もはや無視することなどできない規模である。しかし、この国のマジョリティの人たちは、その実態を知らないし、彼らと会話する機会に乏しい。しかも多くのマスメディアがこうした外国人について伝える情報には、犯罪や不法滞在など彼らをネガティブに同定する「有徴化（marking）」の機能をはたす場合があまりに多い。そのために、外国人に対するマジョリティの人々の無関心はあまりに大きく、関心を持つ場合でも彼らに負のアイデンティティを刻印して済ましてしまうことが少なくない。

こうした現在の日本のメディアの現状を打開していくために、メディアはどのような機能を担うべきなのだろうか。グローバル化の中で、日本社会が多民族・多文化「共生」に向けた一歩を踏み出すことが避けられないなかで、メディアはそのためにどのような役割を果たしていくべきなのだろうか。この問題を考えるとき、ひとつの困難な問題、言い換えれば、人々に暗黙に共有され、前提とされているとことがらが存在する。

それは、「メディアの公共性」が議論される場合でも、アンダーソンが指摘した「想像の共同体」が暗黙に前提とされてきたという問題である。すなわち、一つの言語共同体を基礎にした「国民」に向けて、そしてその「国民」と言われる「すべての人びとに関係する共通のことがら」を伝達することがメディアの公共性である、という理解である。そして、それに加えて、「すべての人びとに関係する共通のことがら」を伝達するメディアの影響はきわめて大きいが故に、放送は国家が管理・監督すべき「公的なことがら」であるとも認識されてきたのである。齋藤が指摘したように、「公共性」という概念には、「共通したcommon」という意味と、「公的なofficial」という二つの意味合いが含意されているが、その含意に即して「メディアの公共性」が語られてきたのである。

しかし、現在の日本における「多文化状況」の進展は、これまで日本のメディアが暗黙に、自明のことがらであると想定してきた、「すべての人びと」とは日本人のことである、という前提を突き崩し、その自明性の問い直しを迫っている。「共通したcommon」という意味と、「公的なofficial」という二つの意味にのみ「公共性」なる概念を閉じ込めてはならない。私たち、そして日本のメディアが、暗黙に前提としてきた単一言語に基づく「国民国家」という神話。この神話が失効する時代に私たちは生きているからである。

本章を通じて述べたのは、マジョリティたる日本人のみを対象にしてきた「公共性」の概念では不十分である、ということだ。すでに示唆したように、「公共性」という概念を、境界線が引かれた後の、その内部のフィールドでプレーする権利を獲得した人びとが「参加」し、自らの利害関係や文化や趣味について論議するといった「静態的」なモデルに閉じ込めてはならない。境界線が引かれる限りつねに産出されてしまう「場所なき者たち」がそのフィールドに「介入」して、自らの場所を抉《こ》じ開け、自らを「私的な生活」から解き放っていく、敵対性を孕んだダイナミックなプロセスこそが「公共性」の核心だからである。一八世紀のロンドンの街中に現われたコーヒーハウスの空間は、いま述べた視点から見れば、当時の支配者階級にとっては、これまでとは違う主体が都市の風景の中にたち現われ、縦横無尽に口論が展開される、不気味な、なにかしら不穏な、場所だったのかもしれない。そう想像することも可能だろう。

「ＦＭわぃわぃ」の周りに編まれたネットワークの空間をこの一八世紀のコーヒーハウスと同一視することはもちろんできない。また「ＦＭわぃわぃ」に参加する人々が現代版の「市民的公共性」あるいは「文芸的公共性」を構築しようと試みているのだ、と述べることも正確ではないだろう。しかし、少なくとも「ＦＭわぃわぃ」のメディア実践が示しているのは、多文化メディアが人種や国籍の境界を超えたコミュニティを創出しうる可能性とその現実性ではないだろうか。言い換えれば、現代における

「公共性」「公共的空間」を、あらたな構想力のもとでデザインすることが可能なのだ、ということではないだろうか。

メディアの歴史的な変動期において、なぜ小さなコミュニティFM局をテーマにするのか、本章の冒頭の疑問は解消されただろうか。もし解消されず、疑問が残されたままであるなら、逆に、次のような質問を投げかけておこう。本章で論述してきた、小さなコミュニティFM局が指し示したメディアが取り組むべき課題や使命は、小さな放送局、小さなメディアだけの課題や使命なのだろうか、と。

メディアの使命が、異なる文化や言語や生活史を背負ったさまざまな人びとの批評の声を届けること、そしてなによりも文化的・社会的・政治的にマイノリティの立場におかれた人びと、つまり「場所なき者たち」の声を届け、新たな「対話」の空間を構成することにあるとするならば、既存のメディアにも、新しいインターネットというメディアにも、その使命やテーマがそれぞれのメディアの特性に応じて突きつけられているのではないだろうか、と。

未完のプロジェクトとしての「公共性」をあらたにデザインする構想力は私たち自身の想像力に委ねられている。

【注】

(1) 本章の論述は、二〇〇九年三月五日～六日（村上桂太郎氏、山本幸雄氏）、四月一一日～一二日（大城ロクサナ氏、金千秋氏）、五月二九日～三〇日（大城ロクサナ氏、金宣吉氏）、七月二五日～二六日（吉富志津代氏、ハ・テイ・タン・ガ氏)、一〇月二一日(日比野純一氏)に行ったインタビューに基づく。長時間にわたるインタビューに協力していただいた皆さんに感謝申し上げたい。

(2) 神戸市、二〇〇九、『平成二〇年度版　第八五回神戸市統計書』を参照。

(3) 実際には、「FMわぃわぃ」「多言語センターFACIL」「ワールドキッズコミュニティ」「AMARC日本協議会」から成る「多文化Pro3(プロキューブ)」は、「リーフグリーン」「NGOベトナム in KOBE」「アジア女性自立プロジェクト」「ひょうごんテック」といった団体と一緒になって、「特定非営利活動法人　たかとりコミュニティセンター」を構成している。いくつものグループや団体がネットワークを構成して活動しているのである。

(4) 林の指摘は、インターネットなど個人が自由に情報を発信できるメディア環境が広がる中で、あらためてジャーナリズムとはなにか、に関する問いかけの重要性を示している。

(5) ハーバーマスの議論に関する批判的再評価については、Benhabib, S. (ed.) や Dryzek, J. などの著作を参照。

(6) こうした文脈におけるハーバーマスの再評価の一つとして、筆者は、本文で言及したバーレンなどに代表される「熟慮民主主義」の論議に注目している。

【文献】

伊藤守、二〇〇六、「グローバル化とメディア空間の再編制――メディア文化のトランスナショナルな移動と消費の諸問題」『社会学評論』五七(四)

梶田孝道・丹野清人・樋口直人、二〇〇五、『顔の見えない定住化――日系ブラジル人と国家・市場・ネットワーク』名古屋大学出版会

神戸定住外国人支援センター(KFC)編、二〇〇七、『一〇周年記念誌　かぜ』

『ヒューライツ大阪』二〇〇三、七月

神戸市、二〇〇九、『平成二〇年度版　第八五回神戸市統計書』

齋藤純一、二〇〇〇、『公共性』岩波書店

庄司博史、二〇〇九、「ことばに仕事を与える――多言語センターＦＡＣＩＬ」『月刊みんぱく』二〇〇九年四月号
林香里、二〇〇二、『マスメディアの周縁・ジャーナリズムの核心』新曜社
吉富志津代、二〇〇八、『多文化共生社会と外国人コミュニティの力』現在人文社
Ang, Ien, 2009, *Toward a Cosmopolitan Multiculturalism*.（二〇〇九年五月に「早稲田大学メディア・シティズンシップ研究所」主催で開催されたシンポジウムにおける基調報告のペーパー）
Arent, Hannah, 1958, *The Human Condition*, the University of Chicago Press.（＝一九九四、志水速雄訳『人間の条件』ちくま学芸文庫）
Bailey, Olga, Georgiou, Myria and Harindranath, Ramaswami(ed.), 2007, *Transnational Lives and the Media*, Palgrave Macmillan.
Benhabib, S.(ed.), 1996, *Democracy and Difference*, Princeton University Press.
Cunningkam, Stuart & Sinclair, John, 2001, *Floating Lives: the media and asian diasporas*, Rowman & Littlefield.
Dryzek, J., 2000, *Deliberative Democracy*, Oxford University Press.
Karim, Karim H.(ed.), 2003, *The Media of Diaspora*, Routledge.
Silverstone, Roger, 2005, *Media, Technology and Everyday Life in Europe*, Aahgate.
Warren, Mark, 2002, ‘Deliberative Democracy’ in A. Cater and G. Stokes(eds.), *Democratic Theory Today*, Polity Press.

第8章　スポーツを楽しむ

Jリーグ・サポーターの文化から考える

高橋　徹

1　スポーツというメディア環境の誕生

「スポーツと気晴らし」

私たちが関係の豊かさを回復していくために、どんな方策を考えることができるだろうか。たとえば選挙のたびに、あるいは行政のパンフレットに、「スポーツで地域の活性化」とか「スポーツで街づくり」といった決まり文句が繰り返されるようになって久しいけれども、スポーツには地域を変える力が、ほんとうにあるのだろうか。この章では「スポーツを楽しむ」ということに注目して、その地域社会における関係の豊かさを作り出す可能性について考えていきたい。

現代の社会は、多くの人によってスポーツが楽しまれている、スポーツする社会である。とはいっても、自分でスポーツをすること、「するスポーツ」を楽しむことはなかなか難しい。筆者の周りでも、健康維持のために何かスポーツでもしたい、しなければいけないと思ってはいると話す人は多いけれど、実際に何かスポーツをしているという人は、仕事をリタイヤした高齢の方を除いてほとんどいない。学校を卒業してしまうと、場所も時間もきっかけもなく、スポーツするために必要な費用もなかなか捻出できない、というのが私たちの「するスポーツ」の現状ではないだろうか。この現状を、どのように考えるかは、とりあえず保留して、今のところ、現代の社会を生きる人々の多くにとってスポーツを楽しむこととは、軽い気晴らしとして、スポーツを「見ること」、そして多くの場合は「テレビで見ること」を楽しむことであるといえるだろう。

さて、私たちがスポーツと考えている、いわゆる「近代スポーツ」は、近代化を迎えたイギリスで誕生したといわれている。ジェントルマン階層に属する人々やその子弟が、各地のクラブハウスに集って社交と余暇を楽しむようになると、やがてルールが整備されたゲームが愛好され、クラブ間で共通の普遍的なルールが成立して、スポーツはジェントルマン以外の一般の人々に、そしてイギリス以外の人々へと広がっていく。そうした中で競技のレベルが向上して、現在のようにスポーツを見ることを楽しむ観衆が出現することになっていったのである。たとえば、本章でこれから考えていきたいサッカーの場合、パブリック・スクールの学生たちによってサッカー協会（フットボール・アソシエーション）が設立され、統一ルールが制定されたのが一八六三年、最初のサッカー大会となるFAカップが開始され、またイングランドとスコットランドとで最初の国際試合が行われたのが一八七二年、一八八〇年代に入るとプロフェッショナル・プレーヤーが誕生し、強豪クラブを集めてリーグ戦が始まるのは一八八八年となっており、一九〇四年には国際サッカー連盟が結成され、一九三〇年からプロ選手も出場可能なFIFAワールドカップが開始されている。スポーツを文化として考えるならば、大まかに見ればどの競技も同じように、各地のクラブで愛好されることから始まった「ローカルな文化」が、競技団体の設立とルールの決定によって「ナショナルな文化」へと変化し、大衆化とプロ化、海外への伝播をへて、多くの人が楽しむ国際大会の開催という「インター・ナショナルな文化」となって現在に至るのであるが、その始まりを担ったのは、地域のクラブに集った愛好家、アマチュアの「プレーヤーたちの自律した連合体」（田中一九九二）であったということを、はじめに確認しておきたい。

日本においても、一九世紀までに西欧で確立した近代スポーツが伝えられると、学生や外国人が居住した地域の人々によって、各種のスポーツ愛好家たちのクラブが作られ、「するスポーツ」として楽しまれることになった。やはりサッカーの場合では、一八七〇年代に外国との交易港のある街で、イギリス人を中心とするサッカークラブが創設されて試合が行われるようになると、一八八九年に兵庫県尋常師範学校（現在の神戸大学）に日本人によるサッカーチームが創設され、一九一八年には「第一回日本フートボール大会」（現在の「全国高等学校サッカー選手権大会」）が開催されている。また、一九二一年には「大日本蹴球協会」が設立されて、「ア式蹴球全国優勝競技会」（現在の「天皇杯全日本サッカー選手権大会」）の第一回大会が開かれ、一九二九年に「国際サッカー連盟」（ＦＩＦＡ）に加盟、そして一九三六年のベルリン・オリンピックに日本代表が初参加ということになる。こうして日本でも、都市的な生活様式が流行し初期的な消費社会が成立する大正デモクラシーの時代、一九二〇年代までには、「東京六大学野球」のような、さまざまなスポーツを観客として見に行くという、「見るスポーツ」が人気を集め、多くの人に楽しまれるようになっていたのである。

スポーツを「見ること」

現在の私たちは、オリンピックやワールドカップのような巨大なイベントから、高校野球の甲子園、そして毎日のように放送されているプロ野球まで、スポーツをスタジアムまで出かけていくのではなく、テレビで「見ること」によって楽しむことが多いけれども、そもそもアメリカでベーブ・ルースが活躍し、ベルリン・オリンピックが中継されたラジオと映画の時代から、マス・メディア、とりわけ電子メディアがなければ、今日のようなスポーツを楽しむ社会は出現しなかっただろう。急激にテレビが普及した東京オリンピックの時代を経て今日まで、スポーツはマス・メディアの主要なコンテンツであり続けてきたが、吉見（一九九五）によれば、そもそもスポーツを中継することによってマス・メディア、特に創成期の電子メディアが発達してきたという面もあるようだ。高校野球やプロ野球と新聞社との関係を振り返れば気づくように、スポーツはマス・メディアによって伝えられる前に、マス・メディアによって主催され、メディアのために演出される「メディア・イベント」なのであった。現代の社会の特徴を、私たちの社会関係を構築するコミュニケーションにおけるマス・メディアの役割の大きさに見るのならば、人々がスポーツを、メディアを通して楽しむこと、すなわちスポーツというメディア環境の成立とともに、現代の社会が始まったのであって、スポーツを楽しむ社会のことを「現代の社会」と呼ぶのである。

ところで私たちは、なぜスポーツを見ようとするのだろうか。私とは何の関係もない誰かが、勝ったり負けたりするところを見ることに、どんな意味があるのだろうか。まず何より、スポーツのゲームそれ自体を「見ること」が頭と身体にとって楽しいから、という点があげられるだろう。スポーツもひとつのゲームであり、ほかのゲームと同じように、ゲームの成り行きや勝ち負けを予想したり、予想が裏切られたりしながらゲーム自体を見ていくことが、もうひとつのゲームとなって私たちの楽しみを生み出している。一方で、スポーツを見ることの楽しさを生み出しているのは、選手たちの身体であり、鍛えられた身体が生み出すスペクタクルを見守ることによって、私たちの身体に引き起こされる特別な情動、興奮や感動という感覚もスポーツを見るという楽しみを作り出している。スタジアムでスポーツを観戦する場合には特に、私たちの身体のセンサーが最大限にまで拡張されるようである。石橋（二〇〇二）が述べているように、「多数のミクロな出来事の同時連鎖発生によって進行し、複数のカメラでも制御できない複雑性と有機性」を持つスポーツのゲームを楽しむためには、観客が「心理的ズームやモンタージュを行う」ことによって「自らの視線でスペクタクルに仕立て」あげることが必要であり、そうして「見つめるものの間には、言葉では説明しがたい親和作用が起こる」のである。こうして私たちは、頭と身体でスポーツを見ることによって、いつもとは違う「非日常の時間」を楽しむことができるのだ。

しかしスポーツを見るという楽しみは、それだけではないはずだ。私たちはまた、スポーツを語ることを楽しんでもいる。テレビでスポーツを見た後や、その翌日の学校や職場で、あるいはインターネットの掲示板やブログなどで、私たちは誰かとスポーツについて語り合っているだろう。身体的な興奮や感動は、そのとき限りのものであるが、この二度とない「決定的な瞬間」を、誰かと共有すること、あの「すごい瞬間」をともに見たということを、事後的に友達や家族と語り合うこと、つまりスポーツをメディアとして、誰かとコミュニケーションをし、スポーツを見ることによって生じた「親和作用」の感覚に基づいて、「同志」との連帯感を感じることにこそ、私たちがスポーツを見ることの楽しみの中心があるのではないだろうか。

このような、メディアによって媒介されてスポーツを楽しむこと、スポーツを媒体として行われる語らい、コミュニケーションが構築してきた現代の社会関係とは、どのようなものだったのだろうか。それはまず、「国民国家」という社会制度のリアリティを形成するものであった。広い空間の中で、会ったこともないまま生活している人々が、たまたま引かれた国境線の外側にいる人々と区別された「同じ国民」という共通のイメージを持ち、連帯感を感じること。これは離れた場所にいる人が「同じ瞬間」を体験できるマス・メディア、とりわけ電子メディアのナショナルな特性によって可能になった現象である。二〇〇二年に日本と韓国で共同開催されたサッカーのワールドカップで、「日本がひとつになった」というイメージを体験した読者も多いだろう。実際、今日のテレビ番組において高い視聴率を記録するのは、オリンピックやWBC、そしてサッカーのワールドカップのような、日本人がみんなで楽しむことのできるスポーツの国際試合なのである。国際試合を楽しむことを通して、私たちは「日本人」というイメージを確認し、つまり「日本」を応援することによって、自分自身が日本人の一員であるというナショナルなアイデンティティを確認し、「私とは誰なのか」という漠然とした不安に答えることができるのだ。

春と夏に甲子園で行われる高校野球や、大相撲についても同じように考えることができる。この場合、自分の地元や出身地のチームや力士を応援することによって、私たちは地元や出身地に結びついた自分という、ローカルなアイデンティティを確認することになるが、こうした「地元」や「出身地」というイメージは、たとえば「北国のチームは粘り強く、南国出身の選手は大胆だ」などというように、そのイメージがナショナルな地平の上に位置づけられて、はじめて理解されることができるのだから、この場合でもスポーツを楽しむ人々は、結果としてはナショナルなアイデンティティを確認していたといえるだろう。ともあれ、こうして一九二〇年代に現代の社会が成立して以来、私たちはメディアの中のスポーツを楽しむことによって、同じチームを応援する人々との連帯感と、その連帯感の基盤となる国民国家という現実と、さらに連帯感の中に生み出される国民としての「私」とを、イメージとして構成し続けてきたのである。

「支えるスポーツ」の方へ

しかし、このようなスポーツというコミュニケーションのあり方は、今日、大きく変容しつつあるように見える。それは一方で、もっともナショナルな世界であった国技、大相撲の世界が、気がつくと外国人力士によって担われていたというような、あるいは独自の発展を続けてきた「日本野球」から、スター選手がアメリカへ次々に流出し、日本人選手が活躍するメジャーリーグが毎日のようにニュースで話題になるというような、グローバル化という変容である。また他方で、長い間全国区の人気を誇ってきた、巨人戦を中心に放送されてきたプロ野球のテレビ中継の視聴率が落ち込み、福岡のホークスや札幌のファイターズのような地域に根ざしたチームが人気を集め、地域独立リーグが話題になるというような、ローカル化という変容である。

スポーツのグローバル化という現象の背景には、いうまでもなく資本主義という経済システムのグローバル化がある。このシステムを支える情報と消費のグローバル化が実現してしまえば、ほかのさまざまな領域と同様に、このシステムに組みこまれているスポーツもグローバル化の流れに逆らうことができないのであり、その結果として、ケーブルＴＶや衛星放送で、世界中で行われているさまざまなスポーツを気軽に見て楽しむことができるようになったのである。そして、このようなグローバル化の進展が、ナショナルなリアリティの基盤を崩し、その代替としてローカル化も同時に進行していると、とりあえずここでは考えておこう。

さて、スポーツのナショナルな世界がグローバル化とローカル化との間で再編成されていくという現象は、日本では特にサッカーという競技において顕著に見ることができる。戦後日本のサッカーの世界では、長い間ナショナルな世界が中心にあった。一九五〇年に「日本蹴球協会」はＦＩＦＡに再加盟し、一九六四年の東京オリンピックをきっかけにして強化された日本代表チームは、一九六八年のメキシコ・オリンピックでは銅メダルを獲得するという活躍を見せる。それ以降、長期にわたって低迷していた代表チームの強化を目的として、企業チーム中心だったそれまでのアマチュア・リーグを改編し、一九九三年にプロ・サッカーリーグ（Ｊリーグ）が一〇チームによって開始されると、当時の日本で人気が絶大であったプロ野球に対して差別化するために、チーム名から企業名を除いて、地域密着という理念を掲げたＪリーグは、世界中から有名な選手を集め、ものめずらしさもあって開始当初はバブル的な人気を獲得することになった。日本代表チームの強化も、九六年にはアトランタで開催されたオリンピックに約三〇年ぶりに出場（Ｕ23代表チーム）し、九八年にはフランスで開催されたワールドカップに初出場、二〇〇〇年のワールドユース大会では準優勝（Ｕ20代表チーム）と順調に進み、二〇〇二年の日本と韓国で共同開催されたワールドカップでは、グループリーグを勝ち抜けベスト16に進出し、その後も、二〇〇六年ドイツ大会、二〇一〇年南アフリカ大会と、今やワールドカップに出場することは当然のことと感じられるほどになった。このような中にあって、二〇〇二年頃までは日本サッカーの中心にはいつも代表チームがあったのに対し、二〇〇五年からAFCチャンピオン・リーグ（ACL）で優勝すれば、クラブ・ワールドカップで世界の強豪クラブ・チームと対戦することができるようになったこともきっかけになったのか、ローカルでかつグローバルな世界に確かにつながっていることになった、Jリーグのクラブ・チームのほうに、特に熱心なサッカー・ファンの間では、関心の中心が移動しつつあるように見えるのである。もちろん各クラブのスター選手が、とりわけ海外のクラブに所属している選手たちも集まる代表チームの試合は、メディアの注目が集まる「お祭り」として、多くの人々の関心とテレビの高視聴率を得ている。けれども、個人の能力だけではなくチームとしての連動性が重要なサッカーという競技においては、寄せ集めの選手たちが、リーグ戦の厳しいスケジュールをぬって強化の時間もあまりないまま試合に臨むことになる代表チームの試合は、純粋にサッカーの試合としてみた場合、じっくりと時間をかけて作られたクラブ・チームの試合よりは見劣りするのは当然であり、サッカーというスポーツを、「見ること」を熱心に楽しもうとする場合、次第に関心の中心が、より面白いものへ移動していくのは自然なことであるといえるだろう。しかしそれだけでなく、サッカー・ファンをはじめとするスポーツのファンの中では、ただ「見ること」を楽しむのではなく、「支える」こと、サポートすることを楽しむという、スポーツの楽しみ方の変容がおきているようなのである。

こうしたスポーツの変容は、現在の私たちの社会の変容に、そして私たちの空間のリアリティや私らしさのあり方の変容につながっているのではないだろうか。以下のこの章では、スポーツというコミュニケーションについて、筆者自身が一〇年ほど体験してきた、Ｊリーグに所属するチームのサポーターたちの活動についてふりかえりながら検討し、現代日本社会における関係の豊かさの回復という問題について考えていくことにしたい。

2　サポーターとは誰か？

サポーターの誕生

サッカーの「サポーター」と呼ばれる、奇妙な人たちがいる。誰に頼まれたわけでもないのに、特定のスポーツ・チームを、グループで、また個人で応援する人たちのことである。週末になると、選手と同じユニホームを着たり、チームのマフラーを首や腰に巻いたりしてスタジアムに集まるサッカーのサポーターたちを、読者も目にしたことがあるのではないだろうか。雨の日も風の日も、ホームの試合はもちろん、可能な限りアウェーで開催される試合にも、スタジアムに駆けつけてゴールの裏側に席をとり、試合の間は立ちっぱなしで、あるいは飛び跳ねながら、チームごとに特色のある歌や太鼓やその他の演出で、全体の応援をリードする「コア・サポーター（コア・サポ）」の人たちがいる。バックスタンドには、座って試合を見るけれども、それなりにまじめに応援もしている人たちがいる。チケットが高価なメインスタンドでも、お金持ちの人たちがそれなりに応援しているし、アウェー側のすいている席では、もっと軽い気持ちでスタジアムを訪れた「ライト層」の人たちも軽い気持ちで応援している。がんばっている選手には拍手や歌で称え、得点が入れば全員で立ち上がって喜び、落ち込んでいる選手たちを励まし、負ければがっかりして帰途に着く。知り合いには「本当に好きだねえ」と半ばあきれられ、応援したからといってチームが勝てるわけでもないとわかってはいるのだが、また次の試合になるといても立ってもいられなくなってしまう。そんな人たちがスタジアムに集まっている。それだけでなく、スタジアムにはいけなかったけれどスポーツバーに集まって中継を見ながら応援する人たちや自宅のテレビの前で応援する人たち、そして中継もない試合ではネットの速報を気にしながら試合の時間を過ごす人たちまで、サポーターといっても多様な形がある。また応援するチームによってもサポーターの様式は異なっているのだが、ここでは、ただ試合観戦を楽しむだけではなく、ともかくチームを応援し、そのために何か自分にできることをしようとする人のことを、すべてサポーターと呼ぶことにしよう。

この「サポーター」ということばは、サッカー専門誌の海外サッカーに関する記事などで、七〇年代から散見されていたのだが、Jリーグが始まり、日本代表チームが「ドーハの悲劇」を体験した一九九三年頃、チアホーンを吹き鳴らしていた頃までは、流行語大賞の「新語部門大賞」になったり、ウルトラス・ジャパンがサポーターソングのCDを発売して一部で話題になったりしたとはいえ、一般にはまだあまり聞きなれないことばであったと記憶している。「サポーター」という存在が社会的に広く認知されるようになったのは、九八年にサッカー日本代表チームが初めてサッカーのワールドカップに出場した前後、日本代表のサポーターが試合の後にごみを拾って話題になった頃からになるだろう。その後、このことばはサッカー以外のスポーツや、スポーツ以外のさまざまな事柄についても使われるようになっていったのだが、このサポーターという存在が誕生する以前からあった、スポーツを楽しむ人を示す「ファン」や、特定のチームを応援する人たちを示す「応援団」、あるいはスポーツを見物する「観衆」「観客」ということばとは区別して、「サポーター」ということばが使われるようになったことには、どういう意味があるのだろうか。サポーターと呼ばれる人たちには、「ファン」や「応援団」とは違う、どのような特徴があるのだろうか。

応援団・ファン・サポーター

サポーターについて定義することはなかなか難しいけれども、まず、サポーターとは誰なのかということから考えてみよう。普段、私たちが「見るスポーツ」を楽しむ場合、純粋にスポーツそれ自体を楽しむという見方もあるが、戦っているチームのどちらか、あるいは選手のうち誰かを応援するという楽しみ方が一般的であり、応援しながら見るとより楽しむことができるのも確かだろう。このような、応援して見るスポーツの中心には、昔から「応援団」という組織があった。たとえば「高校野球」や「六大学野球」のような、戦前から長い間、日本のスポーツにおいて大きな役割を担ってきた学校スポーツでは、学校の公的なサークルである「応援団」があって、これを中心にした応援というスタイルが確立していた。一方、戦後のスポーツの代表であるプロ野球にも、私的なサークルである「私設応援団」を中心にした応援というスタイルが見られる。応援の中心にある応援団に対して、周縁にいる一般のファンや観客は、応援団にリードされて、一緒に応援したり、ビールを飲みながらおしゃべりしたり、野次を飛ばして憂さ晴らしをしたり、もちろん試合の展開に一喜一憂して、感動したり腹を立てたりしながら試合を観戦し、気楽な娯楽として「見るスポーツ」を楽しむことができるのである。

では、サッカーのサポーターの場合はどうだろうか。私自身の経験をふまえて振り返ってみると、Jリーグが始まった頃には「サポーター」というのはゴール裏で熱心に応援している「応援団」の人たちのことで、それ以外の席で観戦している人やテレビで見ている人は、どこかのチームを応援していたとしても、自分のことをサポーターとは違う、普通のサッカー・ファンとか、一般の観客と感じていたようだ。しかし、Jリーグが当初の人気を失いだした九〇年代の後半、「一〇〇年構想」が打ち出された頃までに、この感覚の変容が起きていたのである。そのきっかけになったのは、九八年、「横浜フリューゲルスの消滅」という事件だっただろう。ワールドカップ初出場を達成し、四年後の自国開催のワールドカップの話題で盛り上がる中、親会社の業績の都合で突然にチームが消滅するという事態は、その他のチームを応援する人にとっても衝撃であり、他人事ではなく、チーム存続を願う署名活動への参加などを通じて、危機感が共有されていくことになったのである。バブル崩壊後の不景気が長引き、クラブ・チームの親会社やスポンサーの撤退が相次ぐ中で、ただ気軽な娯楽として見て楽しむだけでなく、自分たちが支えなければ……という感覚が、スタジアムに集まった人たちの中に広がり、こうして「コア・サポ」以外の人々も、自分のことを「サポーター」として認識するようになっていくとともに、従来の応援団とは性格の異なる「サポーター」という存在が日本社会に誕生し、定着していったのであって、こうして現在、クラブ・チームを何らかの形で応援しようとする人々のすべてを「サポーター」とよんでいるのである（たとえば一九五一年に、プロ野球チーム、広島カープの経営危機を募金によって広島市民がサポートしたように、こうした存在は九〇年代のサッカーに特殊なことではないが、ここでは日本社会に広がりをもって浸透していく現象として、サッカーのサポーターに注目していきたい)。

サポーターは何をするのか

オフィシャルな「応援団」を中心にしたトゥリー状の組織とは異なり、サポーターはネットワーク状の組織を形成している。もちろん柏レイソルにおける「太陽工務店×RYKN」のように、「コア・サポ」、すなわちゴール裏の中心で応援のリードを取る代表的なサポーター・グループがほとんどの各チームにあるけれども、ゴール裏のエリアにはそれ以外のグループも多数あり、ゴール裏以外の場所にもグループで席を取る人がいて、こうした多くのグループや特定のグループには属さない個人が緩やかなネットワークを形成して「サポーター」の活動を行っているのである。サポーターの活動に参加するのもやめるのも、個人の自由であり自主性によっている。この点で、サポーターの活動はボランティアに似ているといえるだろう。誰に強制されるのでもなく、誰かに評価されるのでもなく、なぜそんなことをしているのか自問してみても答えは見つからない。自分でも「ただの自己満足」としか思えないこともある。それでも、サポーターたちは、目には見えない何かを得ることができると、確かに感じてサポートを続けていくのである。こうして現在のサポーターは、応援団のような公的なサークルではなく、かといって自分だけではできないという意味で私的なものでもない第三のもの、参加したくなったら誰でも参加できる「自由・平等・公開」の「公共」の場所という性格を持つ空間で活動し、このことが参加する人にとっての魅力となっているだろう。Jリーグの浦和レッズには、「オフィシャル・サポーターズ・クラブ」という、登録費を払って「三人に一本の大旗」が支給される以外には特典と呼べるものは何もなく、それぞれのサポーターズ・クラブが、勝手にレッズへのサポートを行うという制度があるが、これはサポーターというものの性格をよく表している制度であるといえるだろう。大住（一九九八）によれば、この制度のポイントは「特典がない」ことにある。「対価のない行為だから、純粋にチームへの愛情を表現できるし、言いたいことを言うことができるのだ。それこそ、サポートという行為の魅力の根源」であると、サポーターたちは感じているのである。

サポーターたちは、応援するだけではなく、応援する以上にさまざまなことに口を出し、試合とチームに自発的に参加しようとする。シーズンが始まる前には、多くのクラブでサポーター・カンファレンスが開かれ、昨シーズンの総括と今シーズンの方針について説明と質疑がなされる。柏レイソルの場合は、シーズン中にもサポーターとの意見交換会が定期的に行われ、議事録が共有されていく。スタジアムでは、試合の前に「コア・サポ」を中心にして、歌とともに客席を覆う巨大な旗が広げられ、時に全客席を使った「人文字」のようなイベントも企画される（柏レイソルのコア・サポの場合、ここで何か笑える「ネタ」を披露することになっている）。また状況に応じて、何かを主張する「弾幕」が張り出されることもあり、個人単位でも「ゲート型の旗（ゲーフラ）」を使って何か主張する人も多い。試合の最中には、応援によって試合の結果に影響を与えると信じ、自分のチームを歌や手拍子で励ますだけでなく、相手チームの選手や時には審判に対してブーイングや野次を飛ばし、試合の後には挨拶に回る選手とともに勝利を喜び、あるいは選手を励ます。柏レイソルでは、二〇〇六年から在籍し、Ｊ１への昇格に貢献した岡山選手の発案で、勝った試合の後には「勝利のダンス」を選手とともに踊るセレモニー（「岡山劇場」）が行われるようになり、現在でもサポーターの楽しみとなっている。また試合の後サポーターたちは、それぞれのグループに分かれて飲みに行くだけでなく、ブログやネットの掲示板に試合の感想やその他のさまざまな書き込みがなされ、またチームを「ネタ」にしたマンガなどのファンジン（同人誌）が作られて、コミケのような場所で交換され、さらにネットワークを広げていく。

サポーターのネットワークの広がりは、同じクラブを応援する人の中にとどまらない。他チームのサポーターのブログやネットの掲示板にもお邪魔して情報を交換し、試合の前にはお土産を持って挨拶し、何かあれば励ましあったり、「にわかサポ」として臨時に応援に駆けつけたりもする。「コア・サポ」間でも呼びかけ（コール）の掛け合いが行われて、試合の前の楽しいひと時（？）をすごすこともあれば、ときには「フーリガンが現れた！」とスポーツ新聞をにぎわせるような、暴力沙汰の揉め事が起きることもある。そんな揉め事は困るけれども、ともあれサポーターたちは多様な形で自己を表出し、試合を演出して、スポーツを見る楽しみを膨らませているのであり、このようにサポーターとは、従来の「ファン」「応援団」のイメージと比べると、より能動的で活動的な存在なのである。

消費者とサポーター

このようなサポーターの特徴がはっきりと目に見えるのは、例えば試合に負けたときである。「こんな試合を見させられて、損した。金返せ！」と感じる人は、「勝っていい気持ちになる」というサービスを購入しようとした消費者である。一方そのとき「どうしたら勝てるのかな、何が悪いのかな？　選手はがんばっているけど、まずいな、このままでは……」と感じるなら、その人はサポーターなのである。サッカーの試合では、「０―０」の引き分けに終わることも多い。そんな時に、消費者は「ゴールシーンがないなんて、つまらない。時間を無駄にした」と感じるが、サポーターは「負けないでよかった、とりあえず勝ち点1を確保した」と感じている。一年のシーズンが終わって、結局うまくいかなかったチームは下部リーグに降格することになる。そんな時、試合終了も待たずに、さっさと帰ってしまうのではなく、試合後の挨拶に回る、うつむく選手たちに声をかけ、次のシーズンに昇格するために、何をできるか考えているのが「サポーター」という存在なのである。このことに関連する、興味深い新聞記事を紹介したい。

「プロサッカークラブは観客に何を売っていると思いますか」。三月末、Jリーグのゼネラルマネジャー（GM）講座で講師を務めたリバプール大学のローガン・テイラー博士（サッカー産業グループ）は受講者にそう尋ねたという。「夢を売っている」「感動を売っている」「熱狂を売っている」。普通はそう答えるだろう。テイラー氏によれば、違うのだという。「プロサッカークラブは苦痛を売っているんですよ」

支持するチームが先制されれば、サポーターは心を痛める。負ければ、なおのこと。リードしていても、「追いつかれるのではないだろうか」とひやひやする。勝ったとしても、「次は鹿島戦かよ」と心配になり、「こんなことで一部に残留できるのだろうか」と思い悩む。いつになっても心は休まらず、苦しみは続く。たとえ優勝したとしても、新シーズンに入れば「今季は大丈夫だろうか」と新たな苦悩が始まるはずだ。もちろん観客は勝利の歓喜を求めてお金を出しているのだが、実際はほとんど苦痛ばかりをつかまされている。それがわかっていても、またスタジアムを訪れる。

テイラー氏の講義を聞いたある受講者は、大事なことに思い至ったという。「苦痛を感じてくれるのは、そこに愛があるからですよね。クラブのために苦悩してくれる人。サポーターという言葉は、そう定義づけることができるのではないでしょうか」。確かに、歌手や音楽家や俳優や画家を支持するのとは、心理的なつながり方が決定的に異なる。「クラブ関係者は、苦しみを抱えている人々と日々向き合っているということを意識しなくてはならない」とテイラー氏は訴えたという。その点をおろそかにしてしまうと、愛はときに破局を迎える。（吉田二〇〇八）

消費者とは、自分にとって利益のある商品を賢く選択する存在なのであるから、「苦痛」という自分にとって不利益になると予想されるものを、買うことはない。しかしサッカーでは、優勝したたった一つのクラブを除いた、ほとんど全てのクラブのサポーターが、試合を見に行った代価として「苦痛」を受け取ることになるのであり、優勝したクラブのサポーターでさえ、次の年には再び「苦痛」を受け取ることになることが多いのである。サッカークラブというものは、消費者に対して商品を売り続けることによって拡大再生産を続けなければ維持できない資本主義のビジネスとしては、そもそも成立していないということなのであり、つまりスポーツは「ビジネス」ではないのである。そして、このようなサッカークラブの不思議な「経営」を成立させているのが、サポーターという奇妙な存在である。

サポーターが応援しているクラブやチームにとって、サポーターという存在はどのようなものなのだろうか。確かにＪリーグのチームは、公益法人である「モンテディオ山形」を除いて株式会社であり、この会社としてのチームの経営にとってサポーターとは、サッカーの試合興行というサービスを購入する「顧客」のことである。しかし、サポーターの方はチームに対する自分たちを、「勝って、いい気分」を購入する「消費者」であるとは感じていない。購入することができるのは「苦痛」でしかないからだ。それでもスタジアムに足を運ぶサポーターたちは、自分は「消費者」以上の何かであり、チームとはもっと深い何かで結びついていて、いわば自分たちこそがチームであると感じている。そして、この結びつきをチーム側もまた強調することになる。たとえば柏レイソルでは、二部落ちしてしまった二〇〇六年シーズンに、はじめはコア・サポーターのグループが使い始めた「一心同体」や「家族」といったキャッチフレーズを、チーム側の広報やその他のスタッフ、たとえば監督が試合後のコメントで積極的に使うことによって、厳しいシーズンを乗り切ることに成功したのである。本当はただの消費者でしかない観客に、「サポーター」という幻想を抱かせることによって、クラブ・チームが利益を確保しようというマーケティング戦略だった、というように考えることもできるだろうか。

「一心同体」──クラブ・チームとサポーターとの絆

ところで、この章で注目しているサポーターという存在が現れた九〇年代の後半、グローバル・スタンダードのかけ声の下、M&Aや「マネーゲーム」が盛んだった頃に、「会社は誰のものか?」という議論があった。それは法的には「株主のもの」であって、海外の投資家が「ハゲタカ」として、古い企業や効率の悪い公営企業を解体して、短期的な利益を獲得することは正当なこととされていた。確かに株主がいなければ株式会社は存続できないけれども、会社に対して株主は利益のために投資するという一時的な関係しか持っていない。そして投資に見合った利益がなければ、あるいは十分な利益を確保したならば、もっと有利な投資先を求めてやがて撤退してしまう、会社とはそもそも異なった利害を持った存在である。その株主がいなくなった後も会社という組織が続くのならば、つまりもっと長い時間の流れというものの中で考えれば、株主という存在は会社という組織とは関係のないものである。会社という組織にとって株主は、短期的な利害という目的が一致した場合にだけ、一時的に目的に対する手段としての関係を持つが、そうでない場合はかかわることのない存在なのであって、そのようなものが「会社を所有」すると考えることには無理があるようである。次に、会社としての組織のスタッフについて考えてみよう。彼らがいなければ、やはり会社は存続できない。彼らの生活が長く安定したものであるためには、会社という組織が長く存続することが必要になる。しかし、このスタッフたちもやがて入れ替わっていく、会社からは独立した存在である。スタッフの側からもっとよい条件を求めて移動していく場合もあれば、「派遣切り」のように、会社の利益のために切り捨てられることもあるだろう。会社のスタッフもまた、会社とは一時的に道具的な関係によって結びついているのであり、やがて関係のない存在になっていくのである。こう考えてみると、はたして会社とは誰のものだったのだろうか。長い時間の流れの中で、いつまでも会社という組織と関わっている存在とは何者であったのか。

スポーツのクラブ・チームという「会社」組織にとっては、株主でもなく、スタッフでもなく、ただサポーターだけが、自発的に、いつまでも変わらずチームに結びついている存在である。この結びつきは弱く、特にこれといった理由もない。逆に言えば、そこには何の利害もない。勝ってくれれば嬉しいが、勝ったからといって自分の利益が増えるわけではなく、逆に負けたからといって現実的な損失が与えられたというわけでもない。つまりサポーターにとってチームは、一時的な目的のための手段として、道具として必要なのではなく、自分のチームである「このチーム」が、ただいつまでも存在していることこそが必要なのであり、その意味でチームとサポーターは、特別な「絆」で結ばれ、互いに支えあい、また拘束されているのである。それは確かにサポーターの幻想かもしれないけれど、この幻想の上に現実の関係が生まれてくる。こうしてサポーターにとって、クラブ・チームとは、サポーター自身のことなのであり、クラブはサポーターのものなのだということになるのである。だから、もちろんサポーターはクラブ・チームを応援するのだけれども、ただ応援するだけでは収まらない、「応援」を消費するだけにとどまらず「消尽」してしまうような、そんな関係を現実に生み出していくことになるのである。では、このような関係が、九〇年代後半の、情報化が進展し消費社会の限界が感じられてきた日本社会において出現したということには、どのような意味があるのだろうか。

3　サポーターになるということ

スポーツ＝物語を消費する社会

イラクとの対戦でロスタイムに同点に追いつかれ引き分けたため、あと一歩の所でワールドカップの出場権を逃した一九九三年の「ドーハの悲劇」のあとも、日本代表チームのワールドカップ出場を目指す予選の戦いは順調とはいえなかった。突然の監督交代を経て、プレーオフでイランを破り、ようやく悲願の出場権を手に入れるものの、それまでエースとしてチームを引っ張ってきたカズを、非情にもメンバーからはずして望んだ一九九八年の本大会は、グループリーグ三戦全敗であえなく終わってしまう。

こうして迎えた二〇〇二年、自国で開催されたワールドカップでは、「白い魔術師」トルシエ監督を招聘、奇抜な戦術と大胆な若手選手の起用によって、ついにグループリーグを二勝一分けで一位通過、ベスト16まで進んで日本中が歓喜に包まれたのである……。こんな風に振り返ると、スポーツというものがひとつのよくできた「物語」として解釈されていることがわかる。起死回生の九回裏の逆転ホームランや、試合の終了間際の連続得点など、予想できなかった展開がたびたび起きるスポーツは、「筋書きのないドラマ」ともいわれるが、テレビの中継やスタジアムでスポーツを楽しむとき、私たちはスポーツそれ自体が引き起こす身体的な興奮だけでなく、ただ勝った、負けたという結果だけでなく、その試合の意味を規定する物語を楽しんでいるのであって、つまり「筋書き」はあったのだ。難題を与えられた選手たち（主人公と仲間たち）が、偶然と運命に翻弄されながらも、監督やその他の多くの人々に援助され、次々と降りかかる幾多の困難を乗り越えて成長して、最後にはみんなの幸せを実現するという、古くから語られてきた「冒険の旅」の物語、よくあるタイプの青年の成長物語が、反復されて楽しまれているのである。そして、このような物語を楽しむ社会の一員として、私たちは共感と連帯の感情を感じることができ、世界のリアリティを回復することが可能になる。

それでは九〇年代の後半、サポーターという新しい文化が成立したときに、私たちに何が起きていたのだろうか。そのときにも、私たちを強く巻き込んでいく物語が、繰り返し語られ／読まれていた。天皇杯で優勝すると同時に消滅していった横浜フリューゲルスの物語や、一九九八年シーズンの終わりにイレギュラーな形で開催された「J1参入決定戦」の結果、二部リーグ落ちが決まった「室蘭の悲劇」を体験したコンサドーレ札幌の物語、そして、その翌年の「一部・二部入れ替え」という制度が始まった九九年シーズンの最終節に、試合に勝ちながら降格という「世界で一番悲しいゴール」を体験しながら「we are reds」と叫び続けた浦和レッズ・サポーターのように、「悲劇」という強い感情を引き起こす物語に巻き込まれてしまったサポーターたちを、テレビであるいは身近に見ることによって、私たちもまた物語に巻き込まれ、Jリーグの「サポーター」という独特な存在が、私たちの社会の中に生まれていったのではないだろうか。

ファンからサポーターへ

一九九八年の秋のこと、つまり日本代表が始めて出場したワールドカップ・フランス大会をテレビで観戦した興奮がまだ残っていた頃、ワールドカップに出場していた選手も活躍しているJリーグを、一度、生で見てみようかと軽い気持ちで柏レイソルのホーム・スタジアムである日立台サッカー場にでかけてみた。驚いたのは、「イングランドの田舎にあるような」と形容されるサッカー専用スタジアムである日立台・柏サッカー場の客席とピッチとの近さだった。選手たちがぶつかり合う音や、ボールをける音が聞こえ、試合の流れの中で刻々と変化する身体がリアルに感じられ、時には野次に反応する選手たちの表情も手にとるようにわかる。それまでにもスポーツを生で見たことはあったのだが、私にとってスポーツ観戦といえば、大きなスタジアムで遠くの方から見るものであり、もっと詳しく見たければテレビで見るしかないものだと思っていた。しかし、このスタジアムで、見るだけでなく、耳で聴いて、肌で感じること、しかもテレビのズーム・アップやカメラの切り替えによってではなく、自分自身の感覚によって、一点に集中したり、全体を俯瞰したりすることができることを知った。ともあれこうして、折を見てスタジアムに通うようになったのだが、はじめは別に、どこのチームを応援するというわけでもなく、すばらしい選手のすばらしいプレーを、臨場感のあるスタジアムで観戦することで満足していたのだった。

しかしやがて、スタジアムで観戦するもうひとつの楽しみとして、ゴール裏に陣取るサポーターの応援というものがあることに気づくようになった。チームによってサポーターの応援の仕方はずいぶん異なる。見事なサンバの演奏を聞かせるサポーターもあれば、大人数が見事に声をそろえて大きな音の塊を作り出すサポーターもある。また応援の歌にも、海外のクラブ・チームの応援歌をいち早く借用するところもあれば、オリジナルの「新曲」を次々に生み出すサポーターもある。それほど人数が多いわけではないレイソルのサポーターの場合、その応援の特徴はオリジナルの曲に昭和のアニメや歌謡曲の替え歌が多く、つい笑って聞いてしまうところ、そして一本調子にいつまでも同じ歌を歌うのではなく、試合の流れに細かく反応しながら、曲を変え、テンポを変えて、選手たちに寄り添うように応援を繰り出すところにあって、よくもまあ試合をちゃんと見ながら応援できるものだと感心しながら聞いていたものだ。

ところで、私がサッカーを見始めた九〇年代の終わりという時期は、二〇〇二年に自国で開催することになったワールドカップに向けて、トルシエ監督を迎えた日本代表チームが強化を続けていた時期でもあったので、代表チームの試合を見に行くことも多かった。代表チームの試合を見に行く場合は、日本代表チームの方を「自然」に応援することになってはいたが、そうはいっても、やはりただ勝てばいいのではなく、「いい試合」、「面白い試合」を期待して見に行っていたと思う。つまり、この頃の私はスポーツの観客であり、消費者であって、私にとって、ゴール裏のサポーターという存在は、見物する見世物の構成要素のひとつなのであった。

そんな私の、サッカーの見方が変わっていくきっかけのひとつは、やはりこの頃広がっていたインターネットの利用にあった。野球とは違ってサッカーは、マス・メディアでの扱いが小さく、テレビでの試合の中継も少なければ、全試合のダイジェストを放送する番組もあまりない。試合の翌日のスポーツ新聞にも、記事はほんの一ページほどしかなく、また書かれている記事の内容にも「？」と感じることが多かったので、サッカーに関する情報は、ネットで調べて読むことになっていったのだ。さて、まだダイヤル回線の時代だった九〇年代後半のネット環境には、ブログやSNSといった便利なサービスもなかったので、サッカーの情報を集めるといっても、限られた個人の作るテキスト中心のホームページと、そのホームページに付随する匿名掲示板が主なものであった。そんな中から私がよくアクセスしていたのは、日本代表や浦和レッズについて熱い議論を続けていた掲示板や、冗談交じりでJリーグチームを応援する一連のサイトということになった。そうしたサイトを巡り、オフ会で実際に他のサポーターの人々と会って話したりしながら、いつしか私も「サポーターとは何だろう？」と考えるようになっていったのである。ホームページや掲示板に応援のメッセージを書き込んだり、チーム関係者が読むわけでもないだろうに、戦術や監督の采配について、そしてチームの運営について、熱くあるいは冗談交じりで主張や議論をしたり、「現地に念を送ります　つ柏魂」などと書き込んだりすることもサポーターの活動なのだろうか、試合と関係ないところで、そんなことをすることに、何の意味があるのだろうかと不思議に思いながら読み続けていたのだ。

おそらく、そのようなサポーターの「語りの世界」には、サポーターの世界の中に新しい読者を引き込んでいくという意味があったのだろう。私たちが生きているのは意味のある世界である。そして、意味のある世界は、他者との語らいを通じて「現実」として構成されていく。ネットの中の語りの世界もまた、「サポーターの世界」という現実を構成する力を持っていたのであり、こうした世界を一方で持ちながらスタジアムに通っているうちに、そして二〇〇五年シーズンの入れ替え戦による二部への降格（しかもホームでダブル・ハットトリックという屈辱の敗戦）と主力選手の大量流出という、何度もテレビで見てきた悲劇の物語を、目の前で、見慣れた場所で迎えてしまったとき、私もただの観客からサポーターのほうへ引き込まれていたのであり、このとき私にとって、この場所が私の「ホーム」になっていたのであった。

「Jリーグ一〇〇年構想」とサポーター

Jリーグ発足の三年後、一九九六年の二月に発表された、「Jリーグ一〇〇年構想」という計画がある。「スポーツで、もっと、幸せな国へ」をキャッチフレーズにした、夢のような話ではある。具体的には、ヨーロッパのスポーツクラブをモデルとして、地域の人々が各種のスポーツを気軽に楽しめる総合スポーツクラブを設立し、このクラブの中核となるシンボルとしてサッカーチームを維持していこうという経営戦略であって、九五年から文部科学省が実施している「総合型地域スポーツクラブ」というスポーツ振興策とほぼ重なり合ったものとなっている。九三年に、一〇チームで始まったJリーグは、二〇〇九年には三六チームにまで増え、さらにJリーグ参加を目指す下部リーグに所属するチームも次々と続いている。もちろん、宇都宮（二〇〇八）もいうように、その「現実は決して甘くはない」けれども、工夫によっては、ヨーロッパのようにサッカーがいきわたる日は「一〇〇年後」といった遠い夢の話というわけでもないようだ。「総合型地域スポーツクラブ」のほうは、平成二〇年度の調査によれば、全国の一八一〇市区町村中、一〇四六の市区町村においてクラブが育成（創設及び創設準備）されており、七三六の市区町村において二二三三のクラブがすでに創設されているという。

しかし、Ｊリーグの今後は明るい見通しというわけではない。初期のＪリーグのチームは、ほとんどがアマチュア時代の日本リーグに参加していた企業チームを改組して編成された。さいたま市に拠点を置く「浦和レッズ」のように、大きなスタジアムを持つ人気チームであれば、入場料とグッズの売り上げ収入で相当の運営もできて、親会社から自立することも可能であるが、そのような「ビッグクラブ」は多くはなく、経営を親会社に依存している場合もいまだに多い。不景気が続く現在も、二〇〇九年の東京ベルディのように親会社やスポンサーがスポーツの支援から撤退するという例が相変わらず続いており、こうした不安定な事態が「一〇〇年構想」が急がれる背景になっているのである。

戦後の日本において、スポーツを含む人々の福利厚生を担ってきた中心は企業であった。地方の村のコミュニティを離れて都市にやってきた人々は、「会社」という新しい村社会に所属することになり、村人の面倒は会社がみることになったのである。しかし九〇年代の後半以降、多くの企業が次々とスポーツや福利厚生を切り捨てていくことになった。こうした状況の中でスポーツという文化が残っていくためには、公益性のあるもの、「地域の公共財としての価値」を持つものとして、行政の支援を受けつつ、地域社会の中で相応の役割を果たしていくことができるような、スポーツクラブという存在が必要になる（谷塚 二〇〇九）。たとえば平塚市に拠点を置く「湘南ベルマーレ」の場合、親会社の撤退の後、NPO法人として組織が再編され、サッカーに限らない総合的スポーツクラブとして、「一〇〇年構想」の理想の実現をめざしている（宇都宮 二〇〇九）。しかしその前に問題になるのは、はたして現在の日本に、スポーツクラブが根ざすことができるような、地域社会のコミュニティというものが、本当に存在しているのだろうか、ということである。

大住（一九九八）が、「市内には都内に職場を持っている人が多い。ごくありきたりの地方都市、そしてごくありきたりな東京ベッドタウン」と形容した、レッズのある浦和の隣町で、いわゆる「埼玉都民」の子として育ち、実家を離れた後も東京の郊外で引越しを繰り返していた筆者にとって、地域コミュニティというものは、長い間リアリティを感じることができないものであった。もちろん昔から住んでいる地元の人々の、たとえば埼玉では氷川神社の氏子のコミュニティがあることは子供の頃から知っていたし、その人々が主催する地域のお祭りを、観客として見物して楽しむこともよくあった。しかし、地域社会とはそれ以上のかかわりを持つこともなく、やがて引っ越してしまえば、どんな場所も、もう私とは関係のない場所になっていくのだった。

そして、筆者のこのような感覚を変えるきっかけになったのが、サポーターという存在との出会いなのであった。いや、話は逆なのかもしれない。地域のコミュニティが確かに現在も力を持っていて、筆者のような新住民も地域にかかわることができるような場所で生活していたのであれば、サッカーの試合を見にスタジアムに通うようになることはなかったのかもしれない。Jリーグのサポーターの活動が盛んな場所、それは筆者が育った場所と同じように、大都市の郊外に位置して人口は多く便利だが、これといった特徴というものもなく、地域コミュニティの活動が停滞していた場所だったのではなかったか。もしそうなのだとすれば、Jリーグの百年構想というアイデアは、「スポーツ文化が生き残る」という以上の大きな意味を持っているのではないだろうか。

4　サポーターという人生

地域コミュニティにかかわるということ

地域コミュニティとは、いうまでもなく同じ地域に暮らす人々のかかわり、コミュニケーションという行為によって生まれ、維持される関係のことである。そして、ほんの少し前までの私たちの生活は、地域の人々とのコミュニケーションなしには成り立たないものだった。こうした生活がおおきく変わったのは、コンビニや郊外型ショッピングモールが普及する、この二〇年ほどのことであるが、このとき地域コミュニティに、何が起きていたのだろうか。

たとえば「コンビニ」では、かつての個人商店とは違って、アルバイトの店員さんとはかかわることなく、必要なものを、いつでも好きなように手にいれることができる。このコンビニという業態を可能にしているのは、商店の人が人との対面するコミュニケーションの積み重ねの中で得ていた情報を、コンピューターに処理させることによって誰にでも利用可能にする情報ネットワークの技術であり、コンビニは単に商店として便利なのではなく、人々の情報端末として「便利」なのである。つまり、コンビニが普及して便利になるということは、情報のネットワークが地域の人々の手を離れ、コンピューターを管理するシステムの中のものになるということであり、こうして地域の人々とのかかわりのネットワークなしに生活することができるという、便利な空間が成立したのである。現在ではさらに、パソコンやケータイのような、個人が直接接続される情報端末が普及して、いつでも、どこでも情報ネットワークにつながっていることができる。それは、電子メディアによって媒介されたコミュニケーションが、私たちの生活の中心にあるということでもある。電子メディアには、「場所意識の喪失」という特徴があるといわれるが、つまり私たちは、「場所」という制約から自由になって、どこにいる人とでもコミュニケーションをすることができるようになったのである。私たちはこうして、便利な情報空間の中を、自由に生きるようになった。

しかし、便利であるということは、流通情報を集約して一元的に管理することができるようになった経済システムにとって、「便利」なことなのであって、その結果として地域の人々のかかわりとコミュニケーションが失われていくということなのであれば、それははたして本当に便利なことだったのだろうか。生活するということ、生きるということは、面倒なことである。生まれて育ち、また年老いて死んでいくとき、コンビニや情報端末が私たちの面倒をみてくれるわけではない。そんなとき私たちを支えてくれるのは、相変わらず地域の人々とのかかわりなのである。しかし私たちは便利で自由な生活と引き換えに、地域の人々との情報のネットワーク、コミュニケーションの回路を失ってしまったのであって、こうして地域のコミュニティという問題が生じているのであった。

同じ場所にいても、違う情報空間に生きている、耳にヘッドホンをつけケータイを操作しながら通り過ぎていく人とかかわることは不可能であり、古くからあった地域の人々のコミュニティは空洞化し、場合によっては消えていきつつある。そしてほんとうに必要なとき、私を支えてくれる人はなく、私がそうしたいと思っても誰かを支えることなどできはしない。そして最後の頼りの行政は、借金を重ねてもう余裕はないといわれる、そんな現在の地域社会という場所について、私たちはどのように考えていくことができるのだろうか。

かつての地域のコミュニティにおいて、中心にあったのは宗教という非合理的なコミュニケーションであった。どんな宗教であれ、個人の個人的な利害・関心を超えた存在を感じさせてくれるものの周りで、人々は物語を語らい、物語の世界を身体化する聖なる儀式を執り行うことで、コミュニティの世界のリアリティを維持してきたのであり、そのような世界の中に人は生まれて、死んでいったのである。一方、消費社会であり情報社会であり、どこまでも「自由」で「便利」な現代の社会を生きる私たちは、消費者としての個人が選好する世界、小さな関心の世界から外に出ることはなく、関係の豊かさを失って、生きることの意味を見失い、やがて死を前にしたときに、途方にくれることになるだろう。

サッカーの起源――再び地域のスポーツへ

サッカーのようなもの、ボール状のものを主に足で操るというゲームは、イタリアのカルチョや日本の蹴鞠を始めとして、かなり昔から世界のいたるところで楽しまれていたようである。同じように中世の地域コミュニティで伝承され、年に一度の祭りとして行われてきた民間宗教的な民俗的行事、「マス・フットボール」と呼ばれる行事が、イギリスで「近代スポーツ」として確立したサッカーの直接の起源であったといわれている。

中村（二〇〇一）によれば、このフットボールは「ほかの何らかの出来事や行為などによって得られた喜びを、あるいは怒りをフットボールによって表現し、それを仲間とともに共感、共有しようとする」というものであった。この行事の行われる日には、朝から一日中、町の全体がその「競技場」となり、地域コミュニティのメンバー全員がチームに分かれて参加し、ボール状のものを全身で奪い合って、仲間と協力し合ってそれぞれのチームの「ゴール」へ運んでいこうとする。それは、けが人も出れば町も破壊されるといった、かなり暴力的なものであったらしく、ボールをゴールに運ぶことができたチームは、「来年の豊作の約束」といった象徴的な報酬を得ることになるとはいえ、私たちには非合理的で無意味なもののように感じられるかもしれない。しかし、日本で行われている地域のお祭りにも、岸和田の「だんじり祭り」や諏訪の「御柱祭り」のように危険で非合理なものは多く、こうした行事はそれほど珍しいものでもないだろう。日常とは異なる時間と空間を体感しようとする「祭り」というものには、本来そのような、危険で非合理な性格があったのではないだろうか。そして、このような行事によって、コミュニティの人々は身体のコミュニケーションを通した連帯感情を得て、行事の後には活躍したヒーローの物語を語り合うこととなり、その物語は世代を超えて、コミュニティの人々の集合的な記憶をつないでいくことになっただろう。つまりスポーツの始まりには、地域のコミュニケーションがあったのである。

その後のイギリスで、フットボールが「悪徳」として国王から禁止されたときに抵抗したのは地域の人々であり、近代化の時代を迎えて合理的なスポーツが成立していくときに、スポーツクラブをはぐくんだのも地域のコミュニティであった。こうして現在、地域の人々が自分たちの町のクラブ・チームを応援することには、そして時としてこの応援が暴力的なものになって、いわゆる「フーリガン」問題が生まれてしまうのも、どこかで民俗的行事の時代の記憶がかかわっているのかもしれない。それが非合理的なものであり、暴力的なものであるからこそ、象徴性と身体性を伴った、地域コミュニティにとって意味のあるコミュニケーションであることができるのだ。そして、このようなコミュニケーションこそ、自分の利害・関心のために他者との関係を道具のように合理的に利用するのではなく、自分が愛するクラブ・チームと、このクラブ・チームを愛する人々との関係の中に、自分を位置づけようとする非合理的な感覚、地域のコミュニティを失ってきた私たちが必要としている感覚をはぐくむ力を持っているのではないだろうか。

私たちが暮らす街の多くには、人々が集う広場もなければ、地域の誇りと感じることができるような伝統や、愛することのできる何かがあるわけではない。私たちはやがて、その町を選んでやってきたときと同じように、自分にとってもっと「便利」でいい場所を求め、引っ越していくだろう。けれども、この町にスポーツのクラブ・チームがあれば、私たちはチームのために何かをしようとしているサポーターのコミュニティに加わることができる。サポーターは「アウェー」に対する「ホーム」という強く特別な感覚を持ち、自分たちのクラブ・チームを自分の「家族」のように愛し、自分のためにではなく、自分が愛するクラブ・チームのために、自分を非合理的な行為に駆り立てていく。そしてこのクラブ・チームが、自分が生きる現実の地域社会の一部であるならば、地域の人々がみなチームのことを気にかけて暮らし、チームを次々に襲う悲劇の物語や歓喜の瞬間をともにして、重ねていくことができるならば、「一〇〇年」もかかることなく、サポーターたちは地域のコミュニティの一員になっているだろう。

そして、そのとき私たちは、地域のコミュニティと、失われた関係の豊かさが再生する日を見ることができるはずである。

【文献】

Bodin, Dominique, 2003, *Le Hooliganisme*, Presses Universitaires de France.（＝二〇〇五、陣野俊史・相田淑子訳『フーリガンの社会学』白水社）
えのきどいちろう、二〇〇七、「一心同体　柏バカ万歳」『サッカー茶柱観測所』駒草出版
藤口光紀、二〇〇七、「理念実現への創造プロセス」、堀繁ほか編『スポーツで地域をつくる』東京大学出版会
石橋今日美、二〇〇二、「まなざしのスペクタル」『ユリイカ』第三四巻第八号
Mignon, Patrick, 1998, *La Passion du football*, Odile Jacob.（＝二〇〇四、堀田一陽訳『サッカーの情念』社会評論社）
中村敏雄、二〇〇一、『増補　オフサイドはなぜ反則か』平凡社
小川光生、二〇〇八、『サッカーとイタリア人』光文社新書
大住良之、一九九八、『浦和レッズの幸福』アスペクト
サッカー批評編集部、二〇〇九、『世界のサッカー応援スタイル』カンゼン
清水諭、二〇〇二、「レッズ、トルシエ、ワールドカップ」『ユリイカ』第三四巻第八号
杉本厚夫、一九九九、「スポーツファンの文化」井上俊・亀山佳明編『スポーツ文化を学ぶ人のために』世界思想社
杉本厚夫、二〇〇五、『映画に学ぶスポーツ社会学』世界思想社
多木浩二、一九九五、『スポーツを考える』ちくま新書
田中義久、一九九二、『ゴルフと日本人』岩波新書

牛木素吉朗・黒田勇編、二〇〇三、『ワールドカップのメディア学』大修館書店
宇都宮徹壱、二〇〇八、『股旅フットボール』東邦出版
宇都宮徹壱、二〇〇九、「佐藤繁雄インタビュー／果たせなかった夢を、ここで実現させたい」、『季刊　サッカー批評』四三号、双葉社
谷塚哲、二〇〇九、「理想と現実の狭間で揺れるJリーグのあるべき姿」『季刊　サッカー批評』四三号、双葉社
吉田誠一、二〇〇八、「クラブは苦痛を売る」日本経済新聞二〇〇八／〇四／一六朝刊
吉見俊哉、一九九五、『声の資本主義』講談社

第9章　ネオリベラリズムと空間の暴力

金融資本と空間の接合

佐幸信介

1　はじめに

二〇〇八年秋以降、リーマンブラザーズの破綻によって顕在化したサブプライムローン問題に端を発する国際的な金融危機は、一〇〇年に一度の経済危機とか、戦後最大の経済危機と呼ばれた。実際に二〇〇九年八月一七日に内閣府から発表された日本の実質GDP成長率は、二〇〇八年度はマイナス三・二％。二〇〇九年度についても二〇〇九年七月のIMFによれば、日本はマイナス六・〇％と試算されている。失業率は、労働力調査によれば、二〇〇八年一〇月には三％の後半であったものが年明け以降上昇し続け、二〇〇九年七月は五・七％と過去最悪の数値を示している。そしてわたしたちは、こうしたGDPのマイナス成長率や失業率の数値では示しきれない、雇用や生活の構造的変容を生活の身近な場面で日常的に経験しうるものであったし、現在も継続している。

ところが、こうした金融危機が生じるまでの数年間、東京を中心とした都市空間はある種の空間的バブルを経験していた。大規模プロジェクトが続出している。それらの多くは、ポスト・フォーディズムの状況において金融資本・市場と直結しながら建設されたものである。バブル以前とは空間の生産の仕組みが大きく異なっている。そして、この変容の過程は、ネオリベラリズム化の文脈のなかで、公共空間の収縮とそれにともなう空間の社会的所有のあり方の転換をもたらす。空間は、社会的諸関係や階層を視覚化するが、同時にわたしたちの生活様式を編成するものでもある。空間の変容に照準することは、ここ一〇年あまりのわたしたちの社会的経験をあらためて問い直すことを意味している。

2 サブプライムローン問題と住宅という空間

サブプライムローンとは、文字通り二級のローン、つまりデフォルト（債務不履行）が発生しやすいリスクが高いローンである。それは、おもに信用度が低い低所得者むけのローンであり、金利も高く設定されている。アメリカ社会は、そもそも持ち家主義が強いと言われるが、近年の移民を中心とした人口増などによって住宅需要が高まり、サブプライムローンの利用も二〇〇四年以降多くなる。今回の危機は、サブプライムローンのなかでも特に住宅に対するローンの焦げつきが主要な要因であった。とりわけ、中南米からの移民が多く低所得者層のヒスパニック系人口率が高いカリフォルニアやフロリダ、あるいは自動車産業が立地する五大湖周辺の低所得者層が多い地域においてデフォルトの発生した割合が高い（小林・安田 二〇〇八）。

サブプライムローン問題は、金融工学が駆使される国際的な金融市場において発生した。ローンはいわゆる債権のことであるが、証券化の過程ではまず債権が小口の証券へと細分化される。次いで、幾種類もの小口証券がパッケージ化され、リスクが分散される。さらに金融保証会社（モノラインと呼称される）によって支払い保証と格付けがなされる。この過程で作り出されるのがＣＤＯ（債務担保証券、Collateralized Debt Obligation）である。これらの証券は、実際には公開市場で売買されずに主にヘッジファンドへ転売されるケースが多く、価格とリスクの公開性が不十分であったといわれる。

投資家にとって短期に市場で証券を売り抜けたとしても、リスクそのものが低減するわけではない。住宅市場は、証券が売買される「金融市場」と、実際の不動産として売買される「実需市場」の二次元から構成されているが、リスクは実需市場のほうから規定される。今回の金融危機は、単にデフォルトが発生し、不動産（住宅）が不良債権化しただけではない。不動産の実需市場において生じたデフォルトが、証券市場へと連動して、証券価格の下落をもたらしたのである。

しかも、実需市場と金融市場とは循環的な関係にある。住宅購入に際して組む融資とローンの返済の金利は、金融市場における金利とも連動しているから、金利が高くなれば返済金利も高くなる。つまり、実需市場におけるデフォルトの発生は、金融市場からも規定されるのである。リーマンブラザーズをはじめとしたファンドの破綻が、信用収縮の直接的な原因ということができるが、証券化のメカニズムによって膨張した住宅の実需市場と金融市場との循環的な関係が構造化されており、国際的金融危機は金融資本主義のひとつの自己言及的な帰結ということができる。

投資対象としての住宅

それにしても、なぜ住宅が信用収縮の引き金になりうるのだろうか。サブプライムローンは、住宅以外にも自動車や他の消費財もその対象に含まれる。もちろん、価格において住宅は他の耐久消費財に比べて高額であり、ローンの返済期間も長く、住宅ローンの市場規模も大きい。実際にアメリカの個人向け住宅ローンの市場規模は、二〇〇八年三月時点で約一〇兆ドル、新規貸出しがおよそ三兆ドルと言われる。ちなみに、日本の場合は、ローン市場が約一八〇兆円、新規貸出しが約二〇兆円前後となっており、アメリカは日本に比べてローン市場で約六倍、新規貸出しで約一〇倍の規模である（小林・安田 二〇〇八）。

だが、サブプライムローン問題についての一連の議論を前にして痛感するのは、住宅とは私たちにとって一体どのような財なのだろうか、という問題である。居住するための空間的な器であったり、家族や生活が表象される空間ということからかけ離れて、投資の対象としての資産となっているからだ。とりわけ、アメリカ社会においては、資産形成のための道具となっている。この点で持ち家主義は、資産形成のための金融資本主義のイデオロギーのひとつの現れ方であるともいえる。

先に述べたように、住宅市場は不動産としての実需市場（一次市場）と、証券が取引される金融市場（二次市場）によって構成されている。この双方とも、キャピタルゲイン＝資産形成が目指される。

アメリカにおいては住宅の中古市場が大きいが、それは住宅の住み替え＝転売によって、キャピタルゲインをはかる仕組みが構成されているからである。さらに、預貯金が少ないローン社会でもあるアメリカでは、住宅価格から住宅ローン残高を差し引いたホームエクイティを担保にした、ホームエクイテイローンが家計および個人消費を下支えしていると言われる。その意味で住宅は消費の器ではなく、消費マネーを担保する資産である。つまり、住宅は、キャピタルゲインと消費を生み出すための「金融の箱＝空間」なのである。

他方で住宅ローン＝債権の証券化という仕組みは、銀行などが融資や住宅建設のための資金を集めるひとつの方法である。そして、いったん金融商品化されてしまうと、それ自体が利益を得るための投資と欲望の対象となる。この世界では、住宅に居住することや表象された空間といった意味論的な次元とは無関係である。むろん、住宅ローンの返済能力（住宅取得能力指数 Affordability Index）が、ローンを組む際に信用の担保となりうる。しかし、それもまた証券化の過程のなかでリスクに抽象的に換算され、そして多様な証券の組み合わせの中で分散される。信用にかかわる人称性が消去される。住宅は、リスクとキャピタルゲインの対象へと抽象化される。

住宅の実需市場と金融市場の双方ともに、資産形成やキャピタルゲインを生み出すことが自己目的化されている。このような両者の関係をふまえるなら、あたかも倍々ゲームのような様相を呈している。資産形成を目論む実需市場の債権（いわば借金）にもとづいて、さらに大規模な証券の金融市場が構成されているからである。証券の売買の側からみれば、賭ける者に賭けるようなある種のマネーゲームである。

われわれの社会・経済生活が、金融市場と結びついた資産形成の生活様式へ傾斜していく資本主義の変容を、アグリエッタはフォーディズム型成長の危機の後に続く、ポストフォーディズムの「資産形成型成長体制」と呼ぶ(1)。「フォーディズム的成長体制では、賃労働者の欲求と資本蓄積とのこうした決定的関係は、所得の規則性と、住宅をはじめとする耐久消費財を手にいれるための貯蓄形成によって形成されており、そのような貯蓄形成と生産性とのリンクが内包的成長の軸」であった。(Aglietta 2002=2009: 46)。

ところが、ここ二〇年ほどの間で、賃労働者の貯蓄は特に金融資産の獲得に向けられるようになる。フォーディズム型成長体制では、生産性の向上によってもたらされた収益は、労使間交渉と調整によって、企業と賃労働者へと分配される。それに対し、資産形成型成長体制においては、株主統治が進むことで株式資本収益率へと舵がきられる。フレキシブルな蓄積への移行(Harvey 1990=1999)が進む。そこでは、株式の価値の最大化、すなわち資本の生産性が目指される。その結果、ICT(Information & Communication Technology)やアウトソーシングなどの導入によって企業組織のリストラクチャリングが進められる。アグリエッタによれば、フォーディズム体制の危機と資産形成型成長体制への移行は、一九七〇年代からアメリカを主導に進行したとされるが、それはちょうど、アメリカにおいて証券化が進められ、金融市場が大きくなっていく時期と一致する。

ポスト・フォーディズムのもとでは、近年日本社会においても不安定雇用が大きな問題となっているように、雇用関係のフレキシビリティが押し付けられる。雇用が不安定な構造のもとでは、雇用だけでなく技能や社会保障、ひいては金融資産においても格差が進行することになる。このような賃金労働者の分断された状態をアグリエッタは「社会的統合失調」と言う。レギュラシオン学派の議論をサブプライムローン問題の文脈へ引き付けるならば、低所得者―高金利の階層性が金融システムへと取り込まれていったことになる。サブプライムローン問題とは、資産形成型成長体制の下層部において発生した問題である。ポスト・フォーディズムの状況において、住宅は、雇用関係と同様に分断状況を生み出すもうひとつの箱＝空間であったといえる。

3　都市空間の変貌

サブプライムローンが多く利用されるのは、アメリカにおいてＩＴバブルがはじけた二〇〇四年以降であった。実際にサブプライムローン問題が顕在化するのが二〇〇七年であるから、証券化に誘導された住宅市場バブルは三〜四年間の隆運であった。実は、日本においても、バブル経済が崩壊を経験した後の時期にあたる九〇年代後半以降に、証券化の仕組みをとおして金融資本と結びつきながら都市空間が大きく変貌してきた。

まず、ここでは二〇〇〇年前後から東京をはじめとした都市圏において、都市空間の相貌の変化をみることにしよう。ＩＴ企業の成功者というイメージともなった六本木ヒルズはその代表的なものである。それに限らず、大規模な都市再開発が続出している。その特徴は、大きな敷地の上に大規模な都市再開発が進行していることと、高層ビルが至るところで建設されていることである。それらの多くは、都心部と臨海エリアに集中している（図1）。こうした大型プロジェクトの実現は、二〇〇七年をピークに、二〇一〇年前後までにはほぼ建設が終了する予定となっている。きわめて短期間のなかでの大規模なプロジェクトの乱立である。それらは、オフィスや消費に特化する単機能的なものではなく、商業、労働、居住などの多様な空間が複合的に構成される。多国籍企業の中枢機能をはじめ、金融、ＩＣＴ、メディア、コンサルティング等の企業、そしてブランドショップ、フィットネス、アミューズメント施設、レストラン、文化施設などのいわばジェントリフィケーションされた空間が占めている。

空間の二極化と空間の表象の危機

このような都市空間の変貌にたいして八束はじめを中心としたグループ・UPG（Urban Profiling Group）は、空間的なスタディを行っている。その報告によれば、東京の都市空間の高層化は、ビルの本数ではニューヨークに次ぎ、二一世紀にはいって一〇年間の予想建設量はドバイに次ぐという。また、東京は、建築量の次元で「量の二極化」が生じているとする。たとえば、銀座は低層のビル群からなるLow City、汐留や豊洲は純粋なHigh City、丸の内は平たい台座のビルにタワーが搭載されているSocle+Tower City、新宿はLow Cityに包含されるHigh City、月島はHigh CityとLow Cityとの混在、浦安はLow、Middle、High Cityの混在といったように、都市空間のボリュームが類型化されている（八束ほか 二〇〇八）。

こうした都市空間のLow CityとHigh Cityとの二極化の加速度的な進行は、先述したようにここ一〇年ほどの現象である。空間が視覚的に二極化されていくグローバル・シティ状況は、それまでの高度経済成長期以降の都市の大規模化とは明らかに事情が異なっている。都市空間は郊外へむかって、幹線道路や鉄道路線に沿いながら同心円状に、都市は規模として拡張してきた。都市に流入する労働者とその家族を受容する住宅地と集合住宅が、郊外へ伸長する路線に沿って開発されてきたのである(2)。このような一九七〇年代以降に活発化する空間の編成は、現在においても決して失効しているわけではない。

しかし、都心と臨海エリアに集中する近年の空間の膨張の仕方は、開発の対象が郊外からインナー・エリアへといった移動だけでなく、巨大な空間のボリュームを上層へと立ち上げている。

八束はこのような空間の伸長と二極化について、丹下健三が「東京計画一九六〇」として描き出した都市計画の前提、あるいは背後仮説と次のように比較している（八束 二〇〇八）。丹下研究室のリサーチは国民経済に立脚しており、地方と中央との経済的なポテンシャルの違いや、一次産業から三次産業への産業構造の移行が日本という国土開発のアルゴリズムを決めていたとしても、国境の枠内であった。企業のオフィスビルの建設も収益から算出される採算性の範囲内で計画され、住居もまたオフィスワーカーの給与や通勤距離との関係のなかで配置される。丹下の構想は「巨大なコンパクト・シティ」であった。しかし、「ボーダレス化し、アウトソーシングやオフシェア化していく社会では、企業活動は完全に国家単位の制御の圏域をはみ出すのみならず、実態（現実の生産）からすら遊離し、有形の商品や現金をはるかに上回る量で資本の流れが世界中を駆け巡る。株式もそうだが、ファンドに代表されるような経済活動は、企業を生産単位、経営の対象というより相場の上の数字、つまり収益の対象としか見ない」。つまり、「都市のプロファイルを決めるアルゴリズムは、デザインが割り出す非線形的のそれよりも、シビアな経営の流れが割り出すもの」とも言うことができ、グローバル・シティの状況とは、「アクティビティのフロー（経済）が空間を置いてきぼりしつつある姿」でもある。

この八束の指摘において無視できないのは、膨張する都市空間にたいする建築および建築家サイドからの対峙の可能性について、危機的な認識が示されている点である。しばしば、建築とは自然・社会・文化的な諸関係や問題を空間的に解き、そして構築することだと言われる。それは、ルフェーブルの

「空間の表象―表象の空間―空間的実践」の三項に即せば、建築家は空間の表象をデザインや設計をとおして描く役割を担っている。だとすれば、都市空間に投入される圧倒的な資本と空間のボリュームの隆起を前にした建築サイドからの危機感は、空間の表象そのものの危機を指し示しているということができる。

すでにルフェーブル自身も、一九八〇年代半ば、『空間の生産』の第三版の序文でネオリベラリズム化が進行する社会における空間の表象の危機について予見していた。かつてパリと特定地域を軸にした「調和のとれたメトロポリス」という国民的空間を生産する計画が、ネオリベラリズムによってうち砕かれほとんど無に帰せられてしまい、それ以降再建されていないと述べる（Lefebvre 1974=2000: 4-5）。ただし、ルフェーブルはこの時点ではまだ、断片化された空間を多面的に結びつける建築学や都市計画の可能性を見ていた（Lefebvre 1974=2000: 14-15）[3]。もちろん空間は、事前に計画的に描かれるような合理的な形としては現実的には実現されない。だからこそ、日常生活や文化的な次元での生きられた空間としての表象の空間と空間の表象との矛盾や葛藤が生じるのである[4]。しかし、グローバルに資本が流動化し、空間的な障壁の消失や時間―空間の圧縮（ハーベイ）が進行している現在において、つまりポストフォーディズム下での空間の生産あるいは、空間的実践のモードがルフェーブルの想像以上に大きく変容しているのである。

空間は、独自の動き＝実践性を有し、都市空間や地域空間等を形成する。ルフェーブルが言うように空間的実践は、われわれにとって自明に知覚されたもの＝第二の自然としてある。空間は社会的諸関係や生産諸関係によって編まれ、生産されかつ生産する実践性を有している。だとすれば、資本が流動化するグローバルな状況のなかで物理的な空間のボリュームが二極化していくような都市空間にどのような社会関係が埋め込まれ、どのように空間が編成されるかという空間的実践の現在が問われなければならないことになる。

空間の階層化と分裂

平山は、この一〇年ほどの東京の空間の変貌を「ホットスポット／コールドスポット」の対比的および階層的な座標軸で捉えている（平山 二〇〇六b）。ホットスポットとは、メガプロジェクトの都市再開発が展開される空間である。広大な敷地、超高層の建築、生産・流通・居住・情報発信などの複合的用途、ランドスケープの組み直し、超高層の建築群による新たなスカイラインが浮かび上がる。こうしたメガコンプレックスは、周辺地域の文脈から分離し、それ自体が完結するかのような「飛び地」を都市空間のなかに形成した（平山 二〇〇六b：三七―三八）。巨大プロジェクトのいくつかを列挙するならば、東京駅丸の内ビルディングおよび八重洲、品川―大崎駅周辺、汐留シオサイト、六本木、赤坂、秋葉原―神田周辺、晴海―勝どき、豊洲―東雲、渋谷等々である（図1）。

それに対してコールドスポットとは、住宅価格が下落し続け、住宅市場が停滞した空間で、都市郊外と都市周辺に広がる。売れ残り住宅地、低廉マンション、価格低下を招いたバブル期のマンションが取り残される。コールドスポットにおける住宅の資産価値は低下し、キャピタルロスを生み出す。九〇年代のバブル経済崩壊もその一因ではあるが、都心や臨海地域のホットスポットの勃興によって、郊外の住宅市場はより一層冷え込んだのである（平山 二〇〇六b：一四三）。したがって、ホットスポットとコ

図1　東京の主な大型都市再開発地域

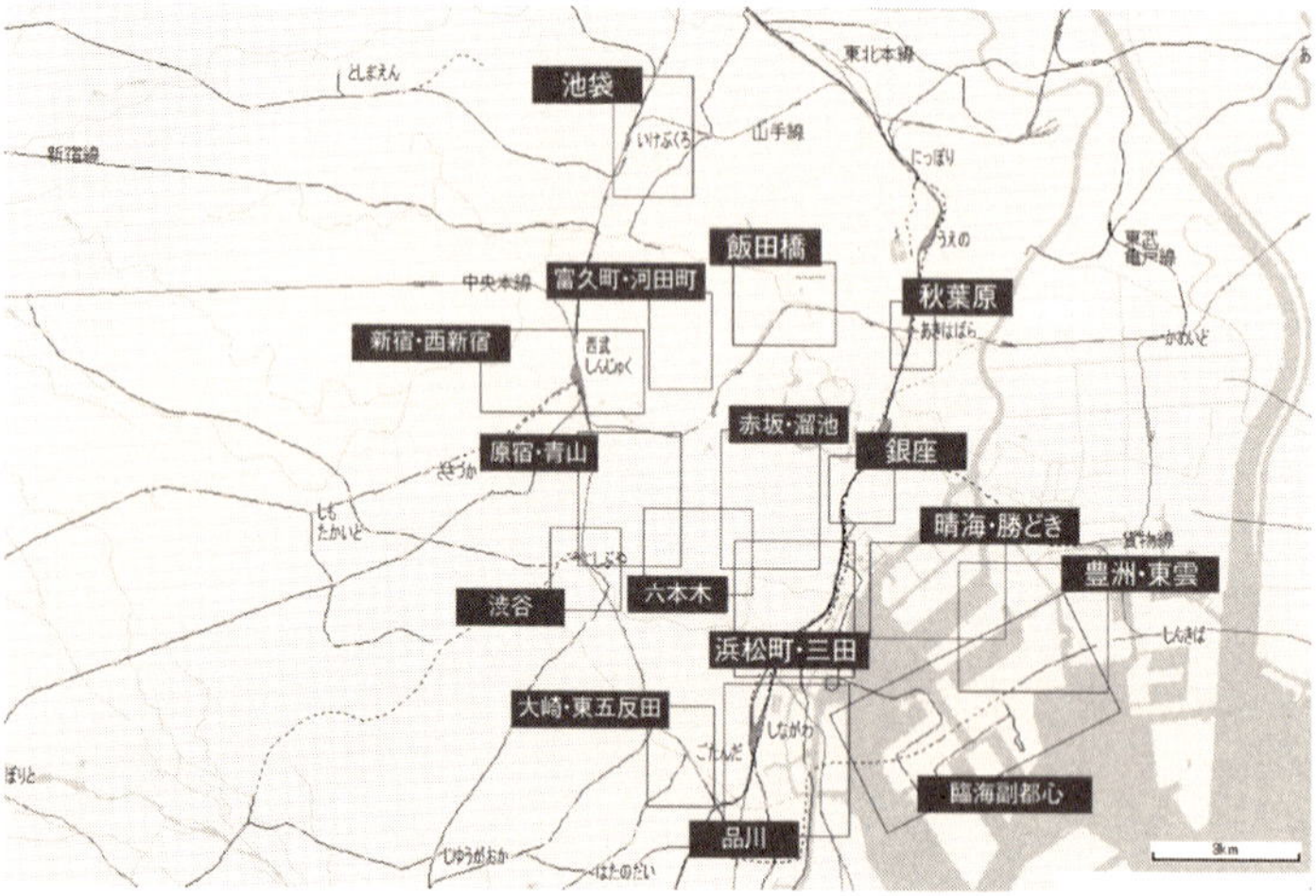

（出所：成美堂出版編集部〔2004〕をもとに筆者修正）

ールドスポットは、同時に生じた空間の階層的な分極化にほかならない[5]。

　ホットスポットは、それぞれ単独で独立した閉鎖的な空間を形づくる。それらの多くは高層ビルとなっているが、上層に行くほど住宅価格や賃料も高くなり、垂直分化している。つまり、「地上市場」よりも「空中市場」における住宅市場の差異化が顕著で、地上と空中とでは異質のマーケットが生成し、トレンディエリアの空は特別に贅沢かつ超高額の商品に転化する（平山 二〇〇六b：九〇）。このように「大規模プロジェクトは周辺地域から水平方向に切り離され、上層階の住戸は地上から垂直的に分離する。建物のスケールと形態は地域の文脈との連続性をもっていない」（平山 二〇〇六b：九二）。

　図2は、東京都内のネットカフェの量的な分布を、市区ごとに示したものである。郊外へ行くほどネットカフェの数が少なくなっており、反対に

図2　東京都内の「ネットカフェ」の分布図

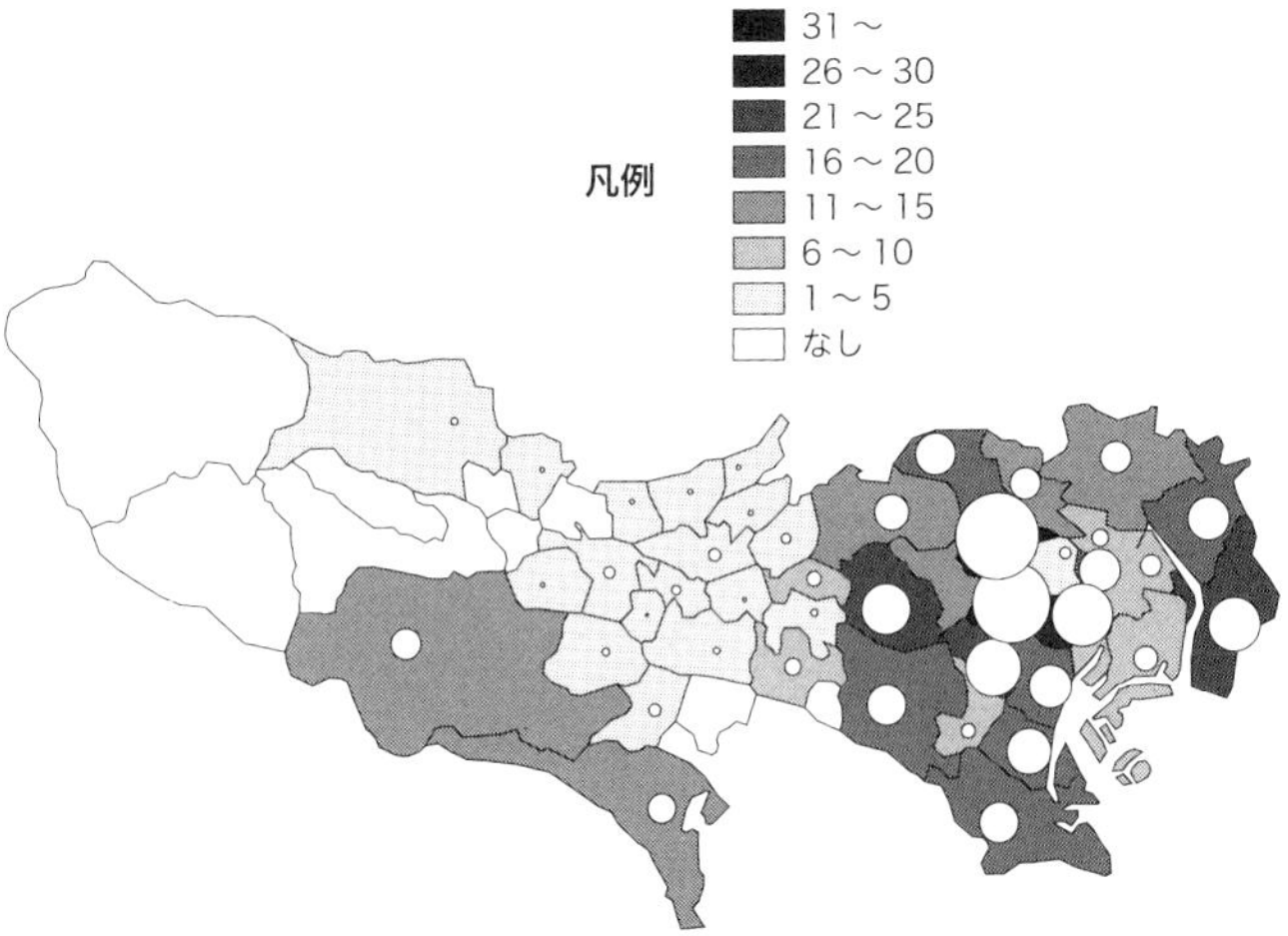

(http://www.cafeman.jp/htm/13htm を参照して作成)

新宿区や豊島区、武蔵野市、杉並区、江戸川区といったエリアが目立つ形で多くなっている。ネットカフェもまた、周辺地域からは分離されたミクロな空間の群居であり、情報空間と接続されている。「ネットカフェ難民」が問題になっているように、もはや一次的に停泊するための空間ではない。都市空間のなかの避難所である。

　しかもこれらはホットスポットの周辺部に地上に張り付くように集まっている。ホットスポットが、外部に対して内向的に遮断しているその傍らには、もうひとつのコールドスポットが存在する。郊外のコールドスポットと都心・臨海地域のホットスポットとは、住宅市場の水平面で相対的に関連しているのに対して、ネットカフェのようなコールドスポットは、住宅市場から疎外されている。ひとつのホームレス空間であり、都市空間における社会的排除の圧力をともなった空間的分断状況から生み出されたものにほかならない。

ネットカフェの分布図は、寝る空間という視角からの都市空間の姿を示している。職と住とは、基本的な生活条件である。しかし、ポストフォーディズム体制においては、労働市場の構造的な変容をもたらす。その結果、雇用は、金融調整の対象となる。非正規雇用、パート・アルバイト雇用がフレキシブルな構造のなかで作り出される。寝る空間の分裂状態と階層化は、まさにこの構造変容と対応している。

こうした空間の階層化と分裂を見ると、空間はいかに暴力的であるのかということが浮かび上がる。空間とは、社会的差異が視覚化されるものであり、つまり差異や格差（distinction）が作用する媒介項となる。そこでは社会的な分類化と認識論的な分類が共犯する象徴暴力がはたらいている（佐幸 二〇〇六）。暴力が象徴的であるということは、暴力として認識しがたい自明性が構成されているからである。すなわち、社会関係の差異を空間的差異として現実化させるような力が空間を通して働いている。特に、物理的空間として建設される空間においては、社会関係が固定化されていく度合いは強いのである。

4　空間開発と金融資本

都市空間の大きな変貌は、金融資本と結びつくなかで生じた。大規模な空間のボリュームが垂直的に隆起する様は、バブル経済崩壊の残物をあたかも飲み込んだかのようであった。しかし、こうした空間的実践は、市場の原理によって単独に生じた現象ではない。政策的な関与によって誘導されていた。

バブル経済が一九九〇年に崩壊し、日本社会は大量の不良債権を抱え、キャピタルロスを経験する。地価や住宅価格の下落とデフレスパイラルの状況に置かれる。(6) この経済的不況を脱する施策として着手されたのが、土地と不動産であった。一九九〇年代の中頃、橋本政権下において、土地と金融政策のスキームが見直され、二〇〇一年の小泉政権の発足と同時に都市再開発プロジェクトが一斉に動き始める。

ここではまず、一九九〇年代半ば以降の政策的な誘導を概観してみることにしよう。表1は、その経緯をまとめたものである。

空間の動産化

橋本政権下の土地審議会では、土地を「資産」としての価値を重視する考え方から、「資源」としての利用価値へと移行し、「所有から利用へ」というスキームに変更することが答申された（太田 二〇〇九：六四）。土地の利用とは、例えばビルに入居するテナントからの賃貸収入などによって、不動産から利回りを得る手法である。通常、不動産がもたらす収益は、賃料収入から得られるインカムゲインと不動産の売却益や評価益から得られるキャピタルゲインの二側面がある。日本の場合は、インカムゲインの利益幅は狭い傾向にあり、逆に不動産のキャピタルゲインによる資産形成が戦後一貫した傾向であった。バブル期には、後者が投機的に横行した。

土地の利用を促してゆくことは、インカムゲインの次元に金融資本を投下していくことを指している。この方式は株式投資と類似している。資本の生産性が問われるからである。こうした点について、ルフェーブルは空間の動産化として次のように指摘している。「空間を動産化して空間を生産しうるものにするために、過酷な要求が課せられる。すでに見たように、空間の動産化の過程は土地からはじまる。土地は、まず伝統的な所有形式から、安定した財産相続から引き離されなければならない。（……）ついで動産化は、空間、地下、地上の容積へと押し広げられる。空間全体に交換価値が授けられなければならない。ところが交換とは互換性を意味する。財の互換性によって、その財は商品になる。それは砂糖や石炭の数量とまったく同じである。互換性をもつためには、その財が他の財と、さらには同じ種類のすべての財と比較しうるものでなければならない。「商品世界」とその特性が、空間において生産させる財や事物から、あるいは財や事物の流通とフローから、空間全体へと押し広げられる」(Lefebvre 1974=2000: 484)。

動産化とはこのように、まず土地を市場における売買が可能になるように市場のなかに取り込み、流動化させ、つづいてその土地の上空、地下といった空間の容積を析出する。そしてこの空間を財の交換価値の関係へと物象化させる。すなわち土地の利用とは、土地そのものの売買ではなく、商品化と交換の対象として空間を発見することにほかならない。ここにおいて空間は、なんらかの価値を産み出すものとなりうる。そして、この空間の動産化について、具体的には九〇年代の後半以降の日本では以下のような経緯をたどった。

不動産の証券化

不良債権によって塩漬けになっていたさまざまな担保不動産をいかにして流動化させるのかが、バブル経済崩壊後の重要な政策的なターゲットであった。そこで導入されたのが証券化の金融システムである。

その最初の仕掛けが、一九九八年のＳＰＣ法(その後二〇〇〇年に改正され「資産の流動化に関する法

表1　都市再開発に関する規制緩和

年次	政策	東京都の都市政策
90's～	資産の証券化	
93	特定債権にかかる事業の規制に関する法律（リース債権の流動化）	
94	建築基準法改正（容積率の規制緩和）	
96	金融緩和政策～（金融ビッグバン）	
97	新総合土地政策推進要綱	
	投資信託窓口販売解禁	
	独禁法改正（持ち株会社解禁）	
98	SPC法	
	ノンリコースローンの導入	
	外為法改正	
	証券取引法改正	
99	PFI法の成立（00年3月施行）	首都圏再生計画骨子
2000	投資信託および投資法人に関する法律	東京圏メガロポリス構想（仮称）
	SPC法改正	
	特例容積率適用制度の創設	
2001	小泉政権発足	東京ベイエリア21
	都市再生本部発足	首都圏メガロポリス構想
	REIT市場本格化	
2002	都市再生特別措置法成立・施行	環境影響評価条例改正
	個人型確定拠出年金制度開始	（高層化への規制緩和）
2003	DCF法	容積緩和の運用方針の変更
2008	サブプライムローン問題	

（五十嵐・小川〔2003〕および武居〔2004〕を参照し作成）

律」と呼ばれる）である。ＳＰＣ（Special Purpose Company＝特別目的会社）とは、不動産運用事業に特化した投資の受け皿となるものである。銀行や企業などが抱える不動産をＳＰＣへいったん売却し、ここに集められた資産が将来的に産み出す収益を担保にして投資家から資金を集める。ＳＰＣは企業の子会社や合同会社として作られるケースが多いが、企業や銀行にとっては資産をバランスシートから外すことができる。さらに、ＳＰＣは、不動産事業を行うために金融機関から融資を受けるが、そこにはノンリコースローンの仕組みが導入される。ノンリコースローンとは、ローンの返済責任を求めないという意味で、ローンの対象が当該の担保不動産だけに限定される。もしこのローンが焦げ付いたとしても、ＳＰＣの法人本体にまで返済責任が及ばない仕組みである。まさに不動産の流動化と投資の活性化が意図されている。

そして登場するのが二〇〇〇年の「投資信託および投資法人に関する法律」の施行である。これによって二〇〇一年にＪ‐ＲＥＩＴ（Real Estate Investment）制度、いわゆる不動産信託が日本で本格化する。ＲＥＩＴとは、不動産の証券化によって開発にかかわる資本を市場から調達する、直接金融の仕組みであり、一九六〇年にアメリカに端を発し、現在では主要各国で導入されている。具体的にはＳＰＣなどの投資法人が、不動産事業のための不動産の証券化によってその資金を集める。その証券・Ｊ‐ＲＥＩＴは、上場株式と同様に証券市場で取引をすることができる。

不動産の流動化および証券化によって集められた資金は、大規模都市開発をはじめ、ビル建設と運用に投入される。その市場規模は二〇〇六年時点では二兆円にまで到達し、投資対象の物件は、オフィスビル、商業施設、マンションをはじめとした居住施設、医療施設、リゾート施設など多岐にわたってい

図3　不動産証券化の用途別の実績の推移

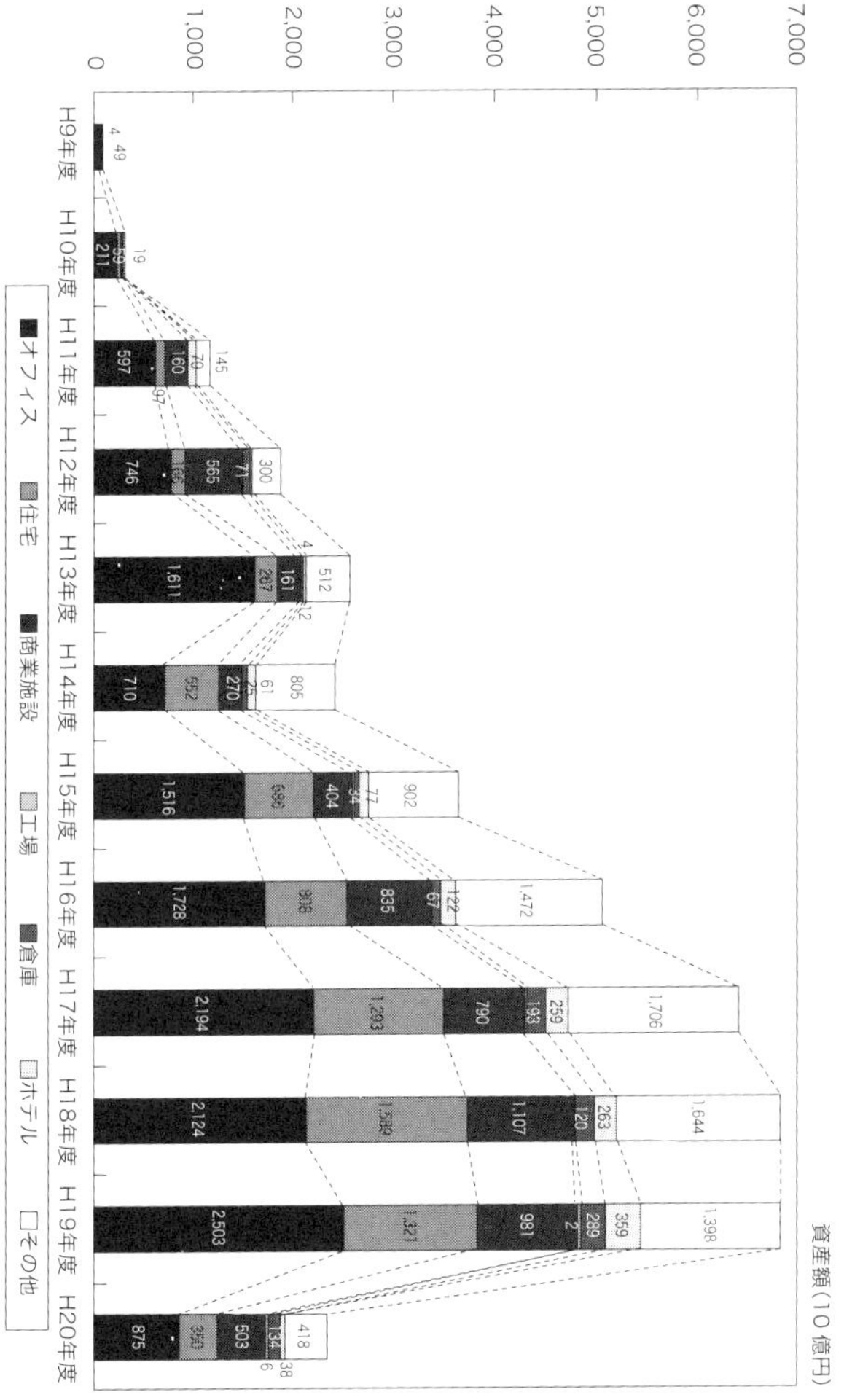

（出所：国土交通省「平成20年度不動産の証券化の実態調査」http://www.mlit.go.jp/common/000040677.pdf）

る（図3）。二〇〇八年には、不動産証券化の市場規模が急激に縮小しているが、いうまでもなくサブプライムローンの問題が波及したからである。この点についてはあらためて後述するが、二〇〇〇年頃から約七年間、都市空間が大きく変貌したことと呼応して不動産の証券化市場は拡大していることがみてとれる。

5 公共空間の市場化と社会的所有の放棄

都市再開発は、二〇〇一年の小泉政権の発足から本格化する。都市再生本部の発足と都市再生特別措置法がそれである。それらが目指していたのは、大きく三つあったと考えられる。ひとつは、東京や大阪などの都市圏を国際的競争力がある都市へと再浮上させること。第二に、都市再開発に民間資本、民間企業を参入させること。第三に、土地の流動化によって、不良債権を開発の資産へと転用することである。[7]

都市再生特別措置法では、「都市再生緊急整備地域」を政令で指定し、そこでの開発事業主体（いわゆる発注者）の範囲を行政から民間事業者にまで広げる。開発事業プロジェクトの提案を民間事業者が行うことができるようにする。整備地域は、まず東京と大阪で一七地域が指定される。これらは、前述した都市空間の変貌をもたらした地域の多くが該当する（図1）。次に札幌や仙台、福岡、東京周辺の地方主要都市で二八地域が指定され、二〇〇六年まで六回にわたって合計六六地域が指定されている。

この整備地区は、容積率、傾斜制限、高さ制限などの規制を適用外にする。つまり、建築や都市計画の徹底的な規制緩和を図る。容積率や高さ制限の規制が解かれた結果、都市空間のなかに超高層ビルが隆起することになった。そして、提案された開発事業が認定された場合は、無利子融資、社債の保証などの金融支援を行う。また、政府レベルでの都市再開発は、表1にもあるように東京都の都市政策とも一体となった動きをした（武居 二〇〇四）。

ところで、整備地域の合計面積は六六〇〇haを越えるが、これほどの開発用地をいったいどのように用意することができたのだろうか。また、証券化の仕組みを通したファンドが投資しうるだけのボリュームをもった空間をインナーシティにどのように用意できるのだろうか。そうした開発のための敷地は、二つの回路によってもたらされた。

第一に、旧国鉄の跡地を中心とした国公有地の転売・転用である（図1参照）。たとえば、東京駅八重洲口、新橋駅北側の汐留、品川駅東側、秋葉原駅周辺などはその代表的な敷地である。また、官公庁の用地も活用された。防衛庁跡地、大手町合同庁舎跡地、そのほか公務員宿舎、公営団地跡地、公園など国公有地が市場へ売り渡された。

第二に、金融庁が二〇〇二年に銀行が有する資産評価法にＤＣＦ（Discount Cash Flow）を導入し、資産を時価で換算する減損会計を利用したことである。ＤＣＦ方式とは、貸し出した元本と利息によるキャッシュフローを見積もり、それと貸出債権の回収とを比較して、仮に回収が見込まれない場合は、貸し出し元本を不良債権と見なし、引当金をつみ上げる方法である。簡単に言えば、融資先の不動産を現金に換算して、銀行の損益にしていくことである。この方式が導入されることで、銀行は不良債権の増加を避けるために、不動産担保がついた不良債権処理を進めた。これは、資産査定の技術的な変更にとどまらなかった。この資産評価法を採用したとき、優良であっても安価な不動産が市場へ吐き出される。貸出元本が不良債権とみなされても、担保となっている不動産も不良であるとは限らない。「銀行が安値で売らざるを得なくなった不動産は、内外の私募ファンドやREITが購入していく。銀行が売る安値の不動産を証券化商品にパッケージして販売すれば業者は大きな利潤が得られる状況が続き、不動産市場は急速に活況を呈していった」（太田 二〇〇九：一〇三）。ここにおいても公的な回路を経由した、不動産を市場へ送り出すマッチポンプが働いていたのである。

都市再生特別法に誘導される都市再開発は、証券化という仕組みのなかで金融資本と直接結びつきながら展開された。その意味では、都市空間をネオリベラリズムの渦中に取り込んでいく施策であった。小泉政権の規制緩和と民活は、都市再開発においても発揮されたことになる。しかし、国公有地の転売・転用、公的回路を通した不動産の市場化といった点をふまえるならば、姿を変えた「公共事業」（五十嵐・小川 二〇〇三）であり、「国策」（平山 二〇〇六b）である。このようなネオリベラリズム型の都市再開発は、関与しないための国家の関与であり、国家がファンドを出さないための関与である。こうした事態を「空間の社会的所有」の放棄と呼ぶことができる。

公的セクターの民営化は、日本においては一九八〇年代の中曽根政権下において、国鉄がJR、電電公社がNTTへと企業法人化されるなかで進められた。本間が指摘しているように、旧国鉄が保有していた土地の転売が、その後の都市と住宅政策を大きく変えていくきっかけとなった（本間 二〇〇九）。そして、バブル経済とその崩壊を経て、九〇年代の後半に金融ビッグバンによって、金融資本がグローバル化を進める。この橋本政権下で進められた金融市場の規制緩和が布石となり、二〇〇〇年以降の小泉政権下で、金融資本や情報資本と結びつきながら空間開発が金融市場のなかでターゲットとされたのである。旧国鉄用地の市場への明け渡しが象徴的に示しているように、この二〇年余りの間に生じている社会空間は、社会的に共有される公共的空間それ自体の収縮の経験であるということができるのである。[8]八〇年代の民営化、九〇年代の金融ビッグバンが、二〇〇〇年以降の空間のネオリベラリズム化のなかで結託したのだ。

R・カステルは、社会的所有の意義について資産や資本を持たない人びとが利用する権利が保障された「共同の資産と共同の権利」であり、あらゆる賃金労働者に社会的独立の最低限の条件を保障し、相互依存関係を保つために必要な社会の可能性の共有財産であるという（Castel 2003=2009: 27-33）。カステルは、脱福祉国家化する社会国家の変容に対して、つまり私的所有―市場に対して社会的所有―権利から国家と社会との関係を再検討している。空間の社会的所有の放棄による公共的空間の収縮は、わたしたちの生活の権利と共に助けあう、共に住むというような互恵的な関係を保障する空間の条件が矮小化されていく事態を指している。

フローの空間と分極化

規制が取り払われた都市空間は、資本の自由が保証され、市場原理のなかで空間を自由に操作することが可能になる。これはまさに「空間の自由市場」である。高層化する空間はそのことを表わしている。このような空間的実践を統御するのは、なんらかの合理的な知に基づくような、あるいは官僚的な専制に基づくようなマスタープランではない。空間の操作が金融資本と直接結びついていることが物語って

図４

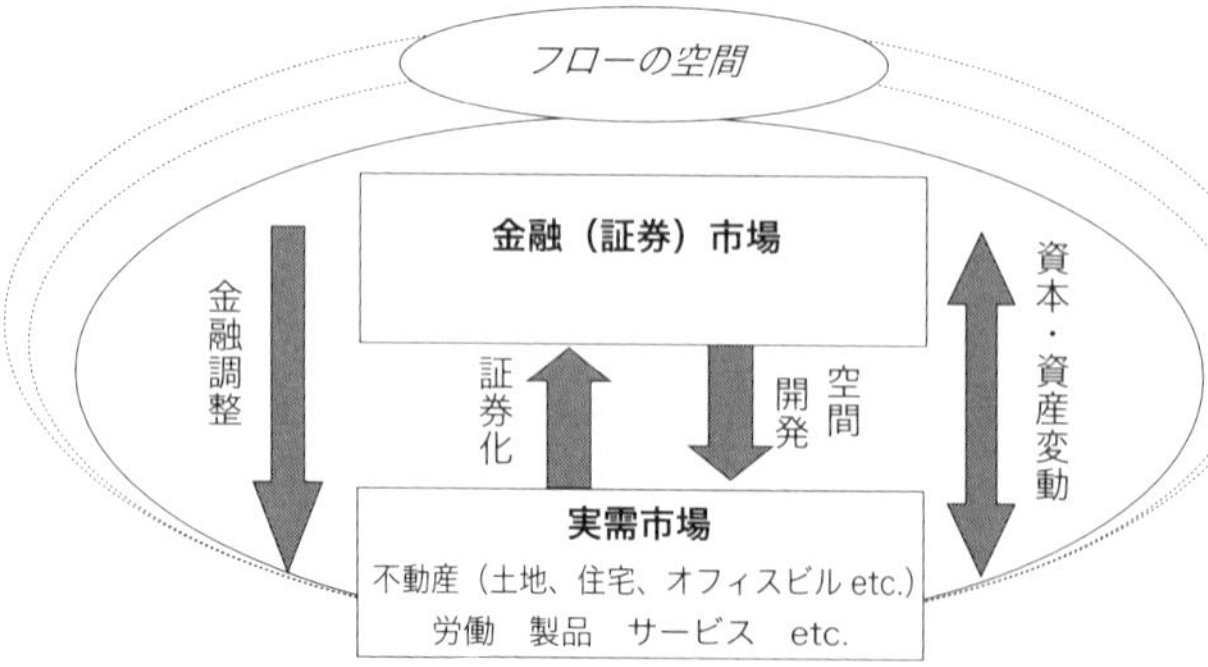

いるように、空間的実践を統御するのは、ボーダレスに編成されているフローの空間である。

カステルは、フローの空間をいくつかの相互に関連し合う種別性からとらえている。資本のフロー、情報フロー、労働フロー、商品フロー、意志決定のフローといったかたちで、生産、分配、消費、経営管理の可変的配列形態を不断に再定義する（カステル 一九九九：二四九）。そして、フローとは、わたしたちの「経済的、政治的、象徴的生活を支配する過程の機能的表現」であり、「社会の支配的な経済的、政治的、象徴構造におけるエージェントによって担われている、物理的な意味ではつながりを解かれた位置のあいだでおこなわれる交換および相互作用の意図的、反復的、そしてプログラム可能な順序的連鎖」である（カステル 一九九九：二五六）[9]。

たとえば、カステルは一九九二年のヨーロッパ金融危機がもたらされたのは、誰か特定の投機家集団ではなく、世界規模で相互連結して瞬時に作動しだす「市場の力」であったとする。権力のフローではなく、フローそれ自体が権力として作用する。フローの抽象的な力は、われわれの生活の諸次元、とりわけ空間そのものに影響を及ぼす（カステル 一九九九：二五三―二五四）。空間がフローへと溶解することで、空間的なリストラクチャリングが進行し、それが社会構造レベルでの分極化を進める。この分極化は、これまでの社会的不平等や空間的隔離といった現象として立ち現れるのではなく、双対的に二元化する都市（dual city）であり、「同一のシステムの一部でありながら、相互に無視しあっている要素間の相互作用的な成長のプロセス」（カステル 一九九九：二一四）である。

6　おわりに――空間のフレキシビリティ

二〇〇九年一〇月現在、日本の不動産の証券市場は低迷している（図3）。地価や住宅価格は再び下落傾向に陥っている。空室率が高まり、賃貸料も低下する。投資対象としての不動産からファンドの引き上げが起こる。証券化と政策的な都市再開発によって活性化した地価の流動化は、一〇年にもみたない空間バブルであった。こうした傾向は、もはや日本に限らない[10]。フローの空間が、国民国家や国民経済とは無縁に形成されている以上、その影響も広範にわたるからである。

本稿の冒頭で見たように、不動産は実需市場と金融市場との二重構造を有し、金融危機と不動産の低迷とは循環的関係にある。ポストフォーディズム下では、金融資本がフレキシブルな蓄積を進めるが、ハーベイが指摘しているように不安定さを内包している。「一九七二年以降定着した新しい金融システムは、世界資本主義において作用していた勢力均衡を変えたが、その際、この金融システムは、法人や国家や個人の財務管理に比較して銀行や金融システムにより多くの自律性を与えた。フレキシブルな蓄積は明らかに、フォーディズムがそうであった以上に調整力としての金融資本に期待を寄せている。上述の金融システムがより広い分野に危機を分散させ、資金を破産している企業や地域や部門から儲けのある分野にすばやく移すことが容易になっているとしても、独立的で自律的な通貨危機や金融危機が生みだされる可能性が以前に比べてかなり高くなっていることを意味している」(Harvey 1990=1999: 218)。

不動産の動産化(ルフェーブル)は、先にみたように単に不動産が投資対象となることにとどまらず、金融資本にとって空間を発見することであった。金融資本と空間とは一体となることで空間の自由市場を形成する。ポストフォーディズムの状況において、金融調整は、フレキシブルな雇用を生み出したように、空間もフレキシブルな関係へと変化させていく。空間の階層化と分断・分裂状況を作りだす。空間は格差が視覚化されるが、同時に格差をつくり出す。資本生産性が高い空間には資本が循環し、反対に資本生産性が低い空間は埒外におかれる。資本は、建築空間に愛着などいだかない。

不動産市場を活性化させるために、金融システムの透明化や健全化が図られたり、証券市場での短期取引ではなく、安定的な開発に対応した安定した長期取引によるファンドの提供などへと舵を切り変えていくことなども可能ではある。だが、同時に依然として活性化の底流にあるのは、スクラップ・アンド・ビルドによるメタボリズム(新陳代謝)とキャッシュ・フローである。このことは、逆説的にも、この一〇年弱にわたる「世界都市」を目指した都市再開発が、バブル経済の崩壊後に展開されたことを物語っている。町村が看破しているように、世界都市は、とりわけ東京にとっては、到達不可能性を内に抱える、「政治的イデオロギーに限りなく近い一種の当為概念」である(町村 二〇〇六)[11]。逆説的な言い方をすれば、成長のための言説は「危機」を巧妙に活用するのである。

実際に旧国鉄、官公庁などの国公有地が先導して金融市場に提供された。このことは物質的な空間の次元にとどまらず、空間の公共性それ自身の収縮へと転換されていくという点で無視することはできない。それは、これまで議論してきたように、空間を社会的に所有することを放棄することを意味しているからである。そして、金融資本のサイドから公共空間が生まれてくる可能性は、現状においても、原理的にも想定することはできない。フローの空間—金融市場による統御、すなわち金融・経済的領域に空間が従属させられていくなかで顕在化する空間の表象の危機とは、空間の社会的所有と空間の公共性の危機でもある。

わたしたちは、このような空間的実践の象徴暴力の地点から、空間のオルタナティブを対峙させていかなければならない。

【注】

(1) レギュラシオン学派の中心人物であるアグリエッタは、「資産形成型成長体制」について、賃労働者が資産形成にあたって、貯蓄からさまざまな金融機関への投資をする様式へと移行するプロセスで、賃労働者の貯蓄と企業の収益性との間の新しい接合様式が生じたとする。いわゆる株主主権と統治によって、企業に対して支配力を増すが、アグリエッタは楽観的に、賃労働者が投資を通して、企業の株主となりうる可能性を見ている。こうした見通しについては、若林章孝氏による『金融資本主義を超えて』の解説において、この成長過程が賃金生活者の統合を破壊している現状を指摘している。

（2）戦後の住宅体制については、平山（二〇〇三）、佐幸（二〇〇六）などを参照のこと。

（3）ルフェーブルは、近代性を空間の均質化としてとらえているが（Lefebvre 1974）、均質化を推し進めたのは、細分化された空間を自由に所有することであり、市場における自由な売買であるとする。ハーベイはこの点に触れて、一八世紀から一九世紀初頭のイギリスにおけるエンクロージャーによって景観を著しく変容させた戦略が、細分化と所有、市場での交換であるとする（Harvey 1990=1999: 326）。

（4）ルフェーブルは、空間的実践について空間を生産するpratiqueとしてとらえている。それは、たとえば鉄道・道路網や上下水道のようなインフラとして具現化されており、空間的な接続と分離の動態を内に含んでいる。空間の表象とは、思考される空間であり、科学者や社会・経済計画の立案者、技術官僚、社会工学者などによって構想される空間である。表象の空間とは、映像や象徴の連合を通して直接に生きられる空間であり、住民やユーザーの空間である（Lefebvre 1974=2000: 82-92）。

（5）ホット／コールドの分極化は、東京という空間の文脈におけるデュアル・シティ（カステル）ともいえる。

（6）高度経済成長期には右肩上がりの経済成長と土地価格の上昇が自明とされていた。それに照応して、住宅市場も住み替えの物語を内包しながら、資産形成の階梯として機能していた。住み替え＝ハウジング・チェーンは、公営住宅―民間賃貸―公団住宅―持ち家といった住宅階層を上昇するライフステージの展開である。

（7）都市再生本部および都市再生特別措置法の経緯については、五十嵐・小川（二〇〇三）を参照。また、中央政府のこうした動きと連動する東京都の都市開発の経緯については、武居（二〇〇四）を参照。

（8）八〇年代から九〇年代の東京の都市空間の変容については、Sassenn（2001=2008）を参照。

（9）フローの空間は、カステルによれば、フローをとおして作動する、時間分有的な社会的実践の物質的組織化であり、三つの層を有しているとされる（カステル 一九九九：二五七―二六五）。第一に、電子工学・コミュニケーションテクノロジー、コンピュータテクノロジー、高速輸送といった情報社会において決定的に重要な、物質的な基体。テクノロジーによって可能となった相互作用ネットワークによって、あらたな空間的な接合が生みだされる。

第二に、結節点および中心点（nodes and hubs）によって構成される。ネットワークは、複数の特定の場所を、こうしたネットワークによって空間が定義される。

社会的、文化的、物理的、機能的特徴をもったものとして連結する。この代表的なネットワークがグローバル経済における金融システムに関連して構成されているネットワークである。その結節点と中心点は、資本、情報、生産、サービス、労働といったものをネットワークシステムのなかで、都市空間を定義していく。
第三に、技術官僚的‐金融的‐経営管理的なエリートといった支配的エリートの空間的組織化に関わり、これらの階層の支配的な利害関心や機能にもとづく空間論理がここでは構成される。具体的にはエリート固有の社会とそれに対応する隔離的なコミュニティと人的ネットワークをつくり、この権力構造のもとでまさにネットワークを統御していくような象徴的な社会‐空間的ヒエラルキーが組織される。さらに、こうした情報社会におけるエリートたちにより、場所の歴史的な種別性を払拭してしまうような、ライフスタイルと空間的形式が作られる。

(10)　ドバイのような変貌は象徴的である。世界各国からの投資マネー、オイルマネーを集積した、巨大な都市空間の建設は、世界中の重機が集められ、鉄骨の国際価格にまで影響を与えるといわれていた。しかし、金融危機によって超高層の真新しいビルは廃墟化するところまで出ているといわれている。

(11)　二〇一六年にオリンピックの開催を招致する計画は、金融資本と都市再開発が直結したネオリベラリズムの典型的な例である。

【参考文献】

Aglietta et al., 2002, *Capitalisme: Quoi de neuf? Forum européen de confrontations*, Éditions Syllepse et Espaces Marx.（＝二〇〇九、若森章孝・斉藤日出治訳『金融資本主義を超えて』晃洋書房）
カステル、M、一九九九、『都市・情報・グローバル経済』、大澤善信訳、青木書店
Castel, R., 2003, *L'Insécurité sociale; Qu'est-ce qu'être protégé?*, Éditions du Seuil et La République des idées.（＝二〇〇九、庭田茂吉、アンヌ・ゴノン、岩崎陽子訳『社会の安全と不安全』萌書房）
Harvey, D., 1990, *The Condition of Postmodernity: An Enquiry into Origins of Cultural Change*, Blackwell.（＝一九九九、吉原直樹監訳『ポストモダニティの条件』青木書店）
Harvey, D., 1985, *The Urbanization of Capital: Studies in the History and Theory of Capitalist Urbanization*, The

Johns Hopkins University Press.（＝一九九一、水岡不二雄監訳『都市の資本論』青木書店）
平山洋介、二〇〇三、『不完全都市』学芸出版社
平山洋介、二〇〇六a、「住宅政策の市場化と地域変容」『都市問題』第九七巻・第五号、東京市政調査会
平山洋介、二〇〇六b、『東京の果てに』ＮＴＴ出版
本間義人、二〇〇九、『居住の貧困』岩波書店
五十嵐敬喜・小川明雄、二〇〇三、『「都市再生」を問う』岩波書店
川口有一郎・三菱ＵＦＪ信託銀行不動産コンサルティング部、二〇〇九、『不動産マーケット再浮上の条件』日経ＢＰ社
小林正宏・安田裕見子、二〇〇八、『サブプライム問題とアメリカの住宅金融市場』住宅新報社
Lefebvre, H., 1974, *La Production de l'espace*, Economica.（＝二〇〇〇、斉藤日出治訳『空間の生産』青木書店）
松本恭治、二〇〇六、「集合住宅のゴースト化への変貌要因」『都市問題』第九七巻第五号、東京市政調査会
斉藤日出治、二〇〇三、『空間批判と対抗社会』現代企画室
佐幸信介、二〇〇六、「囲われる空間のパラドックス」阿部潔・成実弘至編『空間管理社会』新曜社
佐幸信介、二〇〇六、「再生産戦略としての〈住居〉」『政経研究』第四三巻第一号、日本大学法学会
Sassen, S., 2001, *THE GLOBAL CITY: New York, London, Tokyo*, The Princeton University Press.（＝二〇〇八、伊豫谷登士翁監訳、大井由紀・高橋華生子訳『グローバル・シティ』筑摩書房）
成美堂出版編集部、二〇〇四、『東京・首都圏未来地図』成美堂出版
柴田徳太郎、二〇〇九、『資本主義の暴走をいかに抑えるか』筑摩書房
Soja, E. W., 1989, *Postmodern Geographies: The Reassertion of Space in Critical Social Theory*, Verso.（＝二〇〇三、加藤政洋・西部均・水内俊雄・長尾謙吉・大城直樹訳『ポストモダン地理学』青土社）
高田創・柴崎健・石原哲夫、二〇〇九、『金融社会主義』東洋経済新報社
武居秀樹、二〇〇四、「石原都政と多国籍企業の拠点都市づくり」『ポリティーク』Vol. 08、旬報社
内田隆三、二〇〇二、『国土論』筑摩書房

八束はじめ、二〇〇八、「50 Years After 1960」『10＋1』No. 50、ＩＮＡＸ出版
八束はじめ・大田暁雄・金子祐介・唯島友亮・水谷晃啓・福島北斗、二〇〇八、「TOKYO METABOLISM 1960-2010」『10＋1』No. 50、ＩＮＡＸ出版
吉原直樹、一九九四、『都市空間の社会理論』東京大学出版会
吉見俊哉、二〇〇三、『カルチュラル・ターン、文化の政治学へ』人文書院

おわりに

本書に執筆した九名はいずれも、学部あるいは大学院で田中義久先生から学恩を受けた者たちである。先生の退職に際して、心からの感謝とともに、われわれが今後とも精進して研究成果を出し続けることを誓って、本書を刊行した。論文集という形態をとらず、教科書というスタイルを選んだのは、研究は言うまでもなく、教育にも長年心を砕かれた先生の意思を反映している。

日高六郎先生を直接の指導教官として社会学を学んだ先生は一九七〇年代から一貫して「批判的社会学」の系譜の中で社会学的思索を展開され、当時アメリカの社会学の主流であった構造機能主義の社会学を批判したアルヴィン・グールドナーの『社会学の再生を求めて』やドイツのフランクフルト学派の知的リーダーであったテオドール・アドルノ等の『権威主義的パーソナリティ』の翻訳を手掛けられるとともに、六冊の理論的著作を刊行され、独自の構想力の下で「社会関係の理論」を提出されている。大学院におけるゼミ生の指導は大変厳しく、一般に社会学の領域とは見なされていなかった研究分野や現代思想まで広範囲にわたる議論が展開されたことを記憶している。先生から教えを受けた者たちに、こうした先生の知的関心やゼミの雰囲気がなにかしらの影響を及ぼさないはずはない。本書にもそうした「色彩」が色濃く出ているのかもしれない。

二〇一〇年三月に田中先生は退職を迎えられるがお元気で研究を続けられている。いまだに社会学にとって「近代」とはなにかが問われ続けているなかで、刊行予定の『コミュニケーション理論史研究

（下）』で、先生の主題たる「社会的人間論」が「近代」との思想的格闘を通じてこれまでの立論からさらにいかなる展開が見られるか、その内容を期待して待ちたいと思う。われわれ社会学徒にとって新たな導きの糸となることであろう。理論的著作を刊行し続けた先生の研究に敬意を表しつつ、今後のご活躍を心より期待したい。

執筆者を代表して　伊藤　守

編者・執筆者一覧

〔編　者〕

田中義久（たなか　よしひさ）法政大学社会学部教授
『コミュニケーション理論史研究（上）――コミュニオンからコミュニケーションへ』勁草書房、二〇〇〇年
『テレビと日本人――「テレビ50年」と生活・文化・意識』（共編著）法政大学出版局、二〇〇五年
『社会関係の理論』東京大学出版会、二〇〇九年
他、著書・翻訳多数

〔執筆者〕

序章　第7章　あとがき　担当
伊藤　守（いとう　まもる）早稲田大学教育・総合科学学術院教授
『記憶・暴力・システム』法政大学出版局、二〇〇五年
『よくわかるメディアスタディーズ』（編著）ミネルヴァ書房、二〇〇九年
「メディア相互の共振と社会の集合的沸騰」『現代思想』第三六巻一号、二〇〇八年

1章　担当

清水瑞久（しみず　みずひさ）明治大学大学院および大妻女子大学兼任講師

『テレビニュースの社会学』（共著）世界思想社、二〇〇六年

「脳死・臓器移植報道に対する視聴の分析――TBS『ニュースの森』をテクストとして」『マス・コミュニケーション研究』六五号、二〇〇四年

「北村透谷の生命思想――『力としての自然』を中心として」『社会思想史研究』三六号、二〇〇六年

2章　担当

西村昌記（にしむら　まさのり）東海大学健康科学部准教授

『ソーシャル・インクルージョンの社会福祉――新しい〈つながり〉を求めて』（共編著）ミネルヴァ書房、二〇〇八年

『改訂・新社会老年学――シニアライフのゆくえ』（共著）ワールドプランニング、二〇〇八年

『在宅介護における高齢者と家族――都市と地方の比較調査分析』（共著）ミネルヴァ書房、二〇一〇年

3章　担当

尾形泰伸（おがた　やすのぶ）武蔵大学非常勤講師

「構造実践能力と可能性の問題」『現代社会理論研究』第一五号、現代社会理論研究会、二〇〇五年

「男性性をめぐる社会調査の可能性」『ソシオロジスト』第六号、武蔵社会学会、二〇〇四年

「暴力に依拠する『正統的』権力」『ソシオロジスト』第五号、武蔵社会学会、二〇〇三年

4章　担当
須藤　廣（すどう　ひろし）北九州市立大学文学部教授
『観光化する社会──観光社会学の理論と応用』ナカニシヤ出版、二〇〇八年
『観光社会学──ツーリズムの研究の冒険的試み』（共著）、二〇〇五年
「〈虚構化〉の伝播と地域の観光地化」『都市問題』第一〇巻四号、二〇〇九年

5章　担当
鈴木健之（すずき　たけし）盛岡大学文学部准教授
『社会学者のアメリカ』恒星社厚生閣、一九九七年
『高校生のジェンダーとセクシュアリティ』（共著）明石書店、二〇〇二年
「ネオ機能主義以後のアレクサンダー」『社会学史研究』第三一号、二〇〇九年

6章　担当
小林直毅（こばやし　なおき）法政大学社会学部教授
『メディアテクストの冒険』世界思想社、二〇〇三年。
『テレビはどう見られてきたのか』（共編著）せりか書房、二〇〇三年。
『「水俣」の言説と表象』（編著）藤原書店、二〇〇七年。

8章　担当
高橋　徹（たかはし　とおる）法政大学非常勤講師
『テレビニュースの社会学』（共著）世界思想社、二〇〇六年
『テレビと日本人』（共著）法政大学出版局、二〇〇五年
「テレビを見ることと消費生活」『マス・コミュニケーション研究』第六三号、二〇〇三年

9章 担当

佐幸信介（さこう しんすけ）日本大学法学部准教授

「再生産戦略としての〈住居〉——戦後住居システムの変容」『政経研究』第四三巻第二号、日本大学法学部、二〇〇六年

『空間管理社会』（共著）新曜社、二〇〇六年

『メディアの変貌と未来』（共著）八千代出版、二〇〇七年

触発する社会学　現代日本の社会関係
2010年3月20日　初版第1刷発行

編　者　田中義久
発行所　財団法人 法政大学出版局
〒102-0073 東京都千代田区九段北 3-2-7
電話 03(5214)5540／振替 00160-6-95814
組版：海美舎　印刷：平文社
製本：誠製本

ISBN 978-4-588-67211-8
Printed in Japan